KB035103

스무 살부터 시작하는
슬기로운 부동산 생활

그 작은 세상, 집에는 마법이 있습니다.
그것은 신성한 한계 너머로 결코 알려지지 않은 위로와 미덕을
둘러싸는 신비한 원입니다.

There is a magic in that little world, home.
It is a mystic circle that surrounds comforts and virtues
never known beyond its hallowed limits.

- 로버트 사우디(Robert Southey)

집은 당신이 태어난 곳이 아니라,
모든 것이 어두워질 때 빛을 찾는 곳입니다.

Home isn't where you're from,
it's where you find light when all grows dark.

- 피어스 브라운(Pierce Brown)

반복되는 전세사기·영끌 리스크!
이제 생애주기별 맞춤 주거 전략으로 해결하자

스무 살부터 시작하는
슬기로운 부동산 생활

임종윤 지음

매일경제신문사

"집은 투자의 수단일까?, 주거의 수단일까?"

대부분의 사람들은 "집은 당연히 투자의 수단도 되고, 주거의 수단도 되지!"라고 답할 것이다. 그러면 한 걸음 더 들어가서 질문을 던져보자.

"당신에게 집은 투자의 목적이 큰가? 주거의 목적이 큰가?"

이 질문에 대한 답변을 내놓는 데 걸리는 시간은 앞의 질문보다 더 길어질 게 분명하다. 답을 내놓기에 앞서 생각해야 할 거리가 더 많을 것이기 때문이다. 영국의 소설가 수재나 클라크(Susanna Clarke)는 그녀의 소설《피라네시(Piranesi)》에서 집에 대해 이렇게 표현했다.

> "집은 집이기 때문에 가치가 있습니다. 그것은 그 자체로 충분합니다. 목적을 위한 수단이 아닙니다(The House is valuable because it is the House. It is enough in and of Itself. It is not the means to an end).

그렇다면 현재 시점에서 우리에게 집은 어떤 존재일까? 수재나 클라크의 표현대로 '집이기 때문에 가치가 있는 존재'일까? 아니면 '목적을 위한 수단' 또는 '투자 수단'으로서의 의미가 더 클까? 통계청의 지난해 국내 가계 자산별 비중을 보면 금융자산이 22%, 부동산을 포함한 실물자산이 78% 수준인 것으로 나온다. 2007년 86%까지 올라갔던 비중이 70%대 후반으로 떨어졌지만, 여전히 미국이나 유럽, 일본 등과 비교하면 두 배가 넘는 수준이다.

최근 몇 년 새 집값이 크게 급등했고 주식과 ETF 등 금융 자산의 비중이 꾸준히 늘고 있다는 점을 감안하더라도 전체 국내 가계 자산에서 집을 포함한 부동산 자산이 차지하고 있는 비중이 지나치게 높은 것은 여전하다. 투자 측면에서 보면 그만큼 리스크가 크다는 이야기도 된다.

> "진정한 편안함을 위해 집에 머무르는 것만큼 좋은 것은 없습니다(There is nothing like staying at home for real comfort)."

소설 《오만과 편견》으로 국내에서도 잘 알려진 영국의 소설가 제인 오스틴(Jane Austen)이 집에 대해 언급한 말이다.

최근 몇 년 새 집값이 급등하면서 벌어진 부동산 관련 이슈인 '전세사기'와 '영끌'을 보면 우리에게 집이란 제인 오스틴의 표현처럼 '편안함을 위한 공간'으로서가 아니라 수재나 클라크의 표현을 빌어 '목적을 위한 수단'이 되고 있다는 걱정을 지울 수가 없다.

편안한 안식처가 되어야 할 '집'이 사기꾼들의 돈벌이 수단으로 전락하고(전세사기), 남들보다 못한 '벼락거지'가 되는 게 불안해 '영혼까지 끌어모아(영끌)' 비싼 값에 집을 사는 상황을 보편적인 우리 일상이라고 볼 수는 없기 때문이다.

집이 주거의 공간인 동시에 투자의 대상이라는 것은 두말할 필요가 없다. 과거는 물론 현재도 그렇지만 앞으로도 당연히 그럴 것이다. 다만 부동산에, 집에, 과도하게 집중하고 의존하고 있는 우리의 생각과 현실을 이제 바꿀 때가 되었다는 생각이다. 우리보다 앞서 부동산 절정기를 경험했던 일본도 이른바 '잃어버린 30년'을 겪으면서 집에 대한 인식이 '투자의 수단'에서 '주거의 공간'으로 바뀌고 있다는 게 전문가들의 지적이다. 실제로 일본의 가계 자산 비중에서 부동산 등 실물 자산이 차지하는 비중은 과거 60%대에서 현재는 30%대 중반까지 낮아져 미국과 거의 비슷한 수준이다.

한 사회의 인식이나 생각, 즉 문화가 불과 몇 년 사이에 바뀌기는 어렵다. 일본의 사례만 보더라도 집에 대한 인식이 바뀌는 데 수십 년의 고통스런 시기가 필요했다. 우리가 일본과 똑같은 길을 걷지는 않겠지만, 적어도 몇 년간은 집값 하락세가 불가피하다는 전망이 일반적이다. 이 책을 쓰기 위해 인터뷰를 했던 전문가들도 대부분 비슷한 전망을 제시했다.

전세사기 등 부동산 거래와 관련한 피해를 최소화하고, 불안감에 휩쓸려 자신의 소득보다 과도하게 높은 수준의 집을 사는 '영끌'을 줄이는 방법은 결국 평소에 준비하고 공부하는 게 가장 현명한 방법이라고 생각한다. 연일 요동치는 시세에 흔들리지 말고 등기부등본과 같은 부동산 서류를 제대로 볼 수 있는 안목을 갖추고 기본적인 경제 공부를 하면서 말이다. 여기에 하나 더, 자신의 라이프 스타일에 맞는, 생애주기에 맞는 주거 계획을 갖는 것도 중요하다. 전투에 앞서 면밀한 준비, 즉 작전이 필요하듯 평생을 살아가야 하는 '주거' 측면에서도 준비(전략)해서 대응하는 것이야말로 불필요한 정신적, 시간적, 금전적 피해와 손실을 줄일 수 있기 때문이다. 이 책에서 여러분들의 평생 주거 전략을 짜는 데 도움이 될 만한 정보를 찾을 수 있길 바란다.

　마지막으로 이 책을 준비하는 데 도움을 준 분들에게 심심한 감사의 말씀을 전하고 싶다. 트러스톤연금포럼 강창희 대표는 국내 생애설계의 개척자고 최고 권위자시다. 생애주기에 따른 자산설계와 주거를 연계한 고견을 아낌없이 전해주셨다. 10년 넘게 방송과 취재를 통해 알고 지내온 건국대 부동산 대학원 최황수 교수와 김인만부동산연구소 김인만 소장, 그리고 추천사를 보내주신 창조경제연구소 이제문 소장에게도 깊은 감사의 뜻을 전한다. 무엇보다 혼란스러운 시기인데도 자신들의 판단을 솔직하게 제시해준 점에 대해 고맙게 생각한다. 바쁜 와중에 시간을 쪼개 인터뷰에 응해주신 월용청약연구소 박지만 대표, 쉐어하우스 우주 김정현 대표, 소진수 공인회계사, 김은정 세무사, 하나은행 영등포금융센터 백혜경 PB팀장께도 큰 감사를 전한다.

　무엇보다 이 책을 쓸 수 있도록 '영감'을 줬고, 부동산 거래와 경매, 이 두 가지 주제에 대한 인터뷰까지 해준 지우리얼티 박갑현 대표와 부동산 관련 '아포리즘'을 찾아서 정리해주며 늘 응원해준 아내이자 소울메이트(Soulmate), 우현경에게 고마움을 전한다.

충정로에서 임종윤

CHAPTER

01

슬기로운
부동산 거래 생활

안락한 집은 행복의 큰 원천입니다.
그것은 건강과 선한 양심 바로 다음 순위입니다.
A comfortable house is a great source of happiness.
It ranks immediately after health and a good conscience.

- 시드니 스미스(Sydney Smith)

슬기로운
임대 계약 생활

집은 사람이 출발하는 곳입니다.

Home is where one starts from.

- T. S. 엘리엇(T. S. Eliot)

부동산 거래, 적어도 이 정도는 알고 하자

2022년 하반기부터 각종 언론 매체를 뜨겁게 달궜던 부동산 이슈는 집값 하락과 전세사기였다. 하나는 자기 집에 사는 사람, 다른 하나는 남의 집에 사는 사람들의 이야기다. 우선 전세사기 문제부터 다뤄보려고 한다. 한창 전세사기 기사가 쏟아지던 2022년 가을로 돌아가서 <연합뉴스>에 올라왔던 '서울 서남부 전세사기 속출… 화곡동에 피해 30% 집중(2022. 10. 14 윤보람 기자)'의 기사 내용을 보자. 이 기사를 보면 2022년 1~8월 사이 서울에서 발생한 전세보증보험 사고 건수가 965건, 사고액은 2,301억 원으로 집계되었고, 특히 서울 강서구 화곡동 한곳에서만 서울 전체에서 발생한 전세사기의 30%가 발생할 정도로 피해가 집중되었다는 내용을 다루고 있다. 또 전세사기 대부분이 전세가율, 그러니까 매매가 대비 전세가격이 높은 다세대주택에서 주로 발생했는데, 화곡동의 다세대주택에서 발생한 사고 비율이 전체의 90%에 육박하는 것으로 나타났다. 전국 도처에서 전세사기가 발생했는데 그중에서도 서울 강서구 화곡동에서 피해가 가장 많이 발생했다는 이야기다. 이렇게 화곡동에 피해가 집중된 이유는 이곳에 다세대주택이 유독 많기 때문이라는 설명도 기사에 담겨 있다.

올해 초 <매일경제>에 실린 '종잣돈 몽땅 털렸어요… 전세사기 피해자 70%는 2030(2023. 1. 10 김유신 기자)'의 기사를 보면 피해자 대부분이 2030이라는 내용이 집중보도되어 있다. 전세사기 피해자 연령별 분포를 살펴보면 30대가 50.9%로 가장 많고, 20대가 17.9%로 그 뒤를 잇는데, 2030을 합하면 전체 피해자의 약 70%에 해당된다. 또한, 이 기사에서는 2030이 전세사기의 가장 큰 피해자가 된 이유에 대해 부동산 거래 경험이 적고, 자금 여력이 부족해 전세사기 위험이 높은 연립·다세대주택에 거주하는 비중이 높기 때문이라고 분석했는데, 거꾸로 이야기하면 그만큼 2030의 주거 여건이 다른 연령대에 비해 열악하다는 해석도 가능해서 더욱 안타까움을 낳는다.

전세사기 피해자는 뭘 놓친 걸까?
- 빌라왕, 천빌라, 빌라의 신, 빌라왕자에서 화곡동 세 모녀 사건까지

2020년을 전후해 수도권을 중심으로 일명 빌라왕, 천빌라, 빌라의 신, 빌라왕자 등으로 불리는 이들이 저지른 전세사기가 약 1만 건에 달한다. 한 사람이 적게는 수십 채, 많게는 수천 채의 빌라나 오피스텔을 개인이나 법인 명의로 사들여 돌려막기식 임대업을 벌이다가 수만 명에게 막대한 재산상 피해와 정신적 고통을 안겨준 사건이다. 그런데 관련 기사들을 보다가 궁금증이 생겼다. 피해자 대부분이 열심히 발품도 팔고, 등기부등본 등 관련 서류도 꼼꼼히 확인했다고 하는데, 왜 전세사기를 피하지 못한 걸까?

전세사기 유형 가운데 가장 대표적인 '동시진행'을 가지고 상황을 설명해보자. 참고로 '동시진행'은 전 소유자와 임대차 계약을 한 뒤 잔금을 치를 때 매매 계약이 동시에 이뤄진다고 해서 붙여진 부동산 거래 관행 가운데 하나다. 이를테면 이런 식이다.

가상 사례

전세 계약 당일

나 홍길동은 3월 1일 전세 계약을 진행했다. 공인중개업소에서 집주인(또는 대리인)과 공인중개사와 만나 서로 신분을 확인하고 방금 전 뽑은 따끈따끈한 등기부등본을 같이 보면서 근저당이 설정되어 있는 것은 없는지, 집주인이 내 앞에 있는 사람과 같은 사람인지, 대출은 있는지 등을 확인하고 별 문제가 없어서 도장을 찍었다. 한 달 뒤 입주하기로 계약서에 명시하고 계약금 10%를 주고 영수증을 받으며 일사천리로 일이 순조롭게 진행되었다. 계약을 마치고 집에 전화해서 "다 됐어. 별 문제 없었어"라고 했더니 집사람이 "수고했어. 오늘 삼겹살 파티하자!" 하고 격려해준다. 지난 몇 달간 집을 알아보느라, 보증금 만드느라 신경을 썼던 게 주마등처럼 지나가며 안도의 한숨이 저절로 나온다.

입주 당일

계약을 하고 한 달 뒤인 4월 1일 오늘 이사를 했다. 공인중개업소에서 집주인과 만나 잔금을 치르고 "부자되세요!", "집을 깨끗하게 잘 쓰겠습니다" 하고 서로 덕담을 나눈 뒤 서둘러 인근 주민센터로 가서 전입신고를 마치고 확정일자까지 잘 받았다. 야호! 이제 적어도 2년간은 편안하게 살 수 있겠구나.

일반적인 임대차 계약은 이렇게 되는 게 보통이다. 그러면 실제 전세사기 사례를 통해 무엇이 문제였는지 살펴보자. 서울 강서구 화곡동 전세사기 사례 가운데 하나로 2023년 2월 22일 경매에 들어간 빌라 사례다. 우선 등기부등본부터 보자. 다음은 전세사기를 당한 실제 빌라의 등

[집합건물] 서울특별시 강서구 화곡동

【 표 제 부 】	(1동의 건물의 표시)			
표시번호	접 수	소재지번·건물명칭 및 번호	건 물 내 역	등기원인 및 기타사항
1	2002년11월6일	서울특별시 강서구 화곡동	철근콘크리트 (철근)콘크리트지붕 4층 다세대주택 지하1층 98.09㎡ 1층 81.6㎡ 2층 81.6㎡ 3층 81.6㎡ 4층 81.6㎡ 옥탑 10.08㎡(연면적제외)	도면편철장 제14책25장
2		서울특별시 강서구 화곡동 [도로명주소] 서울특별시 강서구	철근콘크리트 (철근)콘크리트지붕 4층 다세대주택 지하1층 98.09㎡ 1층 81.6㎡ 2층 81.6㎡ 3층 81.6㎡ 4층 81.6㎡ 옥탑 10.08㎡(연면적제외)	도로명주소 2013년12월31일 등기
(대지권의 목적인 토지의 표시)				
표시번호	소 재 지 번	지 목	면 적	등기원인 및 기타사항
1	1. 서울특별시 강서구 화곡동	대	137㎡	2002년11월6일

전세사기 실제 사례인 화곡동 빌라의 등기부등본(표제부)

기부등본 첫 번째 장이다. 첫 번째 장(표제부)은 주소만 확인하고 넘어가면 된다.

다음의 등기부등본 자료(갑구)는 좀 더 주의해서 보자. 이제부터 중요한 게 나온다. 하단에 보면 소유권이 11월 7일 이전되었다는 내용이 보인다. 거래가액, 즉 매각금액은 9,500만 원이다. 이 빌라는 집주인이 매각 전날인 11월 6일 A씨에게 보증금 1억 원에 전세 계약을 맺은 집이다. 전세 계약을 한 지 만 하루, 즉 24시간도 안 되어 집주인이 바뀐 것이다. 당연히 전날 전세 계약을 하고 한시름 놓고 있는 세입자는 자기가 살 집이 팔린지 알 리가 없다. 또 하나 살펴볼 것은 보증금이 1억 원인데, 매각대금은 9,500만 원이다. 이게 무슨 일일까? 집값이 전세보증금

순위번호	등 기 목 적	접 수	등 기 원 인	권리자 및 기타사항
	【 갑 구 】 (소유권에 관한 사항)			
1	소유권보존	2002년11월6일 제116928호		소유자 ▓▓▓ 서울 강서구 화곡동 ▓▓ ▓▓
1-1	1번등기명의인표시 변경		2003년11월5일 복수주소변경	▓▓▓의 주소 서울특별시 강서구 화곡동 ▓▓▓▓ 2007년10월22일 부기
2	소유권이전	2007년10월22일 제67267호	2007년9월6일 매매	소유자 ▓▓▓ ▓▓▓▓-******* 서울특별시 강서구 화곡동 ▓▓▓ 거래가액 금60,000,000원
2-1	2번등기명의인표시 경정			착오발견 2007년10월24일 부기
3	소유권이전	2018년11월7일 제214209호	2018년10월24일 매매	소유자 ▓▓▓ ▓▓▓▓▓-******* 경기도 평택시 ▓▓▓▓▓ ▓▓▓▓▓▓▓) 거래가액 금95,000,000원
4	가압류	2019년11월4일 제204847호	2019년11월4일 서울남부지방법 원의 가압류 결정(2019카단2 03891)	청구금액 금74,152,848 원 채권자 주식회사 ▓▓▓▓▓▓▓ 대전 대덕구 ▓▓▓▓▓▓ (오정동)

전세사기 실제 사례인 화곡동 빌라의 등기부등본(갑구)

보다 낮다는 것인데, 피해자 A씨가 만약 계약 전에 이 사실을 알았다면 계약서에 도장을 찍었을까?

이게 바로 전형적인 동시진행 방식의 전세사기다. 최근 발생한 전세사기 사건 가운데 가장 많은 피해가 이런 방식으로 발생했다.

이게 끝이 아니다. 다음은 등기부등본(을구)의 내용이다.

순위번호	등 기 목 적	집 수	등 기 원 인	권리자 및 기타사항
1	근저당권설정	2007년10월29일 제68685호	2007년10월26일 설정계약	채권최고액 금12,000,000원 채무자 ▨▨ 서울특별시 강서구 화곡동 ▨▨▨ 근저당권자 ▨▨▨▨▨▨▨▨ 서울특별시 종로구 ▨▨▨
2	1번근저당권설정등기말소	2018년12월6일 제236607호	2018년12월5일 해지	
3	근저당권설정	2019년8월30일 제155606호	2019년8월29일 설정계약	채권최고액 금190,000,000원 채무자 ▨▨▨ 부산광역시 영도구 ▨▨▨ 근저당권자 ▨▨▨▨▨▨ 부산광역시 기장군 정관면 공동담보 건물 서울특별시 강서구 화곡동 ▨▨▨ ▨▨▨
4	주택임차권	2020년12월10일 제278170호	2020년11월9일 서울남부지방법원의 ▨▨▨	임차보증금 금100,000,000원 차 임 없음 범 위 건물 전부 임대차계약일자 2018년10월17일 주민등록일자 2018년11월6일 점유개시일자 2018년11월6일 확정일자 2018년10월18일 임차권자 ▨▨▨ ▨▨▨▨▨▨-******* 서울특별시 강서구 까치산로▨▨▨ ▨▨▨▨▨▨

【 을 　　구 】 (소유권 이외의 권리에 관한 사항)

전세사기 실제 사례인 화곡동 빌라의 등기부등본(을구)

피해자 A씨가 이 집을 계약하면서 등기부등본을 확인할 때는 2007년에 설정되었던 1,200만 원짜리 근저당이 있었다. 보증금이 1억 원이니까 보증금의 12% 정도인 근저당은 크게 부담스럽지 않았을 것이다. 그리고 이 근저당이 같은 해 12월 초에 해지된 걸 보면 전세 계약 당시 보증금을 받아서 이 근저당부터 없애겠다는 집주인의 약속이 있었을 게 분명하다. 하지만 좀더 아래로 내려가보자. 다음 해인 2019년 8월 말에 이 집 보증금의 두 배에 가까운 1억 9,000만 원짜리 근저당이 설정된다. 피해자 A씨가 입주한 지 1년도 채 안 되었을 때다. A씨는 집주인이 바뀐 사실도, 자기가 살고 있는 집에 자기가 낸 전세보증금의 2배에 가까운 근저당이 설정되었는지도 몰랐을 가능성이 크다. 주인이 세입자에게 꼭 알려줘야 할 법적인 의무가 없기 때문이다. 이렇게 부동산 거래 관련 제도는 우리가 아는 일반 상식과 거리가 있는 게 적지 않다. 보통의 전세 계약도 이러한데, 처음부터 사기를 치려고 했던 사람들이 이런 사실을 알려줄 리 없지 않겠는가? 전세사기는 결국 이런 부동산 거래 제도의 허점을 파고든 셈이다.

피해자 A씨는 그 후 어떻게 되었을까? A씨는 전세 계약이 만료될 시점에 집주인(만약 집주인이 바뀐 걸 몰랐다면 전 주인 B씨, 알았다면 새 집주인(사기범) C씨)에게 나가겠다고 통보했을 것이고, 집주인에게서 보증금을 돌려주지 못한다는 통보를 받았거나 아예 연락조차 안 되었을 것이다. A씨는 계약 만료(2020년 11월 5일)가 되자마자 자신의 임차권 보호를 위해 법원에 임차권 등기 신청을 했고 한 달 뒤인 12월 10일 서울남부지방법원이 임차권 등기 명령을 내렸다. 이 집은 2월 말 경매 입찰에 들어갔다.

전세사기 실제 사례 화곡동 빌라의 경매자료 | 출처 : 지지옥션

　A씨의 사례 말고도 집주인이 중개업소와 짜고 실제 거래가 여러 번 있었던 것처럼 등기부등본에 기록을 남겨서 집값을 높이는 방식으로 전세보증금을 올려 받는 등 전세사기 유형은 동시진행 말고도 6 ~ 7가지 이상 있는 것으로 파악된다. 결국, 계약할 때 주로 보는 등기부등본이 아무리 깨끗하더라도 사기꾼들이 작정하면 얼마든지 세입자를 속일 수 있다는 걸 알 수 있다.

　또 하나 짚어볼 중요한 사실이 있다. 이번 전세사기 피해 사례 가운데 근린생활빌라, 즉 근생빌라도 다수 포함되어 있다는 점이다. 근린생활빌라란 원래 주거 목적의 공간이 아닌데 불법으로 일반 빌라처럼 내부를 만들어서 임대를 놓는 건물이다. 그런데 근생빌라 사기는 등기부등본만으로는 확인이 안 되고, 건축물대장을 통해서 확인할 수 있다. 실제 피해 사례를 건축물대장을 통해 살펴보자.

근린생활빌라 전세사기 사례의 실제 건축물대장

앞의 자료는 강서구 화곡동 빌라왕 김모 씨의 전세사기 사례 중 하나인 빌라의 건축물대장이다. 상단에 표시된 부분에 '위반건축물'이라는 글자를 확인할 수 있다. 또 용도란의 표시된 부분을 보면 '제2종 근린생활시설(사무실)'이라고 표시되어 있다. 즉, 이 건물은 주택이 아니라 상업시설(사무실)로 허가가 난 것이고, 이런 건물을 근생빌라라고 한다. 2층 건물의 빌라일 경우 반드시 건축물대장을 확인할 필요가 있는데, 대개 빌라는 3~4층으로 지어지지만 이런 근생빌라는 대개 2층이기 때문이다. 근생빌라 전세사기는 엄밀하게 이야기하면 두 번 사기를 당한 셈이다. 사무실로 허가가 난 건물을 집(빌라)으로 속아서 계약했으니 한 번, 전세사기를 당했으니 한 번, 이렇게 두 번 사기를 당한 것이다.

근생빌라가 더 문제가 되는 것은 전세사기로 경매에 넘겨졌을 때 그냥 빌라에 비해 가치를 훨씬 낮게 평가받아 그만큼 피해 규모가 커지기 때문이다. 전세사기 때문이 아니더라도, 부동산 경기가 아무리 좋아도 근생빌라는 절대 들어가면 안 된다.

왜 그런지 보자. 피해 사례의 근생빌라는 2022년 2월에 첫 경매에서 유찰된 뒤 이후 7번 유찰이 되었고, 감정가 2억 5,000만 원의 10분의 1도 안 되는 2,100만 원에 지난 3월 다시 법정에 올랐다. 일반 주택도 요즘 같은 시장에서는 여러 번 유찰이 불가피한데 근생빌라다 보니 더 입찰자가 나서지 않는 셈이다. 피해자 C씨는 이 집에 1억 9,000만 원의 전세보증금을 내고 입주했다가 막대한 금전적 피해를 입게 되었다. 정신적 고통은 두말할 필요가 없다.

나라면 전세사기를 피할 수 있었을까?

전세사기가 발생한 가장 직접적인 이유는 일단 부동산 가격의 폭등 때문이다. 집값이 갑자기 폭등하자 전세가도 덩달아 비싸졌고, 아파트뿐만 아니라 전에는 아파트와 가격 차이가 컸던 빌라나 오피스텔의 매매가는 물론 전세가도 올라간 것이다. 전세사기범들은 바로 이 점에 주목했다. 시장 상황을 보니 집값은 앞으로도 계속 올라갈 것 같고, 아파트 가격이 천문학적으로 올라가고 있으니 돈이 부족해 아파트를 얻기 힘든 2030들은 빌라나 오피스텔 같은 저렴한 주택으로 수요가 몰릴 수밖에 없었다. 속일 수만 있다면, 전세보증금을 집값보다 더 비싸게 받더라도 집이 없으니 들어올 테고, 그러면 쉽게 돈을 벌 수 있는 기회가 될 것이라고 사기범들은 생각한 것이다.

특히, 피해가 집중된 신축 빌라의 경우 발품을 팔아 주변 시세를 알아본다고 해도 정확한 가격을 알기 힘들고, 2030들이 부동산 거래에 익숙하지 않다는 점, 여기에 냉장고나 TV 등 가전제품들이 이미 설치되어 있거나 새로 지은 깨끗한 집을 더 선호하는 심리도 전세사기범들의 좋은 먹잇감이 되었다. 여기에 은행의 전세 대출도 별 무리없이 받을 수 있었고, 일부 빌라의 경우 주택도시보증공사(HUG)의 전세 보증도 받을 수 있었으니 세입자들도 별 걱정하지 않았을 것이다. 전세사기는 이런 안팎의 합이 맞춰지면서 대규모로 자행되었다.

문제는 계속 올라갈 것만 같던 집값이 2021년 하반기부터 갑자기 꺾였다는 것이다. 게다가 하락속도도 점진적인 게 아니라 누구도 예상못할 정도로 빨랐다. 서울과 수도권 곳곳에서 매매가가 전세가 수준이나 그 이하로 떨어지는 이른바 깡통전세가 쏟아졌고 빌라나 오피스텔은 아파트보다 가격 하락폭이 더 컸다.

깡통전세는 그래도 임대인이 역월세, 즉 떨어진 전세보증금만큼에 해당하는 비용을 대신 내주면서 계약을 연장하거나 보증금을 대폭 낮춰주면서 급한 불을 끄는 경우가 많았지만 전세사기는 아예 처음부터 보증금을 돌려줄 생각없이 진행된 거래여서 세입자들은 보증금을 상당 부분 날리거나 살던 집이 경매에 넘어가서 집을 나가야 하는 상황도 속출했다.

피해자들도 남들처럼 발품도 팔고, 중개업소도 여러 군데 알아보고, 등기부등본도 살펴봤지만 자신이 전세사기의 피해자가 되리라고는 상상도 하지 못했을 것이다. 엄밀하게 이야기하면 이 책을 쓰고 있는 나 역시도 얼마든지 사기를 당했을 수 있는 상황이었다.

제도상의 허점도 전세사기의 공범이다

우선 돈 빌리기가 너무 쉬웠다. 전세자금 대출이 너무 잘되어 있었기 때문이다. 박갑현 지우리얼티 대표는 전세자금 대출을 받기 쉬워진 것을 전세사기의 원인 1순위로 지적했다. 박 대표는 예전에는 은행들이 전세자금 대출을 잘 안 해주거나 상품이 있어도 대출을 받기가 매우 까다로웠는데, 정부가 전세자금 대출 지원을 활성화하면서 사기꾼들이 이를 악용했다고 지적했다. 전세보증금을 높여도 어차피 대출을 받아서 보증금을 맞춰 오니 사기범들 입장에서는 앉아서 돈을 벌 수 있다고 계산했으리라는 것이다.

전세자금 대출은 2008년 이명박 정부 초기부터 활성화되었다. 당시는 부동산 경기가 갑자기 꺾이면서 집값이나 전세가가 모두 하락할 때였는데, 부동산 경기 활성화와 세입자들의 전세보증금 마련을 돕기 위한 취지로 전세 대출 제도가 시작되었다. 윤석열 정부에서도 2023년 1. 30 대책에서 전세자금 대출 규제를 완화하는 등 정부는 무려 25년 가까이 전세자금 대출에 대한 후한 정책을 펼치고 있는 셈이다.

박갑현 대표는 집값은 경기 상황에 따라 규제를 강화하거나 푸는 등 변화가 있었지만 유독 전세자금 대출만큼은 계속 혜택을 늘려왔고, 그것이 전세가 상승과 집값 상승, 그리고 이번 전세사기의 원인이 되었다고 주장한다. 실제로 빌라나 오피스텔도 최대치인 80%까지 전세자금 대출을 받은 경우가 적지 않았다. 이번 전세사기 피해 주택들의 가격이 대부분 2억 원에서 3억 원 사이인데, 2억 원일 경우 1억 6,000만 원까지, 3억 원일 경우 2억 4,000만 원까지 전세자금 대출을 받을 수 있으니 실제로는 몇 천만 원만 있어도 전세 계약을 할 수 있었던 것이다.

이렇게 대출은 용이했던 반면 전세보증금에 대한 확실한 안전장치는 부실했던 점이 전세사기 피해를 키웠던 이유 가운데 하나다. 대표적인 안전장치는 전세보증보험인데, 이번 전세사기 피해자 가운데 전세보증보험에 가입한 경우는 불과 20% 정도밖에 안 되었다. 세입자들이 몰라서 안 든 경우도 있겠지만, 보증료에 대한 부담이나 아예 보증 대상이 안 되는 경우도 적지 않았기 때문이다. 또 보증률도 100%는 거의 없고 대부분 80% 이하였기 때문에 20% 이상의 보증금은 거의 받기 힘든 사례가 대부분이었다.

전세사기를 피할 수 있는 대응 매뉴얼 77가지

일단 사기를 100% 피할 수 있는 방법은 없다는 게 부동산 전문가들 대부분의 일치된 견해다. 기본적으로 제도가 시장을 앞서갈 수 없다는 구조적인 이유와 함께 아무리 법이나 제도를 잘 만들어도 구멍이 없을 수 없고, 사기범들은 집요하게 허점을 파고들기 때문이다. 김인만부동산연구소의 김인만 소장은 "만약 이 상태 그대로 갈 경우 사기를 당할 확률이 30%라고 한다면 스스로 공부하고, 전보다 더 꼼꼼하게 등기부등본 등 공부(公簿)를 잘 살핀다면 사기를 당할 확률을 10% 이하로 낮출 수는 있을 것"이라고 말한다. 김 소장의 말대로라면 이번에 발생한 전세사기를 1만 건이라고 추정할 때, 피해 건수를 1,000건 이하로 줄일 수 있다는 이야기다. 우리 스스로 어떻게 하느냐에 따라 사기를 피할 수 있는 확률을 90%까지 높일 수 있다는 것인데, 그렇다면 전세사기를 최소화할 수 있는 대응 매뉴얼에는 어떤 게 있을까?

① 전세 계약을 전후로 등기부등본을 수시로 확인한다

우선 등기부등본을 수시로 확인하는 게 좋다. 등기부등본은 인터넷등기소(www.iros.go.kr)에 들어가서 언제든지 확인해볼 수 있는데, 열람 수수료가 700원으로 10번을 이용해도 치킨 반 마리 값도 안 된다. 등기부 열람은 계약 전, 잔금을 치를 때, 그리고 입주한 뒤 이렇게 3번만 확인해도 웬만한 사기를 피할 수 있다. 등기부등본상 갑구나 을구(뒷부분에서 등기부등본 보는 법을 자세히 소개할 예정)를 꼼꼼히 보면 되는데, 근저당 설정 여부, 대출 금액 등을 잘 확인해야 한다. 보통 공인중개업소에 가면 이미 인쇄된 등기부등본을 보여주는 경우가 많은데, 계약하기 직전에 다시 뽑아달라고 하는 게 안전하다. 정 그런 이야기하기도 껄끄러우면 내가 직접 휴대폰으로 확인하면 된다. 그 잠깐 사이에도 동시진행식으로 집주인이 바뀌거나 근저당이 설정될 여지가 있기 때문이다. 참, 살기 힘들다!

인터넷 등기소 | 출처 : 인터넷등기소 홈페이지

② 근생빌라 여부는 건축물대장으로 확인하면 간단하다

내가 계약하려는 집이 근생빌라인지 여부는 건축물대장을 통해 확인할 수 있다. 건축물대장은 정부24 사이트(www.gov.kr)에서 무료로 열람할 수 있다. 다행히 등기부등본처럼 수시로 확인할 필요도 없고, 열람해서 이 집이 근생빌라인지, 불법으로 용도변경된 게 아닌지만 확인하면 된다.

정부24 | 출처: 정부24 홈페이지

③ 비용이 조금 들더라도 공인중개업소가 작성한 전세 계약서를 미리 검증한다

보통은 계약하기로 한 날 공인중개업소에서 제시한 계약서 내용, 집주인의 신분을 확인하고 도장을 찍는 경우가 많다. 그러나 현장 분위기상 신중하게 천천히 계약서를 살펴보기 힘든 경우가 대부분이 아닌가 생각한다. 하지만 몇 억 원의 돈이 오가는 만큼 좀 과도하다 싶을 정도로 확인할 필요가 있다. 방식은 이렇게 해보자.

첫째, 계약하기 전에 공인중개사에게 연락해서 전세 계약서 초안을 보내달라고 한다. 공인중개업소에서는 어차피 미리 만들어놓는다.

둘째, 주변에 부동산을 잘 아는 지인이나 다른 공인중개업소, 또는 변호사나 법무사, 감정평가사 등에게 계약서를 봐달라고 한다. 비용이 좀 들 수 있지만 마음이 편한 게 어딘가?

셋째, 전세사기 피해자들을 지원하기 위해 만들어진 앱을 이용하는 방법도 있다. 대표적인 게 주택도시보증공사(HUG)에서 만든 안심전세앱(아래 그림 왼쪽)과 민간에서 만든 임차in앱(아래 그림 오른쪽)이 있다. 두 앱 모두 회원가입을 하고 들어가서, 계약하려는 집의 주소를 넣어보면 집의 안전성 여부가 어느 정도 나온다. 앱이 나온 지 얼마 안 되어 아직 불편한 점이 일부 있지만, 현재로서는 이 두 앱을 잘 활용하는 것도 좋은 방법이다.

주택도시보증공사 안심전세앱 | 출처 : 안심전세앱

민간앱 임차in | 출처 : 임차in

④ 전세 물건을 찾을 때 전세가율 확인은 필수다

전세가율은 매매가 대비 전세가의 비율을 말한다. 전세가율이 70% 이상인 주택은 현재 시장 상황을 봤을 때 깡통전세가 될 가능성이 높고, 매매가와 차이가 크지 않기 때문에 전세사기의 대상이 될 확률도 그만큼 높다. 이런 집은 웬만하면 피하는 게 좋다. 전세가율은 KB부동산 홈페이지(kbland.kr)에서 데이터 허브 > KB통계 > 투자테이블로 들어가 해당 건물을 검색하면 확인할 수 있다. 요즘 2030이 많이 이용하는 아실이나 호갱노노 같은 실거래 정보 앱은 좀더 쉽게 전세가율을 확인할 수 있다.

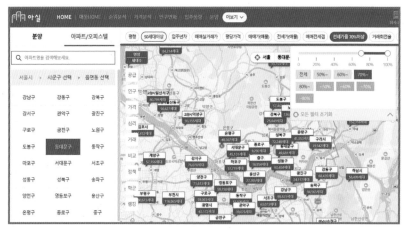

전세가율 정보 | 출처 : 아실 홈페이지

⑤ 보증금반환보험 가입 가능 여부도 중요한 체크 포인트다

전세사기 피해자 가운데 보증금반환보험에 가입한 사람이 불과 20% 수준에 그쳤다. 따라서 내가 들어갈 집이 보증금반환보험에 가입할 수 있는지 확인하는 작업도 중요하다. 주택도시보증공사(khug.or.kr)에 들어가서 온라인으로 신청하거나 관련 서류를 거주 지역 담당 지사에 우편으로 발송하거나 직접 방문할 수 있고, 은행에서도 상담을 통해 신청할 수 있다.

⑥ 기본적인 세입자 대항력을 갖추기 위해 필수적인 작업을 해둔다

전세보증금 잔금을 치르고 난 뒤에는 아무리 바쁜 일이 있어도 바로 전입신고를 하고 확정일자를 받아야 한다. 그래야 세입자로서 대항력, 그러니까 세입자의 임차 권리를 법적으로 보장받게 된다. 세입자의 대항력은 전입신고 후 그다음 날 0시부터 효력이 발생한다. 그러니 반드시 잔금을 치르고 이사하는 날 당일 전입신고와 확정일자를 받아야 한다. 만약 전입신고와 은행의 근저당 설정일이 같다면 결과적으로 세입자는 대항력이 없게 된다.

전세사기에서 가장 많이 악용된 동시진행의 경우 이 24시간이라는 시차를 이용해 그 사이에 매매 계약을 체결하는 방식으로 사기를 진행했는데, 질이 나쁜 집주인일 경우 대항력이 발생하기 전에 대출을 받거나 근저당을 설정하는 경우도 적지 않다. 이렇게 될 경우 전세사기가 아니더라도 세입자가 선순위 대항권을 가질 수 없기 때문에 집이 경매로 넘어갈 경우 보증금을 전액 돌려받기 어려워진다. 이를 막기 위해서는 전세 계약서에 잔금을 치르고 난 뒤 며칠 안으로는 매매나 대출, 근저당 설정 등을 할 수 없고, 만약 이를 어길 경우 계약금의 몇 배, 이사 비용 등을 임차인에게 지급한다는 내용의 '특약'을 반드시 넣는 게 좋다. 만약 집주인이 거부한다면 의심해봐야 한다.

⑦ 목돈 들어가는 전세 대신 월세 계약도 방법이다

전세사기범들은 세입자의 전세보증금을 노렸다. 금액이 적어도 1억 원 안팎이거나 많게는 3억 원대에 이르기 때문이다. 금액이 큰 만큼 세입자 입장에서도 전세 계약을 할 때 걱정이 될 수밖에 없다. 더군다나 보증금의 상당 부분이 전세자금 대출을 받은 것이라면 피해가 더 클 수

밖에 없다. 때문에 전세사기를 피하려면 아예 계약을 월세로 하는 것
도 방법이다. 게다가 요즘은 전세자금 대출도 이자가 6 ~ 7%(2023년 1월
기준)까지 올라서, 예를 들어 3억 원을 대출받는다고 할 경우 이자만 연
2,000만 원 전후, 월로 따져도 150만 원이 훨씬 넘기 때문이다. 이자로
월 150만 원이 들어가면서 불안한 전세보다는 월세 150만 원이 적어
도 사기에 대한 부담을 덜 수 있다. 실제로 전세사기 사건이 터진 이후
월세 계약이 크게 늘고 있다. 다음 그림에서 보는 것처럼 전세 계약은
갈수록 줄고 있고, 전세로 있다가 월세로 계약을 돌린 경우도 크게 늘었
다. 큰 보증금이 들어가는 전세 계약이 불안하다고 느끼는 것이다.

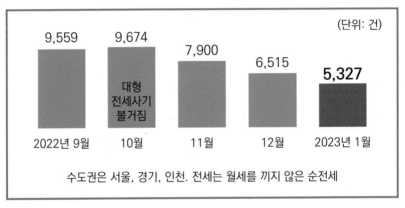

수도권 빌라 전세 거래량 추이 | 출처 : 국토부 실거래가 공개시스템

슬기로운 공인중개업소 이용 방법 37가지

이번 전세사기범들 가운데 공인중개업소가 가담한 사례도 다수 있는
것으로 드러났다. 마치 고양이에게 생선가게를 맡긴 꼴이다. 사실 이번

전세사기 사건 전에도 중개업소들이 직접 부동산 거래 사기에 가담하거나 주범 역할을 했던 사례는 무수히 많기에 중개업소를 100% 믿을 수 있느냐에 대한 의구심은 새로운 이슈도 아니다. 이번 사태가 터진 뒤 중개업소협회는 제도상의 문제 때문에 도매금으로 사기범의 누명을 쓴다고 항변하고 나섰지만 여론의 시선은 여전히 따갑다.

문제는 현실적으로 집을 구할 때 중개업소를 이용하지 않을 수 없다는 점이다. 최근 당근마켓과 같은 일부 플랫폼을 통해 직거래를 하는 경우가 늘고는 있지만 이 역시 사기의 피해에서 100% 자유로울 수 없는 건 매한가지다. 중개업소를 이용할 수밖에 없는 게 현실이라면 좀더 슬기롭게 이용하는 방법을 찾아보자.

① 불법 중개업소 여부를 확인하자

이번 전세사기 사건에서도 드러났지만 불법적인 부동산 거래에 연루된 중개업소들 가운데 공인중개사 자격증이 없이 운영하는 곳들이 있다. 심지어 다른 공인중개사의 면허증을 빌려서 버젓이 영업을 하거나 자신도 자격증이 없으면서 중개보조원을 고용하는 경우도 있다.

우선 계약을 진행하는 중개업소와 중개인이 공인자격증이 있는지를 확인해야 한다. 기본적으로 사무실에 공인중개사 허가증을 게시하도록 되어 있는데, 중개업소 사무실 어딘가에 걸려있는 경우가 많으니 면허증 사진과 실제 거래를 도와주는 중개인이 동일인물인지 아니면 적어도 해당 사무실에 근무하고 있는지부터 확인하자. 온라인상에서 확인하는 방법도 있다. 다음 그림처럼 국가공간정보포털(nsdi.go.kr)에 들어가서 부동산중개업조회를 검색하면 확인이 가능하다. 내가 거래하려고 하는 중개업소를 조회하면 거기 대표가 누구인지부터 등록된 중개보조

원 이름까지 다 나온다. 만약 내 거래를 도와주는 중개인이 조회가 안 된다면 가급적 이 중개업소는 이용하지 않는 게 안전하다.

부동산중개업조회를 통한 중개업소 확인 | 출처 : 국가공간정보포털

② 필요한 사항을 특약으로 최대한 반영하자

계약금을 지불하고 계약서에 도장을 찍고 나면 그때부터는 계약대로 움직이기 때문에 도장 찍기 전에 필요한 사항을 꼼꼼히 챙겨야 한다. 계약한 집에 도배나 장판 등에서부터 근저당이나 대출 문제까지 혹시라도 나중에 문제가 될 소지를 최대한 줄여야 하는데, 가장 좋은 방법은 특약을 이용하는 것이다. 특약은 다른 모든 관련법보다 우선해서 적용되기 때문에 최대한 세입자 자신에게 유리한 특약을 집어넣는 것이다. 가장 흔히 쓰는 특약은 잔금을 치르고 입주하기 전에 등기부등본을 깨끗이 유지한다는 내용이다. 즉, 그 사이 은행에 근저당을 설정하거나 가압류 등이 들어온다면 계약을 해지할 수 있는 내용을 넣는 것이다. 이는 동시진행을 예방하는 방법도 된다.

③ 대리인이 나올 경우 당황하지 말고 '이것'부터 확인하자

전세 계약을 할 때 집주인 대신 배우자나 가족, 중개업소 사장이 대리인으로 나오는 경우도 적지 않다. 전세사기 사건에서 '바지사장'을 내세운 경우가 많았기 때문에 대리인이 나올 경우 세입자들은 불안할 수밖에 없는데, 이럴 경우 우선 법적으로 대리인의 자격을 제대로 갖췄는지부터 확인한다. 집주인(임대인) 명의의 인감증명서와 위임장을 갖고 있는지, 인감도장이 맞는지, 필요할 경우 직접 임대인과 전화 통화를 하는 방법도 있다.

지금까지 전세사기로부터 피해를 최소화할 수 있는 방법 3가지를 알아봤다. "악화가 양화를 구축한다"는 그레셤의 법칙(Gresham's law)처럼 악의에 의해 선의가 자꾸 설 땅을 잃어가는 상황이다. 부동산 거래는 직업이 아니라면 사실 누구에게나 할 때마다 긴장되고, 뭔가 빼먹는 것 같고, 제대로 하는 게 맞는지 자신 없는 일이다. 지금 당장 전세 계약서나 등기부등본을 갖다주면서 이 서류에 문제가 없는지 살펴보라고 했을 때 "오케이! 이런 것쯤 식은 죽 먹기지"라고 할 일반인은 사실 별로 없다. 아무리 자주해봐야 2년에 한 번씩이기 때문이다.

그래서 이 책은 전세사기를 피하는 법(사실상 전세 계약을 제대로 하는 법)과 중개업소를 이용할 때 슬기롭게 이용하는 법을 일종의 '대응 매뉴얼'처럼 필요할 때 딱 그 부분만 볼 수 있게 정리해봤다. 앞으로는 적어도 전세 계약이든 월세 계약이든 임대차 계약을 할 때 이 매뉴얼을 활용해 주변의 달콤한 속삭임에 '흔들리지 않는 마음'으로 자신 있게 대응해보자.

지우리얼티 박갑현 대표

다시는
전세사기
당하지 않는 법

Q 전세사기의 원인은 뭐라고 보나?

A 가장 큰 이유는 부동산 가격 폭등이다. 집값이 갑자기 폭등했는데, 그러다 보니까 이제 전세가가 거의 매매가와 비슷하게 올라갔다. 그런데 집값이 계속 올라갔으면 별 문제 없이 수면 아래에 잠겨 있었을 텐데, 집값이 갑자기 훅 떨어지니까 문제가 이렇게 커진 것이다. 별 문제가 없었을 것이라는 게 무슨 이야기냐면, 처음부터 사기를 치려고 한 건 맞는데, 집값이 계속 올라갔으면 자연스럽게 묻혀서 당장은 넘어갔을 것이라는 이야기다. 전세사기와 다르게 깡통전세는 집주인의 의도와 달리 집값이 급락하면서 전세가가 매매가보다 더 높아진 경우를 말하는데, 깡통전세는 집주인이 보증금을 해결하든 못하든 처음부터 불법적 의도가 없었던 것이지만, 전세사기는 집값이 떨어지냐 오르냐와 상관없이 처음부터 전세보증금을 편취할 불법적 의도로 보증금을 매매가보다 더 높게 책정했고, 세입자를 속이기 위해 바지사장까지 내세우면서 계약을 진행한 것이니 명백한 사기다.

Q 전세사기 사태가 왜 이렇게 커졌을까?

A 정부가 사실상 판을 깔아줬다고 본다. 전세와 관련해서 정부에서 내놓은 여러 가지 부동산 대책들이 있는데, 그중 가장 대표적인 게 전세자금 대출이다. 옛날에는 금융권에서 전세자금 대출을 잘 안 해주거나 아예 취급도 안 했다. 대부분 저축한 현금으로 보증금을 마련했단 말이다. 그런데 정부가 전세자금 대출 제도를 만들고, 그것도 아주 좋은 조건으로 해주다 보니 집주인이 전세보증금을 몇 천만 원에서 몇 억 원을 올려도 세입자들이 대출을 받아서 맞춰주는 것이다. 게다가 대출 금리까지 낮았지 않나? 1억 원 대출에 이자가 연 200만 원도 안 되니 한 달로 따지면 십 몇만 원만 내면 되는 것이다. 이게 관행처럼 되다 보니 전세보증금은 계속 올랐고, 정부가 주택담보 대출은 통제했어도 전세자금 대출은 거의 규제를 안 했던 것도 사기꾼들이 이를 역이용하는 계기가 되었다. 보증금을 올려도 어차피 세입자들이 전세자금 대출을 받아서 돈을 맞춰올 것이니 잘만 속이면 집값보다 더 비싸게 전세보증금을 요구해도 받아들일 거라고 생각한 것이다. 그래서 정부가 그럴려고 한 것은 아니지만 사실상 판을 짜줬다는 이야기를 한 것이다.

Q 전세사기가 이번이 처음은 아니지 않나?

A 구체적인 사기 유형만 바뀌었을 뿐 사실 수십 년 전부터 계속 이어져왔다. 예를 들어 이번에는 '동시진행' 방식이 사기에 활용되었지만, 옛날에는 서류 위조 수법이 많았다. 대표적인 게 등기부등본인데, 예전에는 등기소에 직접 가서 떼야 하다 보니 세입자 입장에서는 중개업소가 보여

주는 등기부등본을 믿고 계약을 진행하는 경우가 태반이었다. 그러니 등기부등본만 잘 위조해도 사기를 칠 수 있었던 것이다. 그런데 지금은 인터넷등기소가 있으니까 계약 중에도 휴대폰으로 내가 계약하려는 집의 등기부등본을 열람할 수 있는 세상이 되었다. 이제 등기부등본을 위조해도 금방 탄로가 나게 된 것이다. 때문에 아무리 제도가 바뀌어도 부동산 사기는 근절되지 않는다. 사기꾼들은 계속해서 신종 수법을 개발한다. 보이스피싱이 10년 전보다 지금은 훨씬 정교해졌다고 하지 않나? 그것과 똑같다. 전세보증금이나 매매대금 자체가 워낙 크기 때문에 항상 사기꾼들이 낄 여지가 높은 것이다. 전세제도가 유지되는 한 전세사기도 계속될 것이다.

Q 그렇다면 전세사기를 피할 수 있는 방법이 있을까?

A 일단 전세 계약을 하는 과정에 있어서 가장 기본이 되는 게 등기부등본이다. 등기부등본을 수시로 확인해야 한다. 계약하기 전, 중간에, 그리고 잔금 치를 때까지 확인한다. 그러면 최소한 계약 중간에 소유권이라든지, 또는 근저당이 들어온다든지, 권리 관계에 변동이 생긴다는지 하는 것을 계약 당사자가 수시로 확인할 수 있다. 이렇게 할 수 있는데도 몰라서 또는 중개업소에서 알아서 잘해주겠지 생각하고 확인을 안 해서 사기를 당하는 사람들이 꽤 많다. 그리고 건축물대장도 봐야 한다. 등기부등본처럼 여러 번 확인할 필요는 없지만 불법으로 용도 변경된 이른바 근생빌라인지 아닌지 확인하려면 건축물대장을 한 번쯤은 확인해야 한다.

또한 중개업소의 이야기만 듣고 계약하지 않아야 한다. 중개업소는 어쨌든 계약을 성사시켜야 돈을 버는 사람들이니까 자기 이익을 위해서 가격을 부풀리거나 집의 단점보단 장점만 부각시키는 경우가 종종 있다. 그래서 다소 비용이 들더라도 변호사나 법무사, 감정평가사 같은 전문가들이나 잘 아는 중개업소 등에 전세 계약서를 보여주고 검증을 받을 필요가 있다. 계약 당일에 하기에는 현실적인 제약이 있으므로 계약하기 전에 중개업소에 계약서 초안을 달라고 해서 알아보는 게 좋다. 보증금 규모가 시세에 비해 적당한지, 이 정도 금액으로 들어가면 안전한지 등을 확인하는 게 좋다. 특히, 요즘처럼 집값이 하락하는 시기에는 깡통전세가 될 수 있는지 여부를 면밀하게 체크할 필요가 있다. 보통 전세가율이라고 하는데, 매매가 대비 전세보증금의 비율이 70%를 넘지 않는 집이 좋다. 경매로 넘어갔을 때 낙찰금액이 보통 집값의 70 ~ 80%인 경우가 많기 때문이다. 만일의 사태에 대비하는 것이다.

Q 100% 믿을 수는 없다고 해도 중개업소를 이용할 수밖에 없는 게 현실인데, 중개업소를 최대한 잘 활용하는 방법은 무엇인지?

A 공인중개사를 얼마나 믿어야 되느냐? 이 부분은 사실 항상 고민될 수밖에 없는 부분이다. 실제로 이번에 전세사기와 관련된 공인중개사들 대부분이 명의를 대여했거나 피라미드식으로 운영하는 중개업소들이 많았다. 그러니까 처음 중개업소를 선택할 때 공인중개사 자격증을 가지고 합법적으로 정상 운영하는 중개업소인지부터 확인해야 한다. 기본적으로 공인중개사는 사업자등록을 낼 때 사무실에 '게시 의무'라는 게 있다. 공인중개사 자격증이나 사업자등록증 같은 것을 게시해놓고 영업하게 되어

있는데, 사기에 가담한 공인중개사들은 자격증을 빌려서 쓴다든지 아니면 대표 자신이 아닌 중개보조원들이 계약을 진행하는 경우가 많았다. 그 자체가 일단 불법이기 때문에 그런 식의 계약은 처음부터 진행하지 않는 게 좋다. 다만, 현장에서 대놓고 당신은 중개보조원이니, 자격증이 없으니 계약 진행을 하지 못하겠다고 할 수 없으니, 사무실에 들어가서 게시 여부를 먼저 잘 살펴볼 필요가 있다. 그리고 명함을 받아두면 좋은데, 요즘 인터넷으로 정부에서 운영하는 공인중개사 사업자를 확인하는 사이트가 있으니 거기에 들어가 받은 명함을 조회해보는 방법도 있다. 그 중개업소의 대표가 누구인지, 등록된 중개보조원이 누구인지 다 나오기 때문에 명함을 준 사람과 이름이 일치하지 않는다든지 그런 사람이 없다든지 하면 의심해볼 필요도 있는 것이다.

그리고 특약을 잘 활용할 것을 추천한다. 특약은 계약할 때 갑(집주인), 을(세입자) 이런 식으로 나눠서 어떻게 한다 하는 내용이 들어가는데, 이 특약이 모든 다른 관련법보다 우선해서 적용되기 때문에 세입자 입장에서는 최대한 자기한테 유리한 특약을 집어넣는 게 좋다. 가장 흔히 쓰는 특약은 잔금을 치르고 입주하기 전에 등기부등본을 깨끗이 유지한다는 내용이다. 입주 전에 은행에 근저당 설정을 하거나 가압류라든지 이런 게 들어오면 계약을 해지할 수 있게끔 하는 내용을 포함하는 건데, 동시진행에 따른 사기 피해를 막기 위한 예방책이 된다. 또 요즘 전세보증금 반환보증보험에 가입하는 분들이 많은데, 모든 주택이 다 해당되는 게 아니기에 잘 확인해봐야 한다. 또한 전세자금 대출을 받을 수 있는지도 중요하다. 이 모든 사항들이 잘 진행되면 계약을 진행하고, 안 되면 무효로 한다는 내용을 특약사항으로 넣어서 최대한 세입자의 권리를 지킬 필요가 있다.

Q 계약을 할 때 집주인이 아닌 대리인이 나오는 경우도 적지 않은데, 어떻게 하는 게 좋을까?

A 이번에 전세사기 사건에서는 '바지사장'들이 있었다. 그러니 더 불안할 수 있다. 그렇다고 대리인이 나온다고 무조건 불안해할 필요는 없다. 법적으로 대리 계약도 가능하니 우선 법적인 요건을 갖춘 대리인이 맞는지부터 체크해야 한다. 대리인을 통해 계약할 때는 그 대리권이 합법적으로 성립하기 위해 집주인이 대리인에게 자신의 인감증명서를 첨부한 위임장을 보내야 한다. 인감증명서에 대리인으로 되어 있는 그 사람하고만 계약해야 한다. 집주인의 배우자나 자녀, 친인척이라고 해도 위임장이 없는 계약은 그 자체가 무효다.

TIP 등기부등본과 건축물대장 읽는 법

부동산 공부(公簿)라는 게 있다. 국가가 부동산 거래와 관련해 공식적으로 작성한 장부를 말하는데, 보통 등기부등본, 건축물대장, 토지대장, 토지이용계획서, 지적도 이렇게 5가지 문서를 일컬어 '5대 공부'라고 한다. 이 5가지 서류를 굳이 다 알 필요는 없지만, 기왕 공부(公簿)를 공부(工夫)하는 김에 어떻게 생긴 서류인지 살펴보자. 전세 계약 시 꼭 필요한 2가지 서류, 즉 등기부등본과 건축물대장을 중심으로 소개한다.

등기부등본

한 번이라도 전세 계약을 해본 사람은 그래도 가장 낯익은 공부가 등기부등본일 것이다. 주택의 권리 관계가 담겨 있는 문서로 크게 표제부, 갑구, 을구, 이렇게 3개로 나눠져 있다. 먼저 표제부는 그 부동산의 주소나 면적, 건물구조 등이 나와 있다.

두 번째, 갑구에는 소유권에 대한 내용 그러니까 이 집의 주인이 누군지, 소유자의 이름, 주민등록번호 앞자리, 그리고 주소가 나와 있다. 뿐만 아니라 이집의 법적인 분쟁과 관련된 내용, 이를테면 가압류, 가처분, 경매, 공매 등에 접수된 적이 있는지에 대한 내용이 담겨 있다.

마지막으로 을구에는 은행의 대출 관계와 전세권, 임차권이 걸려 있는지를 확인할 수 있다. 전월세 계약을 할 때 꼭 확인해야 하는 근저당 설정 내용이나 전세권, 임차권이 설정되어 있는지 여부가 표시되어 있다. 전세권은 전세보증금을 지급하고 집을 빌려쓰다가 나중에 반환하면서 전세보증금을 돌려받는 권리를 말한다. 전세보증금을 돌려받기 위한 일종의 안전장치인데 집주인이 동의를 해줘야 등기부등본에 등재할 수 있어서 활용도가 높지는 않다. 임차권등기는 임대차 계약이 끝났음에도 보증금을 돌려받지 못할 때 임차인 단독으로 법원에 신청해서 등기부에 등재시키는 것을 말한다. 깡통전세나 전세사기처럼 보증금을 돌려받기 힘든 상황에서 다른 곳으로 이사를 가는 등 집을 비워야 하는 상황에 자신의 임차권리를 법적으로 보호받기 위한 장치다. 임대차 계약이 만료된 뒤 법원에 신청하면 대개 한 달 안에 등기부등본 을구에 표시된다.

[집합건물] 서울특별시 강서구 화곡동 ▓▓▓ ▓ ▓▓ ▓▓▓

【 표 제 부 】 (1동의 건물의 표시)

표시번호	접 수	소재지번,건물명칭 및 번호	건 물 내 역	등기원인 및 기타사항
1	2002년11월6일	서울특별시 강서구 화곡동 ▓▓▓	철근콘크리트 (철근)콘크리트지붕 4층 다세대주택 지하1층 98.09㎡ 1층 81.6㎡ 2층 81.6㎡ 3층 81.6㎡ 4층 81.6㎡ 옥탑 10.08㎡(연면적제외)	도면편철장 제14책25장
2		서울특별시 강서구 화곡동 ▓▓▓ [도로명주소] 서울특별시 강서구 ▓▓▓	철근콘크리트 (철근)콘크리트지붕 4층 다세대주택 지하1층 98.09㎡ 1층 81.6㎡ 2층 81.6㎡ 3층 81.6㎡ 4층 81.6㎡ 옥탑 10.08㎡(연면적제외)	도로명주소 2013년12월31일 등기

(대지권의 목적인 토지의 표시)

표시번호	소 재 지 번	지 목	면 적	등기원인 및 기타사항
1	1. 서울특별시 강서구 화곡동 ▓▓▓	대	137㎡	2002년11월6일

등기부등본 표제부

【 갑 구 】 （ 소유권에 관한 사항 ）

순위번호	등 기 목 적	접 수	등 기 원 인	권리자 및 기타사항
1	소유권보존	2002년11월6일 제116928호		소유자 ▨▨ ▨▨▨▨ 서울 강서구 화곡동 ▨▨
1-1	1번등기명의인표시 변경		2003년11월5일 특수주소변경	▨▨▨의 주소 서울특별시 강서구 화곡동 ▨▨▨ 2007년10월22일 부기
2	소유권이전	2007년10월22일 제67267호	2007년10월6일 매매	소유자 ▨▨▨ -****** 서울특별시 강서구 화곡동 ▨▨ 거래가액 금60,000,000원
2-1	2번등기명의인표시 경정			▨▨▨▨▨▨▨ 착오.발견 2007년10월24일 부기
3	소유권이전	2018년11월7일 제214209호	2018년10월24일 매매	소유자 ▨▨▨ -******* 경기도 평택시 ▨▨▨ ▨▨▨▨ ▨▨▨▨) 거래가액 금95,000,000원
4	가압류	2019년11월4일 제204847호	2019년11월4일 서울남부지방법 원의 가압류 결정(2019카단2 03891)	청구금액 금74,152,848 원 채권자 주식회사 ▨▨ ▨▨▨ 대전 대덕구 ▨▨▨▨▨▨▨ (오정동)

등기부등본 갑구

【 을 구 】 （ 소유권 이외의 권리에 관한 사항 ）

순위번호	등 기 목 적	접 수	등 기 원 인	권리자 및 기타사항
1	근저당권설정	2007년10월29일 제68685호	2007년10월26일 설정계약	채권최고액 금12,000,000원 채무자 ▨▨▨ 서울특별시 강서구 화곡동 ▨▨ 근저당권자 ▨▨▨ 서울특별시 종로구 ▨▨▨
2	1번근저당권설정등 기말소	2018년12월6일 제236607호	2018년12월5일 해지	
3	근저당권설정	2019년8월30일 제155606호	2019년8월29일 설정계약	채권최고액 금190,000,000원 채무자 ▨▨▨ 부산광역시 영도구 ▨▨▨ 근저당권자 ▨▨▨ 부산광역시 기장군 정관면 ▨▨ 공동담보 건물 서울특별시 강서구 화곡동
4	주택임차권	2020년12월10일 제278170호	2020년11월9일 서울남부지방법 원의 ▨▨▨	임차보증금 금100,000,000원 차 임 없음 범 위 건물 전부 임대차계약일자 2018년10월17일 주민등록일자 2018년11월6일 점유개시일자 2018년11월6일 확정일자 2018년10월18일 임차권자 ▨▨▨ -******* 서울특별시 강서구 까치산로 ▨▨

등기부등본 을구

건축물대장

임대차 계약을 할 때 꼭 봐야 할 문서다. 건물의 소재와 종류, 준공 연도, 구조, 건평 등 건물에 대한 정보가 자세히 담겨 있다. 전에는 등기부등본만 보면 별 문제가 없었는데, 전세사기가 이슈가 되면서 건축물대장도 필수 확인 서류가 되었다. 특히, 상업용 공간을 집으로 불법개조해 임대를 내놓는 근생빌라에 해당하는지를 건축물대장에서 확인할 수 있다. 근생빌라는 이번 전세사기 사건에서도 악용되었다.

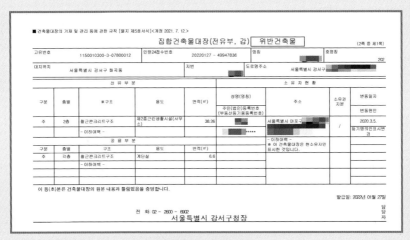

건축물대장 근생빌라 사례

토지대장

토지대장은 토지의 현황을 기록한 장부다. 토지를 매매할 때가 아니면 볼 필요가 없는 문서여서 어떻게 생겼는지 샘플만 제시한다.

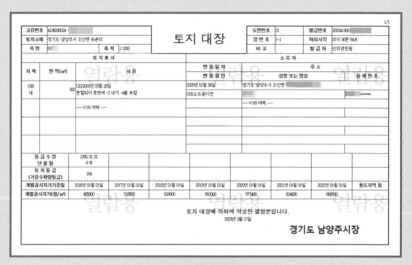

토지대장의 예시

토지이용계획서

토지의 매수인이 토지의 이용계획을 구체적으로 작성한 문서로 매수인의 인적사항과 토지 현황이 상세하게 표시되어 있다. 토지를 어떤 식으로 활용할 수 있는지 알아볼 수 있는데, 집을 신축하기 위해서 토지를 매입할 경우 반드시 토지이용계획서를 통해 건축이 가능한지 여부와 짓는다면 어떤 종류를 어느 정도 규모로 지을 수 있을지 예상해볼 수 있다.

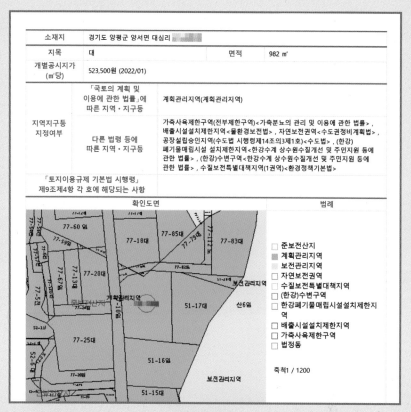

소재지	경기도 양평군 양서면 대심리 ▓▓▓▓▓		
지목	대	면적	982 ㎡
개별공시지가 (㎡당)	523,500원 (2022/01)		
지역지구등 지정여부	「국토의 계획 및 이용에 관한 법률」에 따른 지역·지구등	계획관리지역(계획관리지역)	
	다른 법령 등에 따른 지역·지구등	가축사육제한구역(전부제한구역)<가축분뇨의 관리 및 이용에 관한 법률>, 배출시설설치제한지역<물환경보전법>, 자연보전권역<수도권정비계획법>, 공장설립승인지역(수도법 시행령제14조의3제1호)<수도법>, (한강) 폐기물매립시설 설치제한지역<한강수계 상수원수질개선 및 주민지원 등에 관한 법률>, (한강)수변구역<한강수계 상수원수질개선 및 주민지원 등에 관한 법률>, 수질보전특별대책지역(1권역)<환경정책기본법>		
	「토지이용규제 기본법 시행령」 제9조제4항 각 호에 해당되는 사항		

토지이용계획서

지적도(임야도)

마지막으로 토지의 소재, 지번, 지목 등이 그려져 있는 도면인 지적도가 있다. 이것도 다음 페이지에 샘플만 제시한다.

보통 등기부등본, 건축물대장, 토지대장, 토지이용계획서, 지적도(또는 임야도), 이렇게 5대 공부가 주로 언급되고, 여기에 개별공시지가확인원까지 더해 6대 공부라고 이야기하는 경우도 있다.

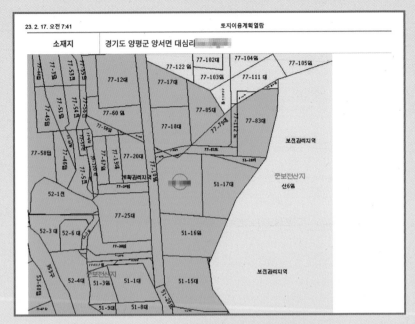

지적도의 예시

　최근의 전세사기 사태를 겪으면서 도대체 부동산 시장에서 믿을 수 있는 사람이 있는가? 하는 불신감이 더 높아졌다. 집주인은 둘째치고, 중개업소까지도 깊은 불신의 대상이 되었다. 제도적인 허점도 많고, 개인의 입장에서 불리한 점도 적지 않다. 하지만 이런 상황은 역설적으로 나 자신의 역할이 더 중요해졌다는 이야기도 된다. 물론 앞서 전문가의 언급처럼 100% 사기를 피할 수 있는 방법은 없다고 하더라도 내 노력 여하에 따라 피해 가능성을 최소화할 수 있다는 의미다. 적어도 등기부등본이나 건축물대장부터, 계약서에 특약사항까지 꼼꼼하게 챙기는 모습을 보여주면 상대도 젊다거나 어리다고 함부로 볼 수 없지 않을까?

이왕이면
자기주도로 하는 영끌

사람들은 대개 집에서 가장 행복합니다.
People usually are the happiest at home.

- 윌리엄 셰익스피어(William Shakespeare)

벼락거지와 영끌

벌써 2년이 다 되어가는 이야기다. 2021년 8월 한 온라인 커뮤니티에 글이 올라왔는데, 제목이 상당히 자극적이었다. '집값 폭등으로 벼락거지가 되어버린 부부'라는 제목이었다. 당시 기사 내용부터 잠시 살펴보자. <디지털타임스>에 실린 기사(2021년 11월 15일 박상길 기자)인데, 앞의 인터넷 커뮤니티에 게재되어 화제가 되었던 글과 관련된 내용을 담고 있다.

'부동산 때문에 와이프랑 또 한판 했네요'라는 제목의 이 글을 보면 작성자가 새벽까지 부인과 5년 전 집을 사자고 했을 때 왜 안 샀냐면서 미친 듯이 싸우고 그 스트레스 때문에 밤새 잠을 못 잤다는 절절한 사연이 소개되어 있다. 게시글 일부를 옮겨보면 "상대적인 박탈감과 좋은 아파트에 들어가지 못하면 무능한 엄마 아빠가 되어버리는 가족, 열심히 일하는 사람이 바보가 되어버린 회사, 더 이상 노동의 가치가 사라져

버린 사회, 뭔가 단단히 잘못된 것 같아요"라며 "또한 정말 개인적으로도 더 이상 세상일에 관심이 사라지고, 나의 내면으로 움츠러드는 게 느껴지네요"라는 가슴 아픈 내용이다. 전체 내용이 좀 길어서 간단히 요약해보면 이렇다.

부인 : 이제 집 사자. 집값 계속 오른다잖아. 지금이라도 늦지 않았으니 사자.

남편 : NO! 이제 오를 만큼 올랐으니 앞으로 떨어질 거야. 그러니 지금 집을 사면 남 좋은 일만 시키는 거야. 내가 그래도 경제 공부를 한 사람이잖아. 나만 믿고 따라와.

부인 : 대학동창 OO이는 2년 전에 집 사서 지금 벌써 2억이 올랐대. OO이네는 3억이 올랐다고 하고…. 우리만 이게 뭐야. 남들 다 부자되었는데 우리만 벼락거지 되었잖아!"

'벼락거지'는 내 돈벌이는 여전한데, 집값이나 주가가 급등해 주변에 돈을 벌었다는 사람들이 많아지면서 상대적으로 자신만 더 가난해진 것 같은 일종의 박탈감을 느끼는 사람을 가리키는 신조어다. 이러한 벼락거지 논쟁이 본격화된 건 집값 상승세가 한창이던 2021년 여름 무렵이었다. 2014년 하반기를 기점으로 오랜 침묵 속에 걸음마를 시작한 집값이 2018년부터 보폭이 커지더니 코로나19 사태 발생 이후 급격한 금리 인하로 시중 유동성이 풍부해지면서 2021년부터 걸음이 아니라 뜀박질 수준으로 뛰기 시작했다. 몇 천만 원 수준에서 오르던 집값이 갑자기 그 5 ~ 10배 수준인 몇 억 원대로 뛰면서 자고 나면 집값이 말 그대로 '억 억' 오르는 상황이 벌어졌다. 당시 이런 상황을 직접 지켜본 사람들은 집이 있든 없든 온통 관심이 부동산에 쏠릴 수밖에 없었다. 당시 부동산 시장 상황을 살펴보자.

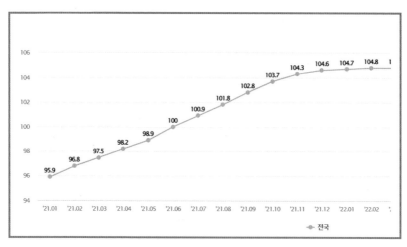

2021년 전국 매매가격지수 | 출처 : 한국부동산원

과거에도 이런 때가 있었나 싶을 정도로 2021년은 1월부터 집값이 오르기 시작해 12월까지 1년 내내 가격이 오른 보기 드문 시기였다. 당시 전국의 집값 상승률은 16.35%를 기록해 1년 전인 2020년의 13.46%에 이어 2년 연속 두 자릿수 상승률을 기록했다. 2020 ~ 2021년 이렇게 딱 2년 동안 전국의 집값이 30% 치솟았다는 이야기다. 평균이 이러니 일부 인기 지역이나 개발호재 지역은 2년 만에 집값이 두 배가 되었다는 사례를 찾는 게 어렵지 않았다. 서울을 비롯해 전국 17개 시도가 모두 올랐고, 3분의 2인 10개 시도는 10% 이상씩 올랐다. 지역별로는 인천이 30.6%로 전국에서 가장 많이 뛰었고, 경기도 21.7%, 서울도 10% 넘게 오르면서 수도권의 상승률이 전국 평균을 훨씬 웃돌았다.

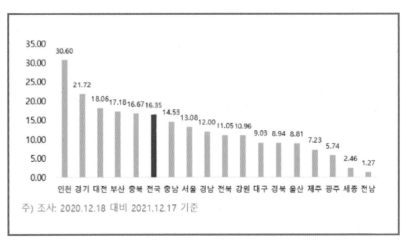

2021년 전국 지역별 집값 상승률 | 출처 : 부동산114

집을 산 사람들이나 이미 집이 있던 사람들은 가만히 있어도 3억 원 하던 집이 6억 원이 되고, 5억 원 하던 집이 10억 원이 되면서 직장을 평생 다녀도 모으기 힘든 돈을 한 번에 번 사례가 속출했다. 앞의 부부 사례처럼 집이 없던 사람이나 집을 살 수 있지만 안 샀던 사람들은 그 몇 억 원을 손해본 듯한 착각에 이어 '나는 뭘 한 거지'라는 자괴감에 빠질 법한 상황이었다. 벼락거지 이야기가 너무나 와닿던 시기였던 셈이다. 지금도 이 시기를 이야기하면서 "그때 정말 마누라랑 이혼할 뻔했어!" 또는 반대로 "정말 꼴도 뵈기 싫어서 헤어지고 싶더라구!" 같은 가슴 서늘한 무용담(?)을 이야기하는 사람들을 지금도 종종 보곤 한다(나도 예외는 아니다).

그런데 집값이 어떻게 오르기만 할 수 있겠는가? 산이 높으면 골도 깊은 법! 그 시작은 2022년 봄이었다. 하늘 높은 줄 모르고 치솟기만 하던 집값 상승세가 주춤하기 시작했다. 그러더니 무더위가 한창 기승을

부리던 7 ~ 8월을 기점으로 월간 기준으로도 매매가격이 떨어지기 시작했다. 집값이 하락세로 돌아선 것이다.

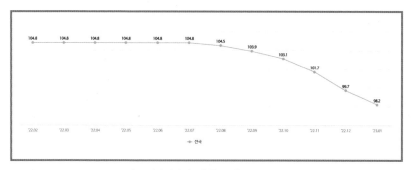

전국 매매가격지수 | 출처 : 한국부동산원

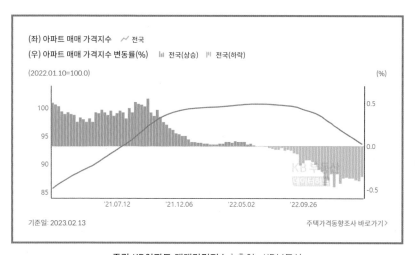

주간 KB아파트 매매가격지수 | 출처 : KB부동산

자료를 살펴보면 주간 기준으로도 여름쯤을 기점으로 빨간색 그래프, 즉 집값이 상승 국면에서 약보합 시기를 몇 주 보내다가 하락을 뜻하는 파란색 그래프의 길이가 아래로 점차 길어지는 게 보인다. 9월 말부터는 매매가 하락폭이 눈에 띄게 커지면서 집값 하락세가 가팔라졌고, 2022년 가을부터 여기저기서 집값이 급락한다는 언론의 기사가 꼬리를 물기 시작했다. 이제 신문사 경제면을 온통 부동산 가격 하락 기사가 뒤덮기 시작했다.

이때부터 부동산 기사에 빠짐없이 등장한 단어가 바로 '영끌'이었다. 영끌의 후유증이 가시화되던 지난해 말에 나온 <아시아경제>의 기사 '(영끌족의 현재)꼭지에 샀다가 망했다…1년 차 영끌족의 눈물(2022년 11월 1일 심나영 기자)'를 보면 그야말로 영혼까지 끌어모아 집 구입 자금을 마련한 안타까운 사연이 잘 담겨 있다. 잠깐 그 내용을 소개하면, 서울 마포구에 사는 40대 이모 씨는 지방에서 서울 지점으로 전입 오면서 아예 집을 사기로 하고, 34평짜리 아파트를 16억 원이 넘는 금액에 매입하면서 맞벌이하는 아내와 휴가까지 내어 은행 여러 곳을 돌며 이른바 '누더기 대출'을 받았다는 내용이 자세하게 다뤄져 있다. 담보 대출로는 모자라서 신용 대출까지 받았는데, 한창 고점에서 산 아파트 가격은 몇 달 뒤 3억 원이나 떨어졌지만 대출 금리는 2배 가까이 뛰어 고통스럽다는 내용이었다.

정의당 장혜영 의원이 공개한 자료에 의하면 2020년 1분기부터 2021년 2분기까지 만 40세 미만이 시중 은행으로부터 빌린 주택담보대출이 111조 원으로 같은 기간 신규 주택담보 대출의 47%에 달했다.

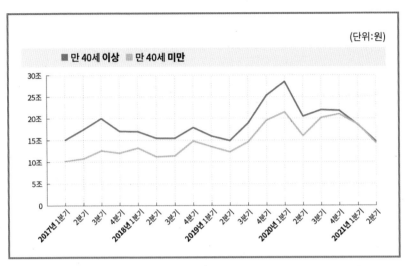

(단위:원)

■ 만 40세 이상 ■ 만 40세 미만

40세 미만 신규 주택담보 대출 취급액 | 출처 : 정의당 장혜영 의원실, 금융감독원

　한국부동산원의 분석에 따르면 MZ세대가 적극적으로 내 집 마련에 나선 시기는 집값이 가장 많이 오른 2020년과 2021년이었다. 집값이 가장 많이 올랐을 때 영끌, 특히 2030의 영끌이 집중되었다는 이야기다. 실제로 2019년 전체 주택 매수자 중 약 19만 명(27.4%)에 그쳤던 MZ세대의 비중은 2020년 약 29만 명(29.36%), 2021년 약 23만 명(30.1%)까지 빠르게 늘었다.

구분	2019년	2020년	2021년
30대 이하	28.3%	28.5%	31.0%
40대~50대	49.9%	47.9%	44.4%
60대 이상	16.9%	18.0%	19.6%

주택 매수자 연령별 비중 자료 | 출처 : 한국부동산원

이렇게 2030들이 영끌에 나서면서 2018년 4분기만 해도 전체 주택 담보 대출에서 이들이 차지하는 비중이 26%(금액 기준 96조 원) 수준이었던 게 2021년 2분기에는 금액으로 132조 원, 비율로는 31%에 육박했다. 이 수치는 6개 시중 은행만 해당되는 것이고, 이를 젊은 층이 주로 이용하는 인터넷은행이나 신용 대출, 보험사나 저축은행, 새마을금고 등 상호금융까지 넓히면 그 규모가 훨씬 더 클 것이라는 게 금융권의 분석이다. 말 그대로 영혼까지 끌어모아 집을 산 셈이다.

왜 2030은 영끌에 빠졌나?

왜 2030은 영끌에 빠져든 걸까? 건국대학교 부동산대학원 최황수 교수는 크게 3가지 원인을 지적한다. 우선 불안감 때문이다. 2020년 코로나19 이후 전 세계적인 자산 시장 급등 현상이 이어지면서 주식이나 부동산, 코인으로 돈을 벌었다는 이야기가 미디어나 SNS, 유튜브를 통해 쏟아져 나왔다. 주변에서 실제로 투자를 통해 돈을 번 사람들이 흔하게 나오면서 나도 가만히 있다가는 '벼락거지'가 될 것이라는 불안감이 커졌고, 이것이 공포감으로 확대되면서 영끌족이 쏟아졌다는 것이다. 이런 현상은 부동산 시장뿐만 아니라 주식이나 코인 시장에서도 마찬가지였다.

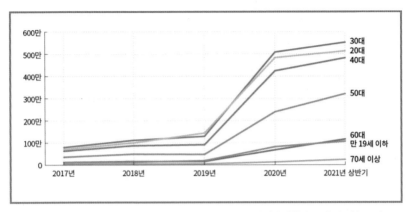

연령대별 증권계좌 신규 개설 건수 | 출처 : 정의당 장혜영 의원실, 금융감독원

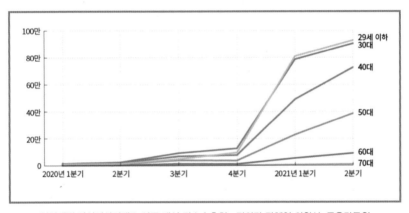

연령대별 가상자산거래소 신규 개설 건수 | 출처 : 정의당 장혜영 의원실, 금융감독원

그나마 주식이나 코인은 큰돈이 없어도 투자할 수 있는 자산인 반면 부동산, 즉 집은 아무리 적어도 몇 억 원의 자금이 들어가는 큰 투자임에도 불구하고 집값이 더 오르기 전에, 그리고 '집값은 물가를 반영해 늘 우상향한다'는 이론적 배경까지 덧붙여져 매수세에 불이 붙었다. '어차피 언젠가는 살 집, 더 오르기 전에 지금 사자'는 심리가 '벼락거지'의 불안감에 더해져 작동했다는 설명이다.

여기에 2030세대가 IT에 익숙하다는 점도 한몫했다. 부동산(Property) + 기술(Technology)이 합쳐진 신조어인 프롭테크(Proptech)를 기반으로 하는 부동산 플랫폼이 대거 등장하면서 전에는 직접 발품을 팔거나 중개업소를 통해서나 얻을 수 있던 부동산 정보를 휴대폰으로나 PC로 언제든지 편하게 얻을 수 있게 된 것이다.

여기에 언론과 유튜브, 블로거들의 영향도 빼놓을 수 없다. 영끌족이 아파트 매수에 나섰던 2020년부터 2021년까지 조선일보, 중앙일보, 동아일보 등 주요 언론은 물론 한국경제와 매일경제, 머니투데이 등 경제지에서도 집값이 계속 오를 것이라는 기사를 쏟아냈다. 심지어 집값이 하락세로 돌아섰던 2022년에 들어서도 집값이 계속 올라갈 것이라는 전망의 기사를 낸 언론들도 많았다.

특히, 이번 가격 급등기에는 유튜버들의 역할이 컸다는 지적도 있다. 일부 부동산 전문 유튜버들은 "아직도 집이 없어요?" 등의 도발적인 표현으로 썸네일을 장식하면서 연일 '집값은 앞으로도 계속 올라가니 지금이라도 집을 사야 한다'는 내용의 자극적인 콘텐츠를 만들어 내보냈다. 이들 가운데 가장 대표적인 유튜버 5명이 일명 '영끌 5적'이라는 이름으로 여론의 도마 위에 오르기도 했다. 한 블로거는 영끌 5적과 관련해 설문조사한 결과를 정리해 올리기도 했다.

반면에 2020년을 전후해 집값 하락을 전망했던 일부 전문가들은 '족집게 5인방'이니 하면서 최근 부동산 시장의 여론을 주도하고 있기도 하다. 아이러니한 상황이 벌어지고 있는 셈이다. 지난해 말 <조선일보>에서 이른바 영끌 5적과 족집게 5인방을 다룬 '집값 폭락에 '영끌 5적' 비난받는 족집게 전문가들'이라는 기사(2022년 12월 17일 차학봉 기자)가 나왔는데, 그 내용을 잠시 들여다보면 이렇다. 인터넷에서 요즘 '영끌 5적'이라는 말이 유행인데, 이들은 집값이 계속 급등하니 당장이라도 집을 사라고 주장해서 젊은 층이 빚을 끌어모아 집을 사는 이른바 '영끌 투자'를 부추긴 유튜버 전문가를 지칭하며 현재는 비난을 받고 있지만, 한창 집값이 뛰던 2019 ~ 2021년 당시에는 집값 폭등을 적중시켜 '부동산 업계의 노스트라다무스', '족집게 전문가'로 각광받았다는 내용이다. 또 빠르면 2021년 하반기부터 집값이 떨어질 것이라고 경고했던 이른바 '족집게 전문가'들을 소개하면서 부동산 시장의 판도가 뒤집어지면서 '영끌 5적'에 대해서는 추종이 비난으로, '족집게 전문가'들에 대해서는 세상물정 모르는 사람에서 구원자로 바뀐 세간의 평가를 소개하고 있다.

하지만 영끌 이야기를 하면서 정부의 역할을 빼놓을 수 없다. 1970년대 박정희 정부 때부터 부동산 정책은 경기 부양 정책의 가장 핵심이었다 보니, 경기가 침체되면 부동산 규제 완화, 금융지원 활성화 등 각종 부동산 대책이 늘 전면에 내세워졌다. 노무현 정부 때 급등했던 집값이 2008년 MB정부가 들어선 직후 하락세로 돌아서면서 MB정부는 노무현 정부 때 죄었던 각종 부동산 규제를 대부분 풀기 시작했고, 이런 흐름은 2013년 박근혜 정부 중반까지 이어졌다. 심지어 박근혜 정부 때는 그 유명한 "빚내서 집 사라"라는 말이 공공연하게 나올 정도로 부동산 부양에 필사적이었다. 이때 풀렸던 대출 활성화 정책으로 2030도 주택담보 대출을 받는 게 용이해졌고, 게다가 금리까지 1 ~ 2% 수준으로 낮다 보니 대출 이자 부담도 적었던 점이 영끌의 또 다른 배경이 되었다.

영끌은 정말 잘못된 것인가?

영끌의 원인에서 뭔가 하나가 빠진 것 같지 않은가? 그렇다. 바로 집을 산 사람이다. 정작 집을 산 건 그들인데 왜 남 탓만 하냐는 지적이 있다. 불안감이나 공포감이 영향을 미쳤겠지만, 결국 '나도 벼락거지가 안 되려면 남들처럼 집을 사서 돈을 벌어야겠다'는 욕구가 영끌의 직접적인 원인이 아니냐는 이야기다. 그러나 영끌의 댓가는 혹독하고, 언제 끝날지 모른다는 게 고통의 가장 핵심이다. 2022년 여름을 기점으로 집값이 하락세로 돌아서고 연준을 시작으로 한국은행을 비롯한 각국 중앙은행들의 기준 금리 인상이 본격화되면서 대출 금리도 집을 구입했던 시점에 비해 두 배 수준으로 치솟았다.

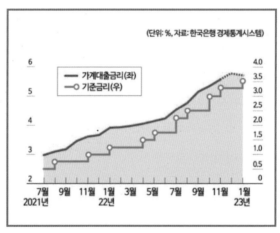

2021년 이후 기준 금리 – 가계대출 금리 추이 | 출처 : 한국은행 경제통계시스템

한창 2030이 집을 구매하던 2021년 당시 주택담보 대출 금리는 3% 전후 수준이었다. 하지만 2023년 초 기준 5%를 넘어 6%에 근접하고

있다. 이렇게 대출 금리가 2배 가까이 급등하면서 영끌족은 이른바 빚의 수렁에 빠져들고 있는 상황이다. 정부의 압박으로 은행들이 3월을 전후로 대출 금리를 소폭 내렸지만 절대 금리 자체는 여전히 집 매수 시점에 비해 2%P 안팎으로 높다. 대출 이자 부담이 두 배 수준까지 갔다가 1.5배 수준으로 줄어들었지만 여전히 대출 이자가 주는 압박은 버거운 수준이다.

연령대별 다중채무자 현황 | 출처 : 금융감독원

게다가 대출을 여러 군데에서 받은 다중채무자의 경우 30대 이하의 비율이 소득이 훨씬 높은 40대에 육박할 정도인데, 이는 그만큼 적은 소득에서 감당해야 할 이자 부담이 2030에서 크다는 의미다. 이렇다 보니 이미 작년 초부터 개인회생을 신청하는 2030의 수가 빠르게 늘고 있는 것으로 나타났다.

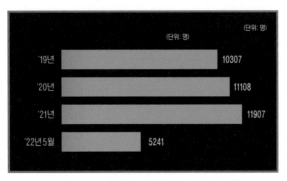

20대의 개인회생 신청자 현황 | 출처 : 금융감독원

특히, 2023년 들어서는 대출 이자를 3개월 이상 갚지 못할 경우 은행이 해당 주택을 직접 경매로 넘기는 임의경매도 늘고 있는 상황이다.

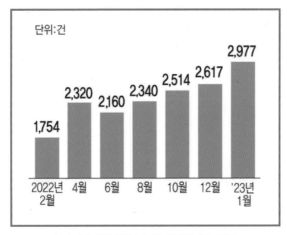

임의 경매 신청 현황 | 출처 : 법원등기정보광장

게다가 미국의 기준 금리가 인플레이션 부담 때문에 지금보다 더 오른다고 가정할 경우 한국은행도 한미 금리 차이 때문에 어느 정도 금리를 올릴 것으로 보여 조금은 줄었던 이자 부담이 다시 확대될 가능성도

배제할 수 없다. 당분간 이자 압박이 2030 영끌족에게 큰 시련이 될 수밖에 없는 상황이다.

영끌은 결국 시간이 답이다

영끌은 부동산 주기에 따라 반복되고 있다. 가장 가까운 사례가 노무현 정부 때인 2000년대 초중반의 상황으로 당시 국내외 경제 상황을 되살려보자. 1998년 외환위기 이후 각국 정부가 경기 부양을 위해 금리는 낮추고 대출 규제는 완화하는 등 대대적인 경기 부양 정책에 나섰다. 금리가 낮아지자 외환 위기 이후 꽁꽁 얼어붙어 있던 부동산 시장에 온기가 돌기 시작했고, 여기에 은행들이 가계 대출을 대대적으로 늘리기 시작하면서 온기는 금새 열기로 바뀌었다. 2000년 당시 4대 시중 은행의 주택담보 대출 잔액이 54조 원 규모였는데 부동산 시장이 한창 끓던 2006년에는 주택담보 대출의 규모가 200조 원까지 폭증했다. 같은 기간 전체 가계 대출 규모도 545조 원까지 불어났다. 게다가 2000년에 5.25%에 달했던 기준 금리도 2004년 무렵에는 3.25%까지 내려갔다.

은행들이 서로 나서서 돈 빌려주겠다고 경쟁하겠다, 금리도 낮겠다, 부동산 시장에 불이 붙는 것은 너무도 자연스러운 현상이었다. 이렇게 적도 한복판처럼 뜨겁게 달궈져가던 부동산 시장은 2008년 9월 리먼 브라더스 사태를 계기로 글로벌 금융 위기가 본격화되면서 그 열기가 가라앉는다. 당시 집값 상황을 그래프로 살펴보자. 한국부동산원의 매매가격지수 통계가 잡히기 시작한 게 2003년 11월부터여서 그 때부터 2009년까지의 상황이다.

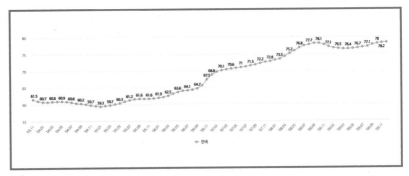

2003년 ~ 2009년 매매가격지수 추이 | 출처 : 한국부동산원

이 당시에도 영끌은 있었다. 당시에 흔히 쓰던 '하우스 푸어(House poor)'가 지금의 영끌과 같은 말이다. 집값이 한창 오르던 2006~2007년 고점에 집을 샀다가 금융 위기가 터지면서 가슴이 새카맣게 타들어간 다는 게시글이 포털이나 커뮤니티 사이트에 쏟아졌다. 지금 게시판 등에 올라오는 내용과 날짜만 다를 뿐 내용은 비슷한 셈이다. 당시 상황을 게재한 블로거 라이너스X의 사이트에 들어가보면 은마아파트를 고점인 15억 원에 샀다가 반토막이 났다는 사연, 7억 원에 분양을 받았는데 입주할 때 2억 원 가까이 떨어졌다는 사연, 급급매로 내놔도 집을 보러 오는 사람이 없다는 사연 등 당시 집 때문에 가슴이 새카맣게 타들어갔던 다양한 사연들이 소개되어 있다. 당시에도 강남 재건축의 대장주격이었던 은마아파트가 반토막이 났다는 기사가 나오기도 했는데, 앞의 경험담으로 본다면 그게 루머가 아니라 사실이었던 셈이다.

서울 강남3구나 목동 등 집값이 비싼 지역들은 물론 서울 변두리 지역과 분당, 용인, 일산 등 수도권 주요 신도시 지역들도 대부분 적게는 30%에서 많게는 절반 전후로 집값이 떨어졌다. 이때 떨어졌던 집값이 원금을 회복한 게 2015 ~ 2016년 정도니까 한참 고점이던 2006년 ~

2007년에 집을 샀던 당시 영끌족으로서는 원금을 회복하는 데 거의 8 ~ 9년 이상 걸린 셈이다. 물론 이때부터 집을 계속 갖고 있던 사람들은 코로나19 사태가 벌어졌던 2020년을 전후해 집값이 급등하면서 충분한 보상을 받게 된다.

그러면 이때와 지금 상황을 비교해보자. 우선 금융 위기 이후 집값이 상승세로 돌아서기 시작했던 2013년부터 지금까지의 집값 상황부터 살펴보자.

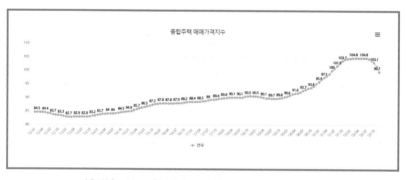

2013년 ~ 2022년 매매가격지수 추이 | 출처 : 한국부동산원

금융 위기 이후 부진하던 집값이 움직이기 시작한 것은 정확하게 2013년 4월부터다. 이때부터 매매가가 조금씩 우상향하기 시작하더니 2015년, 2018년, 2020년을 기점으로 한 단계씩 레벨업이 되더니 2022년 하반기부터 본격적인 하락세로 돌아선다.

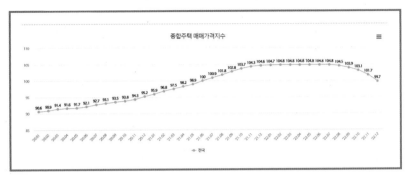

2020년 ~ 2022년 매매가격지수 추이 | 출처 : 한국부동산원

   이번 시기의 영끌족들은 대체적으로 2020년 하반기부터 집값이 하락세로 돌아서기 직전인 2022년 상반기까지 집을 샀던 사람들이다. 문제는 집값 하락세가 이제 시작하고 있다는 것이다. 여러 전문가의 말을 종합해보면 대체적으로 2025년이 지나야 반등이 시작될 것으로 보고 있다. 이번 집값 하락을 전망했던 이른바 '족집게 5인방'의 집값 전망을 정리해봤다.

족집게 5인방의 집값 전망

연세대 경제대학원 한문도 교수 – 2029년까지 하락세 지속

   2029년까지 집값 하락세가 지속되고 최소 20 ~ 30%, 최대 40 ~ 50% 집값이 하락할 것으로 예상한다. 내부적으로는 PF부실과 영끌, 외부적으로는 미국의 금리 인상과 러시아와 우크라이나의 전쟁, 그리고 중국의 버블 등이 이유다. 집값이 비싸다는 시장 참여자들의 인식에 미국 금리 인상까지 겹치면서 역대 최저 수준으로 거래량이 줄었고, 수요도 마찬가지로 얼어붙고 있다.

서강대 경제대학원 김영익 교수 - 2025년 전후는 되어야 하락세 멈출 듯

현재는 집값 하락 국면의 초기다. 집값 결정 요소로는 대출 금리, 경기 등이 있는데, 가장 중요한 게 경기다. 동행지수 순환변동치를 기준으로 볼 때 2022년 10월부터 하락세로 전환했는데, 보통 방향을 한쪽으로 튼 뒤 19개월 정도 이 추세가 이어진다. 앞으로 최소 1년 반은 경기가 부진할 것이고, 집값도 하락 국면이 이어질 것이라는 전망이다(2024 ~ 2025). 직전 고점 대비 30 ~ 40% 수준은 떨어져야 가파르기가 둔화될 것으로 본다. 물가나 소득에 비해 전국의 아파트는 20% 이상, 서울은 30% 이상 고평가되어 있다고 본다. 소득 대비 집값의 비율인 PIR을 기준으로 서울은 가장 높았던 2021년 말에 19배 수준이었다. 19년 동안 한 푼도 안 쓰고 저축해야 집을 마련할 수 있다는 이야기다. 이 수치의 장기 평균이 12배인데, 결국 이 수준으로 회귀할 것이다. 이 수치가 떨어지려면 소득이 늘어나거나 집값이 떨어져야 하는데 우리나라는 잠재성장률이 낮기 때문에 소득이 더 늘긴 쉽지 않고, 결국 집값이 떨어져야 한다.

아파트사이클연구소 이현철 소장 - 2027년 ~ 2028년까지 하락세 지속

2020년 말부터 2021년 초 사이에 대량 거래가 발생하면서 이제 살 사람은 다 샀다고 본다. 미분양 아파트가 증가하는 추세가 뚜렷해지고 있는 게 매수세 실종의 증거다. 이 가운데 80 ~ 90%는 평생 집을 사지 않을 사람들이 포함되어 있다. 앞으로 1 ~ 2년은 가격이 정체될 것으로 본다. 더 집값이 떨어지길 기다리는 사람과 아직 버틸 만하다고 보는 사람들간의 힘겨루기가 진행될 것으로 본다. 이런 과정을 거치면서 2027

년 ~ 2028년까지는 하락세가 지속될 것으로 전망한다. 이때부터 2 ~ 3년 정체기를 보낸 뒤 2030년쯤 반등이 시작될 것으로 본다.

서울대 환경대학원 김경민 교수 – 2025년까지 하락세 지속

김경민 교수는 집값 하락세가 2025년까지 계속될 것으로 전망했다. 기준 금리가 부동산 시장의 최대 변수인데, 그때쯤 가서야 금리가 인하될 것이라고 본 것이다. 김 교수는 미국의 인플레이션이 언제 멈추고 하락할 것이냐가 가장 중요하다며 2025년부터 금리가 0.25%P씩 낮아질 수 있을 것이며 2025년 중반이나 하반기가 되어서야 집값 하락세가 멈출 것이라고 전망했다. 서울 대단지 25평과 33평의 분기별 최저, 최고가 평균 가격을 기준으로 고점과 저점을 판단하는데, 2021년 3분기를 기점으로 서울 집값이 고점을 찍었다고 판단한다. 부동산은 위험자산이다. 단타가 아니라 장타로 접근해야 한다.

미래에셋투자증권 이광수 애널리스트 – 2019년 이전 가격까지 가야 하락세 멈출 듯

코로나 이전(2019년 말 ~ 2020년 초) 가격으로 회귀할 것으로 예상한다. 수도권 기준으로 볼 때 30% 이상 하락할 것이다. 그런데 이 수준이 바닥을 의미하는 것은 아니다. 추가적인 상황, 즉 매수 심리나 기준 금리 수준, 정부 부동산 정책에 따라 변할 수 있지만, 더 떨어질 수 있다고 본다. 기본적으로 기준 금리는 지금보다 좀더 올라갈 가능성이 높고, 높아진 금리 수준이 쉽게 떨어지기 어려울 것으로 보기 때문이다. 정확한 시기는 예측하기 힘들지만, 집값이 충분히 떨어졌다는 시그널은 집값이 하락하면서 거래량은 회복할 때인데, 현재는 집값이 떨어지면서 거래량도 같이 떨어진다.

　그렇다면 집값의 반등 시점은 언제쯤이 될까? 앞서 언급한 족집게 5인방의 전망에 더해 유튜버 '쇼킹부동산', 최황수 건국대 부동산대학원 교수의 전망까지 들어봤다.

집값 반등 시기 전망

연세대 경제대학원 한문도 교수

　3년 반 정도 시간이 걸릴 것으로 본다. 실수요자 입장에서는 주택구입부담지수가 140선 아래로 떨어지면 그때 매수 준비를 시작할 타이밍이라고 본다.

서강대 경제대학원 김영익 교수

　소득 대비 집값 비율인 PIR 수준으로 본다. 고점이었던 2021년 말에 19배까지 갔다가 2023년 1월에 17배까지 떨어졌는데, 장기 평균인 12배 수준으로 회귀해야 한다. 금리 수준도 집값이 한창 오르기 시작했던 당시 수준까지 내려가야 한다.

아파트사이클연구소 이현철 소장

　2030년쯤 반등이 시작될 것으로 본다. 집값에 영향을 미치는 1차 요인은 대중 심리, 전세, 분양 정책이고 금리, 인구 증감, 시장의 호재나 악재 등은 2차 요인이다.

서울대 환경대학원 김경민 교수

2026 ~ 2027년부터 집값이 다시 급등할 수 있다. 현재 시장 침체로 공급이 줄어든 여파가 폭등장세로 나타날 수 있다. 반등 포인트는 거래량이 일단 늘어나야 하고, 1,000가구 이상 대단지에서 25평과 33평의 분기별 최저점과 최고점의 평균가가 반등하는지를 기준으로 판단한다. 또 가격이 상승세로 돌아서는 것도 확인해야 한다.

미래에셋투자증권 이광수 애널리스트

집값 반등 시점은 자산가들의 부동산 비중이 낮아져 매수 수요가 늘고, 추세적으로 거래량이 늘 때가 포인트다. 집값은 투자하는 사람들, 즉 다주택자들이 움직인다. 일부에서 주장하는 대로 70 ~ 80% 빠지기 힘들다.

건국대 부동산대학원 최황수 교수

미 연준의 금리 인상이 올해 말쯤 끝나고 내년 정도부터 금리 인하가 시작된다고 보면 2025년 가을이나 2026년 정도가 되어야 집값이 반등할 시점이 된다고 본다. 금리 방향이 바뀌고 1년 반 정도 시간이 지난 뒤 시장에 영향을 미치는 걸 감안한 것이다. 본격적으로 반등을 하려면 2026년 상반기 정도 되어야 할 것이다.

유튜버 '쇼킹부동산'

집값 하락 시점을 비교적 정확하게 짚었던 것으로 잘 알려진 유튜버 쇼킹 부동산은 빠르면 2023년 말이나 2024년 초를 반등 시점으로 보고 있다. 집값 하락이 가팔랐던 만큼, 즉 골이 깊은 만큼 반등 시점도 당겨질 것이라는 생각이고, 올해 바닥을 찍고, 올해 말에서 내년 상반기쯤 V자 반등을 할 것이라는 주장이다.

전체적으로 보면 족집게 5인방을 비롯한 전문가들의 집값 하락 시점은 대략 2019년 하반기부터 2021년 상반기로 비교적 기간이 유사한 반면, 반등 시점에 대해서는 의견이 많이 엇갈린다. 당장 2023년 말에서 2024년 초부터 반등한다는 주장(쇼킹부동산)부터 2030년이나 되어야 반등할 것이라는 전망(아파트사이클연구소 이현철 소장)까지 폭이 넓다. 반등 시그널도 전문가들에 따라 금리, 경기 상황, 거래량, 자산가들의 부동산 비중, 심리, 공급 등 다양하게 제시되고 있다. 이런 모든 분석을 관통하는 것은 일단 미국 연준의 금리 인상 기조가 언제 멈추느냐로 모아진다. 우리 집값이 미국의 금리 방향에 따라 좌우된다는 이야기다. 영끌족 입장에서는 짧게는 1 ~ 2년, 길게는 앞으로도 6 ~ 7년은 견뎌야 한다는 것이고, 내 집 마련을 생각하는 무주택자 입장에서는 반대로 그만큼 더 시장 상황을 지켜봐야 할 듯하다.

덧붙여 건국대 부동산대학원과 한국금융연구원 교수로 있는 최황수 교수에게 영끌의 원인과 영끌족의 대응 방법, 향후 집값 전망까지 들어봤다.

건국대 부동산대학원 최황수 교수

영끌과 집값,
그 상관성에
대해

Q 2030들이 영끌을 많이 했다고 하는데, 왜 그랬다고 보는지?

A 부동산이나 경제적인 측면보다 심리적인 측면이 컸던 것 같다. 일종의 상대적 박탈감 같은 것이다. 영끌을 하게끔 떠밀었던 이야기들 가운데 하나로 '벼락거지'란 말이 있지 않는가? 여태 살면서 열심히 직장생활하고, 아껴서 저축하고, 나름 성실하게 살아왔다고 생각했는데, 주변에서 집을 사서 몇 억을 벌었네 집값이 10억 원이네, 20억 원이네 하는 소리를 듣고 있자니 자기는 괜히 잘못 살아온 것 같고, 가만히 있으면 손해 보는 것 같고, 자꾸 밀려나는 것 같은 기분이다. 그러니 나도 어떻게든 있는 돈, 없는 돈 끌어모아서(영끌) 집을 사야겠다 하는 심리가 확산된 것이고, 그런 현상을 언론에서 영혼까지 끌어모았다고 해서 '영끌'이라는 압축적인 표현으로 쓰고 있는 것이다.

Q 왜 불안감이 커졌을까?

A 정보 습득이 워낙 쉽기 때문이라고 본다. 예전에는 집을 알아보려면 발품을 팔아야 한다는 이야기를 많이 했다. 그런데 요즘은 그렇게 안 한다. 프롭테크라고 해서 인터넷으로 동네, 집, 집의 구조, 시세 등 웬만한 정보를 다 구할 수 있다. 포털에 들어가면 동네 상황도 사진으로 다 볼 수 있고, 심지어 일부 사이트에서는 해당 주택이나 동네에 대한 평판도 알려주기도 한다. 상황이 많이 달라진 거다. 정보 습득도 쉽고 정보의 전달도 빠른 세상이다 보니 이렇게 일시에 확 쏠리는 집단화 현상도 더 쉬워지고, 더 빨라지고, 더 넓게 퍼지는 것이다. 어찌 보면 아는 게 병이된 셈이라고도 할 수 있다.

Q 그런데 2030이 무슨 돈이 있어서 집을 샀을까?

A 대출시스템 덕분이다. 한창 집값이 올라갈 때 은행에서 마통(마이너스통장)으로 1억 원, 2억 원씩 빌리는 사례가 흔하게 있었다. 보증인도 안 세우고 개인 신용으로 말이다. 정부가 집값 오른다고 대출을 규제해도 1금융에서 안 되면 2금융으로, 주담대가 안 되면 신용으로 돈을 빌릴 수 있는 금융시스템이 우리한테 있는 것이다. 그러니 벌어놓은 돈이 많지 않아도 이렇게 저렇게 끌어모아 집을 살 수 있는 상황이 되었기 때문에 영끌이 가능했다고 본다. 게다가 요즘 2030 신혼부부들은 맞벌이가 많으니 양쪽에서 대출을 받을 수 있어서 더 큰돈을 만들 수 있었던 것이다(박갑현 지우리얼티 대표의 "전세자금 대출이 잘되어 있어서 전세 가격이 계속 올랐고 전세사기도 가능했다"를 참고).

Q 집값이 계속 떨어지다 보니 영끌한 분들 마음고생이 클 텐데…, 조언을 해주신다면?

A 두 가지 경우로 나눠서 말씀드리겠다. 첫 번째 판단 기준은 고정수입이 있는지 여부다. 정기적인 급여를 받는 분들은 한마디로 '존버(끈질기게 버틴다는 뜻의 은어)'하시라고 말씀드리겠다. 내 선택이 잘못되었고 타이밍이 잘못되었고 하는 자책은 그만하시고 고정적인 수입이 있으면 집값이 오를 때까지 버티면 된다. 예를 들어 지난 2008년 하반기부터 집값이 떨어지다가 2014년 하반기부터 반등을 시작해 2016년에서 2018년 사이에 대부분 그 전 고점(2008년)을 회복했다. 그러니까 2007년이나 2008년 고점 때 지금 말로 영끌했던 분들은 대략 10년을 전후해 집값이 샀던 금액을 회복했다는 이야기다. 물론 그 사이에 판 분들도 많겠지만 어떻게든 대출 이자를 내면서 버틴 분들은 그 이후 집값이 더 뛰면서 오히려 자산이 늘어나는 행복감도 맛보게 되었다. 물론 그 세월 동안 마음고생은 많았겠지만 어차피 이사 안 가도 되고, 그냥 살면 되었으니까.

문제는 소득이 일정하지 않은 영끌족들이다. 이런 분들은 사실 드릴 말씀이 별로 없다. 존버를 하기도 쉽지 않고, 만약 대출 이자 상환이 3개월을 넘어가면 임의경매라고 해서 대출을 받은 은행에서 경매로 넘길 수도 있다. 손해를 보고 파는 방법도 있는데…, 결국 스스로 판단해야 할 문제여서 섣불리 뭐라고 조언을 드리기가 그렇다.

두 번째 기준은 지금 살고 있는 집이 존버를 해도 될 만한 가치가 있는지다. 이를테면 서울이나 수도권인지, 역세권 등 교통 환경은 어떤지, 숲세권이라는 말처럼 자연환경은 어떤지, 아이들 교육 관련해서 학군은 어떤지 등 일반적으로 집값에 영향을 미치는 변수들을 고려할 때 5 ~ 6년 이상 '몸테크(몸과 재테크를 합성한 신조어로 불편을 감수하고라도 거주하며 재건축 등을 기다리는 방식)'를 해도 될 만한 집이냐는 것이다. 그게 아니라면 존버를 할 필요성이 그만큼 적어지는 셈이다.

Q 2030 세대의 주거 문제는 어떻게 접근하면 좋을까?

A 첫 번째, 위치에 대한 이야기를 생각해볼 수 있겠다. 2030 세대가 사는 곳, 임차하는 곳이 어디냐가 되게 중요한데, 마치 전설 같은 경험 중 하나가 소득이 낮을수록 도시에 가깝게 살아야 된다는 이야기를 한다. 서울을 보면, 도심에 쪽방촌이나 고시원 같은 좁은 주거 형태들이 몰려 있지 않은가. 도심에 있어야 하는데, 임대료를 낮추려면 사이즈가 작아야 되니까 그렇다. 강남에 있는 고시텔 같은 곳이 제곱미터당 가격으로 따지면 임대료가 타워팰리스보다 비싸다. 결국 이 이야기는 정책 당국에서 주거정책을 펼 때 2030들을 위해서는 도심에 어떤 식으로든 비교적 저렴한 주택을 공급해야 한다는 이야기다.

그런데 문제는 도심에 집을 지을 땅이 거의 없다는 것이다. 그래서 개인적인 생각은 역세권 등 2030이 선호하는 지역에 용적률을 대폭 높여서 주택을 공급하는 게 불가피하고, 이를 위해서는 그 지역의 지주들에게 일정 수준의 인센티브를 줄 필요가 있다는 것이다. 다만, 특혜 시비가 일지 않도록 적정 수준, 예를 들어 용적률이 지금은 250% 정도인데, 이것을 500%로 높여주는 대신 늘어난 용적률의 절반 만큼의 주택을 공공으로 흡수해서 과도한 수익을 차단하는 방식의 접점이 필요하다는 생각이다.

정치권이나 시민단체 등에서 비판 여론이 있더라도 현실을 감안할 때 필요하다는 게 제 소신이다.

Q 장기적으로 2030에게 주거 전략을 짜주신다면?

A 가급적 도심에 가깝게 주거를 정하는 게 좋겠다. 직주근접(직장과 주거가 가까운 것)뿐만 아니라 투자적인 측면에서도 그렇다. 처음엔 월세나 전세로 시작하더라도 결국 내 집 마련도 도심에 가까울수록 좋다고 생각한다. 좀더 구체적으로 말씀드리면 서울은 한강을 중심으로 해서 한강의 연접지역, 구 단위로 보면 강북 지역은 마포, 용산, 성동구, 광진구가 있을 것이고, 한강 이남 쪽은 강남 4구를 비롯해 동작구, 영등포구, 양천구, 강서구 정도가 적절하다. 이런 데를 목표로 차근차근 안으로 진입하면 되는데, 청약이 되었든 매수가 되었든 장기적인 목표를 가지고 접근하는 게 좋다. 요즘 청약 시장이 안 좋은데, 이럴 때일수록 청년 세대들은 청약통장을 해지하지 말고 3기 신도시 같은 곳을 공략하는 것도 방법이다. 3기 신도시는 1기나 2기 신도시보다 위치가 훨씬 좋다. 게다가 교통인프라도 좋다.

Q 말씀하신 김에 3기 신도시 어디가 좋은가?

A 제 개인적으로 3기 신도시의 순위를 매긴다면 넘버원은 과천이다. 사람마다 의견이 다를 수 있는데, 저는 시흥 광명이 2위, 3위는 강남권인 하남 교산 신도시다. 4위는 고양 창릉 지구, 5위는 남양주 왕숙 2지구다. 1지구보다 2지구가 더 한강 쪽에, 서울 쪽에 가깝다. 6위는 부천 대장 신

도시, 7위는 인천 계양, 8위가 남양주 왕숙1지구다. 서울에서 좀 먼 게 이유다. 3기 신도시는 서울의 변두리 지역보다 오히려 더 낫다는 게 제 생각이다.

Q 부동산 시장 반등 시점은 어떻게 보는지?

A 집값이 언제 반등할지도 답은 간단하다. 가장 우량한 지역인데도 청약이 미달되고, 강남처럼 정말 좋다는 지역들조차도 사려는 사람이 없고, 언론에서도 부동산 기사가 잘 안 보이는 시기가 반등 시점이다. 그게 언제였냐면 2012년에서 2014년 사이였다. 그때는 집 산다고 하면 "아파트의 시대는 이제 끝났어"라는 말을 듣기 십상이었다. 만약 그때 실수요 목적으로 집을 산 분들은 정말 거의 발바닥에 산 것이다. 물론 실력이라기보다는 운이라고 봐야겠지만. 그러면 지금 상황을 한번 볼까? 언론에서 여전히 부동산 기사가 매일 쏟아지지 않는가? 아직 물이 덜 빠졌다는 이야기인 거다. 더 관심이 줄어야 한다. 더 집값이 떨어져서 8년 전처럼 아파트의 시대는 끝났다는 이야기가 나와야 한다는 말이다.

경제적인 측면에서 말씀을 드리면 현격하게 금리가 하락하는 게 보여야 한다. 금리 인하가 그냥 한두 번이 아니라 그 이상 반복적으로 나타나야 한다. 마치 작년에 미국이 0.75%P를 세 번 연속 올렸듯이, 그런 식으로 시장에 금리가 빠르게 올라간다는 신호를 명확하게 보여주니까 지금 집값이 떨어지고 있지 않는가. 그러면 금리 인하가 시작되면 바로 집값이 반등할 것인가? 그건 아니고 시차가 존재한다. 2012년 하반기부터 한국은행이 금리를 내리기 시작했는데, 집값은 2014년 하반기부터 반등하기 시작했다. 대략 2년 정도 격차가 있는 것이다. 이번에 집값이 떨어지기 시작한 게 대략 2022년 여름부터고 한국은행이 금리를 올리기 시작한 것은 2021년 8월이었으니, 대략 1년 정도의 시차가 있었다. 업계에서는 보통 18개월, 1년 반 정도의 시차가 있다고 한다.

물론 금리 수준이나 경기 상황에 따라 변동이 있을 것이다. 이런 논리를 바탕으로 집값 반등 시점을 추론해보면 일단 올해 말까지는 금리가 더 오를 것이고, 고금리 상황이 1 ~ 2년 정도 지속될 것이다. 그러면 2024년 ~ 2025년 정도에 경기 침체 때문에 금리 인하가 시작될 것이고, 이때를 기점으로 18개월을 추가하면 2025년 가을이나 2026년 정도가 되어야 집값이 반등할 시점이 된다는 것이다. 그런데 금리 인하가 한두 번이 아니라 본격적으로 진행되어야 한다는 점을 감안하면 여기서 1년 정도 뒤, 그러니까 2026년 하반기나 2027년 상반기 정도는 되어야 집값이 반등을 시작할 수 있다는 것이다.

Q 그러면 영끌하신 분들은 올해부터 3 ~ 4년 정도만 잘 버티면 적어도 집 사서 손해 보는 일은 없는가?

A 그렇다. 존버의 기간이 그럴 수 있다는 것이다. 물론 앞에서 말씀드린 대로 존버를 할 만한 가치가 있는 집에 살고 있고, 고정적인 수입이 있다는 전제에서다. 말이 3 ~ 4년이지 실제로 하루하루 그 시간을 보내는 것은 여간 어려운 일이 아니기 때문이다.

Q 그러면 아직 집이 없는 분들의 매수 시점도 얼추 윤곽이 잡히는 것 같은데?

A 집값의 바닥 신호가 아무도 부동산에 관심이 없고, 가장 좋은 입지의 아파트도 수요가 끊길 정도로 엄혹한 상황일 때라고 했다. 금리 인하가 본격적으로 시작되는 2026년 전후가 최적의 매수 타이밍이 될 것 같다. '집 잘 샀다'라는 평가를 받으려면 그로부터 2년 이상은 지나야 하니 그 기간 동안에는 '쟤 왜 집을 산 거야, 이 시국에?' 같은 눈총을 좀 받을 것이다. 그때부터 2년 정도 뒤인 2028년 전후쯤 사면 무릎이나 허리 정도에 사는 셈이니 이 시기도 나쁘지 않다고 본다. 참고로 가장 최근 집을 최적의 타이밍에 산 분들은 2014년에 산 분들인데, 이분들은 수익률이 250% 정도 되었다. 2년 뒤인 2016년에 산 분들도 적어도 200% 정도의 대성공을 거둔 분들이다. 2030이나 청약통장이 있는 분들은 청약을 계속 노리는 것도 싸게 집을 살 수 있는 방법이다. 3기 신도시를 노리는 것도 괜찮고, 서울에 분양하는 것도 마찬가지다. 혹시 청약 경쟁률이 낮다고 해서 불안해하지 말고 청약통장은 해지하지 마시고 청약을 넣기를 권한다. 집을 제일 싸게 사는 방법이다.

Q 집값에 영향을 미치는 변수와 관련해 공급과 금리, 경기, 성장률, 미분양 규모 등 여러 가지 이야기들이 나오는데 교수님은 어떤 변수를 가장 중요하게 고려하시는지?

A 그 모든 것들을 관통하고 꿰뚫을 수 있는 딱 하나의 이슈를 꼽으라면 저는 금리라고 단언한다. 이번 집값 상승은 2016년부터 본격화되었는

데, 금리는 2014년부터 내리기 시작했다. 이번 집값 하락도 이미 알고 있었는데, 이미 2020년 말부터 금리를 올리기 시작했기 때문이다. 정리하면 집값 상승과 관련해서는 금리를 내린 건 2014년인데, 집값은 2016년부터 올랐고, 금리를 올린 것은 2020년부터인데 실제로 집값이 내린 건 2022년 가을부터란 말이다. 금리와 실제 집값 변동 사이에 시차가 존재하는 것이다.

이게 부동산이나 주식 같은 자산 시장의 일종의 뉴턴의 제1 법칙 같은 것이라고 본다. 즉, 관성의 법칙이 작용한다는 이야기인데, 물체의 움직임처럼 집값도 오를 때 계속 오르려고 하고, 내릴 때는 계속 내려가려고 하는 관성이 작용하다 보니 금리 인상이나 인하와 같은 외부적 충격을 준다고 해도 바로 집값이 오르거나 내리지 않고 일정 시간이 걸린다는 것이다. 자산 시장의 벽돌 이론이라고도 한다. 만약에 집을 저점에 사서 고점에 팔고 싶다면 금리를 인하하는 초입에 사는 것과 금리를 인상하는 초입에 파는 것이 정확한 타이밍이다. 하지만 실제로 시장에 참여하는 사람들은 절대 그렇게 움직이지 않는다. 벽돌 이론처럼 금리를 인하하기 시작해도 사람들은 그동안 계속 침체되어 있던 부동산 시장을 봤을 때 확신이 없다. 집은 언제 사야 제일 싸게 사나요? 언제 사야 제일 비싸게 팔 수 있나요? 이렇게 묻고 싶다면 다른 것보다도 딱, 금리를 보자!

Q 공급 부족이 집값 상승의 가장 큰 이유라는 이야기를 많이 하는데?

A 집값이 오를 때, 특히 2020년 초나 2021년 가을이나 겨울까지 계속 나왔던 게 공급 부족 이야기가 아닌가. 그런데 지금은 전혀 없다. 1년 반 만에 공급이 드라마틱하게 늘어난 것도 아닌데 공급 부족 이야기가 쏙 들

어갔다. 결국 공급 부족은 집값의 변수가 아니라는 말이다. 공급 부족 이야기는 집값이 오를 때만 나오는 이야기다. 실제로 집이 모자란 게 아니니까. 주택보급률로만 보면 우리는 이미 100%를 넘어서 완전보급률이라고 하는 110%까지 넘은 곳들도 많다. 경남이나 전남 같은 곳은 130% 가까이 되기도 한다. 서울은 아직 100%가 안 된다. 수도권도 100%를 조금 넘는 수준이고. 결국 집값이 오를 때 공급 부족 이야기가 나왔던 것은 진짜 부족한 게 아닐 수도 있다는 이야기고, 어쩌면 진짜 집이 모자라서가 아니라 내 집값을 올려줄 집이 부족했다는 의미로 볼 수 있는 것이다. 집값이 오른다고 해야 내 집값도 오르니까.

경기도 집값에서 고려할 대상이다. 예전 산업화시대에도 그랬고, 금리가 올라도 집값이 오를 때가 있는데, 그때는 성장률이 높을 때 즉, 경기가 좋을 때다. 경제 상황이 좋으면 소득이 늘어서 금리 인상에 따른 대출 금리 부담을 견딜 수 있으니 집에 대한 수요가 늘어 집값이 오르는 것이다. 중국이 2000년 이후 한창 성장률이 올라갈 때도 마찬가지였고, 미국도 그랬다. 반대로 금리가 낮아도 집값이 떨어질 수 있다. 경제가 나빠지면 소득이 줄고, 그러면 소비가 위축되고, 기업 실적도 나빠지고, 그러다 보면 물가가 하락하는 디플레이션에 빠질 수 있다. 일본처럼 말이다. 그러면 수요 부족으로 금리가 내려가도 집값이 떨어진다. 가장 최근에 코로나19 초창기 때인 2000년 초반에는 경기가 급속히 위축되는데도 집값이 올랐다. 이때는 금리 인하가 빠른 속도로 진행될 때였다. 정리하면 금리와 집값은 반비례 관계고, 경기와는 비례 관계다. 이 세 가지 변수를 함께 보면 된다.

Q 미국을 보면 금리 인상 행진이 어느 정도 마무리된 분위기인데, 어떻게 될지?

A 진짜 무서운 시기가 다가오고 있다. 금리 인상이 멈춰도 오른 상태로 계속 유지되는 게 훨씬 더 지루하고 공포감이 심하기 때문이다. 국가통계 포털을 보면 기준 금리에 대한 변화 추이를 1990년부터 지금까지 다 볼 수 있는데, 이런 정체 구간들이 꽤 있다. 그런데 금리가 높은 상태에서의 정체 구간을 부동산 매매가격지수와 겹쳐놓고 보면 정확하게 데칼코마니처럼 반비례 관계다. 고금리 상태에서는 집값이 약세인 상황이 계속된다는 이야기다. 금리가 낮을 때는 반대로 집값 상승 국면이 계속되었다.

집의 마법 같은 점은 떠날 때 기분이 좋고,
돌아올 때 훨씬 더 기분이 좋다는 것입니다.
The magic thing about home is that it feels good to leave,
and it feels even better to come back.

- 웬디 윈더(Wendy Wunder)

CHAPTER

02

생애주기별
주거 전략

누군가는 자신의 집을 가짜 궁전으로 만들 수 있고,
또 다른 누군가는 피난처로 만들 수도 있습니다.
One may make their house a palace of sham,
or they can make it a home, a refuge.

- 마크 트웨인(Mark Twain)

왜 생애주기별
주거 전략이 필요한가?

집은 삶의 보물상자가 되어야 합니다.
The home should be the treasure chest of living.

- 르 코르뷔지에(Le Corbusier)

당신에게 집은 어떤 의미인가?

"당신에게 집은 주거의 공간인가? 아니면 투자의 수단인가? 아니면 두 가지 다인가?"

이런 질문을 받는다면 대부분 '두 가지 다'라는 답을 선택할 가능성이 높다. 집이 가계 자산의 80%에 가까운 대한민국의 현실에서 주거 공간이라고 답하면 "아주 철이 없구만. 그래서 처자식 먹여 살릴 수 있겠어?"라는 소리를 들을 것 같고, 투자의 수단이라고 답하면 '아주 돈독이 바짝 올랐구만. 당신 같은 사람들 때문에 대한민국 집값이 이렇게 높은 거야!'라며 눈총을 받을 수도 있기 때문이다. 사실 대다수의 선택이 '두 가지 다'일 가능성이 높은 것처럼 그것이 정답에 가장 가까운 모범답안이다. 대한민국 사람들에게 집은 안정적인 주거의 수단인 동시에 자산을 불리는 가장 확실하게 검증된 투자 방식이기 때문이다.

다음의 자료를 보자. 지난해 기준 국내 가계의 자산별 비중을 보여주는 표인데, 금융 자산이 22.5%, 부동산 등 실물 자산이 77.5%를 차지하고 있다. 1년 전보다 부동산 자산의 비중이 오히려 좀 더 늘었다. 집값 상승효과 때문이다. 지난 수십 년 동안 이 비율은 거의 바뀌지 않았다. 반면 미국이나 일본은 부동산 자산이 30%대, 금융 자산은 60% 중반 수준이다. 우리와 완전 반대다.

		자산	금융 자산			실 물 자 산					
				저축액	전 월세 보증금1)		부동산	거주 주택	거주주택 이 외1)	기타실물 자 산	
평균	2021년	50,253	11,319	8,099	3,220	38,934	36,708	22,876	13,833	2,226	
	2022년	54,772	12,126	8,548	3,577	42,646	40,355	25,496	14,858	2,292	
	증감	4,519	807	449	357	3,712	3,646	2,620	1,026	66	
	증감률	9.0	7.1	5.5	11.1	9.5	9.9	11.5	7.4	3.0	
구성비	2021년	100.0	22.5	16.1	6.4	77.5	73.0	45.5	27.5	4.4	
	2022년	100.0	22.1	15.6	6.5	77.9	73.7	46.5	27.1	4.2	
	전년차	0.0	-0.4	-0.5	0.1	0.4	0.6	1.0	-0.4	-0.2	

(단위: 만원, %, %p)

주: 1) 거주주택 이외의 주택, 토지, 건물, 계약금 및 중도금이 포함됨

자산 유형별 보유액 및 구성비 | 출처 : 통계청

이렇게 부동산에 편중된 자산 구조는 무엇을 의미할까? 우선 리스크가 커진다. 마치 주식 투자에서 특정 종목에 '몰빵 투자'를 했을 경우 잘되면 돈을 크게 벌 수 있지만, 잘못되면 투자 원금의 상당 부분을 날리는 것과 마찬가지다. 주식과 부동산의 가장 큰 차이가 실물이냐 아니냐의 차이인데, 주식은 만약 휴지조각이 되어도 부동산은 적어도 집은 남는 거 아니냐고 하겠지만 비싸게 영끌한 집이 하루하루 급락하는 것을 보면서 마음이 편할 사람은 어디에도 없다.

두 번째는 주기적으로 발생하는 영끌의 원인이 된다. 예나 지금이나 돈은 집을 통해서 번다고 생각하기 때문이다. 예전에는 40대 전후에 이

런 현상이 나타났다면, 이번에는 그 연령대가 2030까지 대폭 내려왔다. 부동산을 통한 자산 불리기 전략이 사실상 부모 세대에서 대를 이어 자식 세대까지 승계된 셈이다. 보통 투자의 세계에서 "계란은 한 바구니에 담지 않는다"라는 말을 많이 한다. 그런 차원에서 보면 국내 가계의 부동산 중심 자산 비중은 아주 리스크가 높은 상황이다. 최근 집값이 급락하면서 이런 식의 자산 비중이 얼마나 위험한지 새삼 확인되고 있다. 이 결과만 놓고 보면 집은 주거의 수단이라기보다는 투자의 수단이 되고 있다는 게 좀 더 현실에 가까운 답이 되겠다.

하지만 앞서 언급된 여러 전문가들의 전망대로 향후 3 ~ 4년 이상 부동산 시장이 계속 침체 상황에 빠진다면 영끌을 한 2030은 물론, 수억 원의 주택담보 대출을 안고 내 집을 마련한 사람들의 고통도 그 기간만큼 이어질 수밖에 없다. 만약 우리도 일본의 '잃어버린 30년'처럼 장기 불황에 빠진다면 그 고통은 사실상 평생 갈 수도 있다는 이야기다. 집에 투자한 것 때문에 이런 고통과 스트레스를 받는 게 과연 적절한 선택일까? 그것도 반복적으로 말이다.

이제 집, 부동산에 대한 생각을 바꿀 때다

앞으로 3 ~ 4년 이상 갈 이번 부동산 침체기를 계기로 집에 대한 인식을 투자의 수단보다 주거의 공간으로 바꿔보자. 그렇다고 투자적인 측면을 포기하자는 게 아니다. 생애주기에 맞게, 적절하게 균형을 맞추자는 것이다. 이제 막 사회생활을 시작하는 2030이 영끌을 해서 무리하게, 그것도 가장 비싼 타이밍에 집을 사는 게 적절하다고 보기는 힘든 것이 아닌가? 시간을 갖고 차근차근 자신의 인생을 준비하자는 이야기다. 사회생활을 하면서 세상에 대한 나름의 눈도 뜨고, 유연성도 갖추고, 적어도 서너 차례에 걸쳐 직접 임대 계약도 해보고, 그러면서 등기부등본이나 건축물대장 같은 공부(公簿)도 볼 줄 알고, 중개업소를 비롯한 제3자의 이야기에 전적으로 의존하지 않고 자기주도로 판단할 수 있는 눈을 기르면서 말이다. 그 기간 동안 저축도 하고, 주식 투자도 하면서 투자에 대한 '자기 눈'을 기르고, 오랜 기간 부어야 하는 청약통장도 넣고 말이다.

공식화된 통계는 없지만 생애주기에 따라 주거에 큰 변화가 생기는 시기는 부모와 살 때, 대학에 입학하거나 처음 직장에 들어가 독립할 때, 결혼할 때, 그리고 자녀들이 태어나서 자녀가 학교에 다니게 될 때, 그 자녀가 다 커서 독립할 때, 마지막으로 은퇴 이후 이렇게 나눌 수 있다. 그리고 이 과정을 거치는 동안 단독주택, 아파트, 빌라 등 가족 단위 공간과 원룸이나 오피스텔, 도시형 생활주택 등 1~2인 중심의 공간까지 다양한 주거 형태를 두루 경험하게 된다. 이 가운데 부모와 같이 살 때 시기를 빼고는 보통 자신(결혼하면 배우자와)이 주거 형태와 주거 지역을 결정하게 된다. 부모님의 조언이나 주변 사람들, 또는 전문가의 도움을 받겠지만 결국 최종 결정, 최종 책임은 자신에게 있다. 이제 '자기주도적인 삶'을 시작할 타이밍이 된 것이다.

생애주기에 따른 첫 번째 주거 변화의 시기는 대학에 입학하거나 고등학교를 졸업하고 취업했을 때다. 비용이야 아직 부모에게 의존하겠지만, 처음으로 스스로 주거 형태와 지역을 결정하게 된다. 부모의 잔소리와 간섭으로부터 벗어나 자유를 느끼는 시기지만, 그와 동시에 스스로의 결정에 책임을 지는 경험도 처음 하게 되는 때다. 이 시기에는 기숙사나 원룸, 오피스텔 등에서부터 흔히 '지옥고'라고 하는 고시원, 반지하, 옥탑방까지 형편 등에 따라 천차만별의 주거 형태를 경험하게 된다. 학교 마칠 때까지 짧게는 2년에서 길게는 5~6년 정도의 기간을 보내니 20대의 절반 이상을 보내는 셈이다. 이때 주거 전략은 가성비를 최고로 따지면서 학주근접이나 직주근접의 주거 1원칙에 부합하는 집을 구하는 것이다.

두 번째 주거의 변화는 결혼에서 시작된다. 함께할 가족이 생기면서 주거의 형태가 원룸 같은 1~2인 중심의 공간에서 2인 또는 어린 자녀까지 감안한 3인 이상의 가족 중심 주거 형태로 확장된다. 역시 재정 형편에 따라 아파트부터 빌라, 다세대나 단독주택의 단칸방까지 역시 다양한 주거 형태가 선택되는데, 정부의 주거 지원이 이 시기에 집중된다는 점에서 기회가 가장 많은 때기도 하다. 학생 때와 가장 다른 것은 자신이나 배우자가 고정적인 소득이 있기 때문에 주거 수준을 발전시킬 수 있는 전략적 접근을 할 수 있다는 점이다. 이때부터 본격적인 주거 전략을 구사할 수 있다.

세 번째 주거의 변화는 자녀들이 커서 학교에 들어가는 시기를 전후해 시작된다. 나이로 따지면 대략 30대 중반에서 40대 초반, 요즘에는 늦은 결혼도 많아졌으니 30대 후반에서 40대 중반까지 봐도 무방하다. 이 시기의 주거는 자신이나 배우자의 직주근접 관점에서 자녀들 중심으로 전환하는 시기다. 군이 표현하자면 '직주근접 → 학주근접'이라고 할 수 있겠다. 1980년~1990년 당시 유행했던 '8학군'까지는 아니더라도 서울을 비롯한 광역지자체의 경우 대개 학군이 좋기로 유명한 지역들이 있어서 이들 지역이 일단 선호 지역 1순위가 된다. 2000년대에 들어서는 학군보다는 좋은 학원이 집중된 지역, 서울로 따지면 강남 대치동이나 양천구 목동, 노원구 중계동 같은 곳들이 선호 지역 1순위 자리를 차지하고 있다. 수요가 몰리는 지역이다 보니 집값이나 임대료가 다른 지역에 비해 훨씬 비싸고, 그래서 이 지역에 내 집을 갖기보다는 전월세 중심으로 주거가 이뤄지는 게 일반적이다.

주거가 크게 바뀌는 네 번째 시기는 자녀들이 독립하는 시기다. 나이로 따지면 대개 50대 중반 전후인데, 자녀가 둘 이상인 경우는 이 시기가 60대 초반 전후까지 해당된다. 자녀가 취업이나 대학 입학, 또는 결혼으로 독립하면서 아이들 중심의 주거가 20 ~ 30년 만에 부부 중심으로 돌아온다. 아이들이 있을 때는 비좁게만 여겼던 방 두세 칸짜리 집이 갑자기 '왜 이렇게 넓어졌지?' 하며 새삼스럽게 느껴진다. 자녀의 결혼과 같은 큰 이벤트가 주로 이 시기에 있기 때문에 비용 마련을 위해 기존에 살고 있는 집의 크기를 줄이는 등의 주거 전략이 실행되는 시기다. 특히, 은퇴 이후에 대비한 준비를 서둘러 진행해야 하는 때기도 하다.

마지막으로 다섯 번째 시기는 은퇴 이후 시기다. 이 시기의 주거 전략은 크게 두 가지다. 현재 사는 집을 주거의 수단인 동시에 새로운 소득 창출 수단으로 재탄생시키는 것이다. 또 하나는 오랫동안 살아왔던 주거 공간의 전면적인 변화를 모색하는 것이다. 귀촌이나 이민이 대표적인 사례다. 만약 후자의 선택을 한다면 집은 임대 수익의 공간이 되거나 자식에게 증여하거나 아예 팔아서 노후를 보내는 재원으로 쓸 수 있다.

생애주기별 주거 전략은 결국 생애주기에 따라 어떤 선택을 하느냐의 문제다. 선택의 자유에는 책임도 따라온다. 니체는《우상의 황혼》에서 "인간이 추구해야 하는 진정한 자유는 자기책임에의 의지다"라고 말했다. 책임에 대한 의지가 없다면 자유를 누릴 권리가 없다는 의미일 것이다. 주거, 즉 부동산에도 이런 원칙은 그대로 적용된다. 정상적이면서 평범한 부동산 거래든 전세사기나 영끌처럼 고통을 동반하는 거래든 말이다. 실거주나 투자, 무엇이 목적이었던 간에 부동산(매매 또는 임대차) 계약은 결국 내 자유판단과 행동으로 이뤄진다. 그러니 그 결과에 대한 책임도 스스로 지는 게 당연하다. 20대든 30대든 부모로부터 독립했으면 이제 스스로 책임져야 한다. 주변에 흔들리지 않고, 자신의 힘으로 전월세 계약을 하고, 내 집 마련을 위해 청약도 하려면 남의 말에 휘둘리지 않고, 내 주도로 부동산 문제를 처리할 수 있도록 스스로 준비하고 공부해야 한다.

그동안 투자에 너무 치우쳐왔던 부동산에 대한 인식을 이제 주거로 옮겨보자. '자기주도 투자', '스스로 하는 투자', '남의 말에 휘둘리지 않는 투자' 이런 식의 투자 중심의 이야기를 '자기주도 주거', '스스로 결정하는 주거', '남의 말에 휘둘리지 않는 주거' 이렇게 바꿔보자. 미래에 더 잘살기 위해서 하고 있는 투자에 대한 관심과 노력만큼 이제 나의 주거 문제에도 똑같이 아니, 그 이상으로 관심과 노력을 기울여보자.

왜 생애주기별로 주거 전략을 짜야 하는지에 대한 이야기는 국내 최고 생애설계 전문가인 트러스톤연금포럼 강창희 대표와의 인터뷰로 마무리한다. 언뜻 노후 준비는 퇴직 직전이나 후에 시작하는 것으로 알고 사는데, 이는 전혀 거꾸로의 인식이다. 그때 가서 퇴직 준비를 하면 너무 늦다. 게다가 지금은 100세 시대 아닌가? 100세 가까이 사는데, 직장으로 돈을 버는 시기는 그 절반인 50대 초에 대부분 끝나는 게 한국의 현실이다. 그러니 당연히 은퇴 준비도 퇴직보다 훨씬 이른 시기, 그러니까 아예 사회 초년생 때부터 하자는 게 강 대표의 조언이다. 지금 발상의 전환이 가장 필요한 게 바로 '은퇴 설계'라는 이야기다. 주거 전략도 당연히 은퇴 설계라는 큰 그림 차원에서 생각해보자는 취지에서 강 대표의 이야기를 정리해서 담아본다.

생애주기에 따른
노후 준비는
20대부터 시작해야 한다

Q 연령대별로 노후 준비가 필요한 이유는?

A 강의를 해보면 많은 분들이 '젊은 시절에 이런 생각을 했더라면' 하고 후회하는 분들이 너무 많다. 예전에 퇴직 예정 공무원을 대상으로 강의를 한 적이 있는데, 한 분이 막 항의를 했다. "이런 교육을 10년쯤 전에 마누라랑 같이 듣게 해줬어야지. 내일모레 퇴직인데, 지금 와서 들으면 언제 은퇴 준비를 하란 말이냐?"라는 것이다.

Q 그런데 2030세대가 노후 준비를 한다는 게 조금 먼 나라 이야기가 아닌가?

A 노후 준비는 일찍 할수록 좋다는 이야기는 많이 들어보셨을 것이다. 2030의 노후 준비는 다른 게 없다. 3층 연금을 준비하면 된다. 국민연금, 퇴직연금, 개인연금 이렇게 말이다. 미국이나 일본, 독일의 노인들은 은

퇴 이후에 생활비의 70 ~ 80%를 연금을 통해 해결한다. 한마디로 은퇴 이후가 별 걱정이 안 되는 것이다. 그런데 우리는 그렇게 살 수 있는 사람들이 공무원이나 군인 정도에 그친다. 그런데 이런 분들이 전체 은퇴자의 22%밖에 안 된다. 그동안은 자식들이 부모를 봉양해오는 전통이 강했기 때문이다. 그런데 이게 가능했던 게 부모들이 보통 70대 전후로 돌아가셔서 봉양 기간이 10년 전후였던 것이다. 그런데 지금 보면, 평균 연령이 80대 중반까지 올라갔지 않은가. 부모랑 자식이 같이 늙어가는데 누가 누구를 봉양하고 돌보냐는 말이다. 지금 5060들이 자기들이 한창 돈 벌 때는 자식들 교육에 갖다 바치고, 이제 은퇴하려고 하니 노후 준비는 거의 안되어 있는데, 자식들은 전통을 따르려고 하지 않으니 애매한 상황이 된 것이다. 그러니 2030은 같은 꼴을 안 당하려면 지금부터 스스로 노후 준비를 해야 한다는 이야기다.

Q 그러면 어떻게 해야 하나?

A 일단 사회생활을 시작하면서 국민연금, 퇴직연금을 넣게 되지 않는가. 개인적으로는 개인연금을 가입하는 것이다. 개인연금도 국민연금이나 퇴직연금처럼 사회생활을 하는 동안 계속 넣는다고 생각하는 거다. 흔한 말로 '디폴트'로 가져가는 거다. 그런데 이렇게 준비를 하다 보면 투자 공부를 자연스럽게 하게 된다. 퇴직연금이나 개인연금을 구성하는 상품들이 주식도 있고, 채권도 있고 한데, 어떤 상품이 들어가는지, 그게 현재 시장 상황에서 잘 맞을지 등을 찾다 보면 자연스럽게 현재 거시 경제 상황, 전망, 주요 지표들, 미국 등 글로벌 경제, 주식 시장이나 채권 시장 등에 대

해 궁금증이 생기고, 알려고 공부하게 된다는 말이다. 그렇게 2, 30년 투자 공부를 하다 보면 자연스럽게 은퇴 이후에도 투자 생활을 하면서 연금 이외의 금융 소득까지 덤으로 얻을 수 있게 되는 거다. 미국에 퇴직연금 백만장자가 많은 게 그래서 그렇다. 퇴직연금을 대개 자신이 스스로 상품을 선택할 수 있기 때문이다. 우리 퇴직연금의 DC형 같은 식으로 말이다. 우리도 DC형 가입자가 빠르게 늘어서 이제 절반 수준까지 늘어났다.

Q 그런데 요즘 퇴직 시기가 점점 빨라진다. 연금을 넣을 수 있는 기간도 갈수록 짧아지고 있다. 연금이라는 게 오래 넣어야 되지 않는가?

A 그래서 자기 몸값을 높이는 준비를 사회생활 초반부터 해야 한다. 직장을 다니다 보면 이직을 하는 경우가 종종 생기는데, 그때마다 연봉 수준을 올리거나 더 큰 회사로 옮기려면 결국 선택을 받을 수 있는 자기만의 전문성이 있어야 한다는 것이다. 최근 대기업 인사 담당자들을 만나보면 하는 말이 '속지 말자 학벌, 다시 보자 스펙'이다. 명문대, 해외유학파 뽑아봤자 별로라는 말이다. 단지 대기업뿐만 아니라 변호사나 의사, 이런 전문직도 마찬가지다. 경쟁이 치열해지면서 안전지대가 사라지고 있는 것이다. 결국 자기 몸값을 높이는 노력을 스스로 하지 않으면 안 된다.

Q 뭘 어떻게 하는 게 좋을까?

A 옥스포드 대학 마틴스쿨에서 <고용의 미래>라는 보고서를 발표했는데, 2030년이 되면 지금 있는 직업의 절반 가량인 47%가 사라진다고 한다. 요즘 하루가 다르게 발전하고 있는 AI기술도 많은 분야에서 인간

의 노동을 대체할 것이라고 하지 않는가. 이렇게만 들으면 겁이 난다. 그런데 기존 직업이 사라지면 또 새로운 직업이 많이 생겨나기 마련이다. 그래서 저는 요즘 세상을 '창직의 시대', 그러니까 새로운 직업이 창조되는 시대라고 본다. 누구나 전에 없던 직업을 만들어낼 기회가 있다는 이야기다. 지금 회사에서 일하면서도 나만이 할 수 있는 새로운 일을 발굴할 수도 있다. 개인적으로 저 같은 경우는 증권맨에서 출발해 투자자 교육으로, 그리고 지금은 은퇴 설계로 계속 창직을 하고 있는 상황이다. 자신의 노력 여하에 따라 누구나 가능한 일이다.

Q 2030세대에게 마지막으로 한 말씀 더 해주신다면?

A 노후에 파산하는 리스크가 다섯 가지가 있는데, 첫째가 은퇴하고 나서 창업했다가 실패하는 것, 둘째가 금융 사기를 당하는 리스크, 셋째가 중대 질병에 걸려서 파산하는 리스크, 넷째가 자식들한테 퍼주고 파산하는 경우, 마지막으로 다섯째 리스크가 황혼이혼이다. 지금 우리만 해도 황혼이혼율이 39%에 달한다. 나이 60 넘어서 이혼하게 되면 재산도 줄어들고, 자식들과의 관계도 멀어지고 그동안의 삶이 완전히 깨지는 것이다. 정신적 충격은 물론 육체적 어려움도 커질 수밖에 없다. 어찌보면 이 다섯 개 리스크 중에 가장 큰 리스크일 수도 있다. 나이가 먹을 수록 부부의 화목이 그래서 중요하다.

이제는 은퇴를 '돈 버는 게 끝나고 쓰는 시기다'라는 생각을 바꿔야 한다. 100세 시대라는 말은 퇴직하고 나서 다시 사회생활 초반으로 리셋되는 의미다. 은퇴 이후가 새로운 시작이라는 것이다. 직장을 다닐 때처럼 루틴을 이어갈 수 있는 생활을 준비해야 한다. 꼭 많은 돈을 벌어야 한다는 부담에서 벗어나 자기계발이든 용돈벌이든 뭔가 밖에 나가서 활동하고 사람들을 만나는 삶이 이어져야 한다. 단순히 돈을 많이 벌어서 파이어(경제력을 갖추고 조기 은퇴하는 것)한다고 노후가 준비되는 게 아니다.

생애주기에 따른
주거 전략

집은 온갖 폭풍을 피할 수 있는 피난처입니다.
Home is a shelter from storms-all sorts of storms.

- 윌리엄 J 베네트(William J. Bennett)

취업 전 ~ 결혼 전

　생애주기 주거 전략에서 첫 번째 시기는 대학 입학이나 졸업 후 취업, 그리고 고등학교 졸업 후 취업에서 결혼 전까지 시기다. 지방에 거주하는 학생들의 경우 대학교 입학과 동시에 부모님 품을 떠나 대도시로 이동하는 게 일반적이고, 대학이나 고등학교를 졸업한 후 취업해 직접 경제활동을 시작하면 역시 독립적인 주거 생활을 시작하는 경우가 많다. 이 시기에 가장 대표적인 주거 형태는 원룸이다. 전세나 월세로 아파트에 사는 경우는 비용 문제 때문에 거의 드물고, 학교나 회사가 제공하는 기숙사나 기숙시설에 들어가는 경우가 가장 선호되지만 워낙에 들어가기 힘들다 보니 보통은 가격이 저렴한 빌라나 소형 오피스텔, 고시원, 하숙집 등을 이용하게 된다.

　그러나 이러한 곳들의 경우 주거 공간은 좁고, 여럿이 같이 생활해야 하며 가격도 비싸다. 부모님 집에서 살던 때와 비교하면 좋은 게 사실

별로 없다. 젊다는 것, 또래 친구들과 어울릴 수 있다는 것, 집보다는 좀 더 자유롭다는 것, 이런 몇 가지 장점들에 기대어 열악한 주거 문제를 4년 이상 견뎌야 하는 게 현실이다. 그렇다면 이 시기에 적합한 주거 전략은 무엇일까?

일단 최대한 가성비 있는 주거 공간을 '학주근접'이나 '직주근접'에 맞게 구하자. 학교나 직장이 가까울수록 교통비 등 비용 부담이 적고, 학업이나 직장일에 지장을 덜 준다. 새삼스러운 이야기도 아니다. 다만 문제는 돈이다. 아직 직접 돈을 버는 상황이 아닐 경우가 많고, 직장에 다니더라도 급여 수준이 높지 않으니 비용의 상당 부분을 부모님께 의존해야 한다. 스무 살이 넘은 성인이 부모한테 돈을 받아 써야 한다는 게 썩 기분이 좋은 일은 아니지 않은가? 그러니 최대한 학교나 직장과 가까운 곳에 집을 구하자. 그렇다면 학주근접이나 직주근접에 유리한 주거시설은 무엇이 있을까?

대학 기숙사

대학생이 원하는 주거 형태 1순위는 기숙사다. 전국의 대학이 500개 가까이 되는데, 이 가운데 절반 이상이 서울 등 수도권에 몰려 있다. 하지만 이들 대학의 기숙사 인프라는 열악하기 이를 데가 없다. 수요에 비해 공급이 현저하게 부족하기 때문이다. 특히, 서울 소재 대학에서 기숙사에 들어가기란 '낙타가 바늘구멍을 통과'하는 것보다 더 어려울 정도다. 실제 어느 정도 상황인지 살펴보자.

한국사학진흥재단에 따르면, 2022년 4월 기준 전국 478개 대학 중 396개 대학이 기숙사를 운영하고 있는데 수용률, 그러니까 재학생수 대비 기숙사 수용 인원은 22.7%에 불과했다. 5명 중 1명밖에 기숙사에 들어갈 수 없다는 것이다. 재학생이 1만 명 이상인 대학 가운데 기숙사 수용률이 가장 높은 대학이 순천향대인데 서울과 지방 캠퍼스를 합쳐 41% 수준이고, 성균관대와 아주대, 경상국립대, 강원대 등이 30% 전후 수준으로 그 뒤를 이었다. 특히 서울·경기권에 있는 대학을 다니고 있는 학생들은 타 지방보다 기숙사에 입소하기가 훨씬 힘들다. 기숙사를 갖고 있는 학교는 적고, 학생은 지방보다 더 많기 때문이다. 다음의 자료를 보면 수도권 소재 대학교 중에 기숙사 수용률이 20%를 넘는 학교가 서울대, 이화여대 등 손에 꼽을 정도기 때문이다. 지방 출신으로 흔히 말하는 '인 서울 대학'에 입학하는, 또는 다니고 있는 학생들에게 기숙사는 그야말로 '갓로망' 수준이다.

번호	학교명	재학생수(A)	수용가능 인원(B)	기숙사수용률 (C=B/A)*100
1	순천향대	10,780	4,439	41.2
2	성균관대(자연과학캠)	10,771	3,785	35.1
3	아주대	10,824	3,446	31.8
4	경상국립대	11,738	3,581	30.5
5	강원대	15,129	4,386	29.0
6	충북대	14,762	4,121	27.9
7	경희대(국제캠)	12,778	3,496	27.4
8	원광대	14,073	3,737	26.6
9	한양대(안산캠)	10,387	2,743	26.4
10	대구대	15,952	4,154	26.0
11	인천대	11,854	3,076	25.9
12	충남대	20,937	5,060	24.2
13	전북대	19,216	4,653	24.2
14	서울대	25,540	5,972	23.4
15	전남대	19,561	4,393	22.5
16	서울과기대	11,387	2,565	22.5
17	울산대	11,779	2,609	22.1
18	대구가톨릭대	11,621	2,556	22.0
19	이화여대	18,652	4,090	21.9
20	청주대	10,863	2,369	21.8

전국 대학교 기숙사 수용률 순위 | 출처 : 한국사학진흥재단

원인은 무엇일까? 일단 제도적으로 대학들이 적극적으로 기숙사를 짓지 않아도 된다. '대학설립 운영 규정'상 대학의 기숙사는 의무적으로 설치해야 하는 교육기본시설이 아니라 필요에 따라 설치하는 지원시설로 분류되기 때문이다. 가뜩이나 늘 돈이 없다고 울상인 대학들 입장에서는 기숙사 투자에 인색해도 되는 명분이 제도적으로 마련되어 있는 셈이다. 여기에 대학가 주변에서 임대업에 종사하는 주민들이 기숙사가 들어서는 것을 좋아하지 않는다. 당장 임대 수요가 줄기 때문이다. 또 학교 주변에 대규모 기숙사가 들어서면 주거 환경이 나빠진다고 반대하는 목소리도 높다. 해당 지자체에서도 이들의 표를 의식해 적극적으로 나서지 않는다. 실제로 고려대가 2013년에 학교 부지에 기숙사를 짓겠다고 해서 각종 언론에 기사가 났지만, 10년이 다 된 지금도 부지만 있을 뿐 기숙사는 없다.

이렇게 쉽지 않은 대학 기숙사 사정에 비해 기업들은 기숙사 제공에 적극적이다. 특히, 지방에 본사나 공장이 있는 기업들의 경우 신입사원이나 경력직원 채용에 주거 문제 해결은 굉장히 매력적인 포인트기 때문이다.

다음 자료에 나온 회사들은 주로 대기업이지만 수도권은 물론이고 지방의 중소기업들도 우수한 직원을 모시기 위해 기숙사 등 주거 문제 해결을 제시하고 있는 곳이 많다. 결국 대학과 기업의 기숙사 상황이 양극화된 것은 주거 문제를 대하는 의지의 차이가 아닐까?

| 테마기업 | 테마랭킹 |

SK하이닉스
[채용중] [분석리포트]
반도체·디스플레이 | 대기업 | 1000대
재무 92.0 | 리뷰 85.6 ♡

2인 1실 제공, 개인 독방 구분으로 사생활 보장
관리비 無, 월 4만원으로 이천 캠퍼스 기숙사 제공

한미반도체
기계장비 | 중견기업 [케치추천]
재무 91.8 | 리뷰 71.3 ♡

1인 1실 원룸형 기숙사 제공

삼성전자 [분석리포트]
전기·전자 | 대기업 | 1000대
재무 91.3 | 리뷰 85.4 ♡

2인 1실 기숙사 제공
카페테리아, 취미생활을 위한 동호회실, DVD실,
헬스장 등 시설 제공

포스코홀딩스 [분석리포트]
철강·금속 | 대기업 | 1000대
재무 90.5 | 리뷰 81.5 ♡

광양제철소 임직원 기숙사 내 워라밸 관련 시설
확대 中
코인노래방, 당구대, 보드게임 등 구비된 '포레스
트' 시설 오픈

기업의 기숙사 제공 사례 | 출처 : CATCH 홈페이지

고시원(원룸텔)

난생 처음 부모와 떨어져 독립된 주거 생활을 시작하는 대학생이나 초보 직장인들에게 기숙사는 언감생심이다. 그러니 학교나 직장 근처에서 살 곳을 찾아야 하는데, 가장 가성비가 좋은 주거시설이 고시원 또는 원룸텔이다. 서울의 경우 고시원이 가장 많은 곳은 관악구와 동작구, 강남구 등의 순이다.

자치구	고시원수 (개)	총주택수 (호)	주택 1만 호당 고시원 수(개)	평균 영업장 면적(m^2)	총 영업장 면적(m^2)
관악구	904	120,251	75.18	468.14	423,198.76
동작구	473	108,952	43.41	453.24	214,384.72
강남구	431	158,586	27.18	311.50	134,257.62
동대문구	325	93,753	34.67	372.26	120,986.05
영등포구	316	94,497	33.44	457.55	144,584.98
성북구	310	124,502	24.90	374.86	116,207.36
서대문구	240	90,476	26.53	380.36	91,286.91
송파구	239	188,821	12.66	326.78	78,099.29
서초구	217	123,372	17.59	338.58	73,471.15
광진구	201	80,993	24.82	353.90	71,134.60

서울시 자치구별 고시원 현황 | 출처 : 서울대 대학원 진경찬 석사 논문

수요와 공급의 원칙이 주거 문제에서 가장 잘 적용되고 있는 게 고시원이다. 관악구는 서울대학교 등 대학도 가까이 있지만 오랫동안 고시촌으로 자리잡아온 영향도 크다. 요즘에는 강남권이나 구로디지털단지 쪽으로 출근하는 지갑이 얇은 직장인들이 주요 고객이 되었다. 노량진이 있는 동작구는 여전히 재수학원들이 몰려 있어서 재수생들의 비중이 높은 지역이다. 강남구와 송파구, 영등포구와 서초구는 직장인 중심이고, 동대문구와 성북구, 서대문구, 광진구 등은 주로 대학생이 중심이다.

고시원의 시설도 다음 그림에서 보는 것처럼 1평 남짓한 방에 책상과 침대, 옷장만 있는 형태가 일반적이었지만 요즘은 개별 화장실이나 심지어 간단한 음식을 해먹을 수 있는 고시원이 늘고 있다. 물론 월세는 당연히 더 비싸다.

일반적인 고시원 형태(좌), 전형적인 고시원(우), 개별 화장실이 있는 요즘 고시원 | 출처 : 네이버

고시원의 비용은 위치나 공간의 형태, 크기, 화장실이나 부엌 유무 등에 따라 천차만별인데, 싸게는 20만 원대에서 비싸게는 100만 원대까지 범위가 넓다. 대부분 보증금이 없기 때문에 당장 큰돈을 마련하기 힘든 지방 출신 학생이나 사회 초년생들이 접근하기에 좋다. 다만 저렴한 가격만큼 주거 환경이나 소음, 청결 등은 질이 떨어질 수밖에 없다.

일반 원룸(주택, 오피스텔)

사정이 좀 나은 사람들은 학교 앞이나 직장 근처에 있는 다세대주택(빌라)이나 오피스텔을 주로 찾는다. 부엌과 개별 화장실이 있고, 주변 환경 등 주거 여건이 고시원보다는 나은데, 단점은 보증금이 적게는 몇 백만 원에서 많게는 몇 천만 원 이상 들어가고, 월세에다 관리비까지 내야한다는 게 부담이다. 서울 주요 대학가에 위치한 원룸의 평균 월세 수준을 알아보자. 다음 자료는 2022년 2월 기준이다. 제일 비싼 곳은 홍익대와 서울교대 인근으로 평균 월세가 60만 원이 넘고, 관악구(신림동)와

성북구(고려대 등) 등은 30만 원대 중후반으로 서울에서 가장 저렴한 지역이다. 하지만 코로나19 이후 3년 만에 처음 대면수업이 시작된 올해 2023년 초에는 1년 전 가격보다 30% 이상 급등했다.

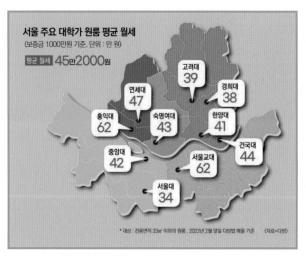

서울 주요 대학가 원룸 평균 월세
(보증금 1000만원 기준, 단위 : 만 원)
평균 월세 45만2000원

고려대 39
경희대 38
연세대 47
숙명여대 43
한양대 41
홍익대 62
중앙대 42
서울교대 62
건국대 44
서울대 34

* 대상 : 전용면적 33㎡ 이하의 원룸, 2022년 2월 말일 다방앱 매물 기준   (자료=다방)

2022년 2월 기준 서울 주요 대학가의 원룸 시세 | 출처 : 다방

직방이나 다방, 고방 등 부동산 플랫폼에서 시세를 알아보면(2023년 2월 말 기준) 서울대입구역 인근의 원룸 월세가 1년 전 30만 원대 중반에서 50만 원대 수준으로, 홍익대 인근은 60만 원대에서 100만 원대 안팎으로 치솟았다. 이화여대와 연세대 등 대학들이 많이 있는 2호선 신촌이나 이대역 근처도 홍익대 인근과 비슷한 수준이었다.

한 달 살이 비용을 계산해보자. 서울대 인근의 원룸을 월세 50만 원에 계약했다고 하면, 여기에 관리비 5만 원 전후, 전기나 가스요금 등 유틸리티 비용 약 10만 원, 먹는 것을 빼고도 월 비용이 약 70만 원에 달한다. 홍익대 근처나 신촌에서 원룸을 구하면 120만 원 안팎까지 올라간다. 고정 월급이 있는 웬만한 사회 초년생들도 부담스러운 가격이다. '지옥고(지하방, 옥탑방, 고시원)' 중에 하나를 선택하고 싶지 않지만 이렇게 '눈을 뜨고 있는데도 코를 베가는 식'으로 월 생활비가 많이 나오니 온실(부모님 품)에서 나오자마자 삭풍한설(朔風寒雪)의 한복판에 서는 셈이다. 주거비를 생각하면 참 사는 게 고단하다는 것을 불과 스무 살 무렵부터 뼈저리게 느끼게 된다. 그렇다고 맥 빠져 있지 말고 방법을 찾아보자. 먼저 공공주거 시설을 적극 공략해보자.

공공주거시설

① 행복기숙사

어렵게 들어간 대학의 기숙사 선정에 탈락되었다고 기숙사가 없는 것은 아니다. 공공기숙사가 다양하게 있다. 먼저 행복기숙사는 국토교통부와 각 대학들, 학교 단체들이 공기업이나 민간기업의 도움을 받아 대학 구내에 제공하는 기숙사로 입소 조건이 조금 까다롭다. 일단 기초생활수급가구의 자녀나 차상위층가구의 자녀, 도시근로자 월평균 소득 70% 이하 가구의 자녀 등이 우선 대상이다. 대신 일반 원룸에 비해 훨씬 저렴하다. 현재 3개가 운영 중이고, 5개가 추가로 추진되고 있다. 다음 자료는 경희대에서 운영하고 있는 행복기숙사인데 1인실의 경우 6개월 기준으로 보증금 40만 원에 6개월 동안 211 ~ 221만 원(월 285,000원), 2인실의 경우 보증금 40만 원에 월 225,000원의 비용이 든다. 민간 원룸에 비하면 절반 수준이다.

구분	6개월	4개월	비고
1인실(월 285,000원)	2,110,000원		· 보증금 40만원 포함(1학기 ~ 하계)
	2,210,000원		· 보증금 50만원 포함(2학기 ~ 동계)
2인실(월 225,000원)	1,750,000원	1,200,000원	· 6개월 : 보증금 40만원 포함 · 4개월 : 보증금 30만원 포함

경희대 행복기숙사 입소 비용 | 출처 : 경희대 행복기숙사

더 많은 정보는 포털에서 '행복기숙사'를 치면 행복기숙사지점(www.happydorm.or.kr)이 뜨는데, 여기서 사업안내에 들어가보면 된다.

행복기숙사 현황 | 출처 : 한국사학진흥재단

② 행복연합기숙사

앞의 자료에서 제일 좌측 카테고리에 '행복기숙사(연합)'이라고 있는데, 행복기숙사가 해당 학교 학생들만 들어갈 수 있다면 행복기숙사(연합)은 비슷한 방식으로 지어지되, 특정 학교가 아닌 여러 학교 학생들이 입소할 수 있는 기숙사다. 아직 많지는 않고 현재 대구와 천안 등에 4개 소가 있는데, 다음 자료에서 행복연합기숙사 가운데 한 곳인 대구행복 기숙사의 수용 인원과 비용 등 주요 내용을 확인해보자.

🐝 대구행복기숙사   기숙사소개   시설안내   입사/퇴사안내   생활안내   홍보실   커뮤니티   로그ˌ

🍇 기숙사비

호 실	입사 유형	분납유형	보증금(원)	기숙사비(원)	
				1차분	2차분
1인실 (장애인실)	6개월 (2.25~8.20)	일시납	100,000	1,408,000	-
		분납	100,000	704,000	704,000
2인실	6개월 (2.25~8.20)	일시납	100,000	1,408,000	-
		분납	100,000	704,000	704,000

대구행복기숙사(연합형) | 출처 : 한국사학진흥재단

6개월 기준으로 1, 2인실 모두 보증금 포함 150만 원 수준이고, 식비 는 한 끼 기준으로 4,500 ~ 4,800원 수준이다. 역시 기초생활수급자의 자녀 등 저소득층 자녀들이 우선 선발되는데, 전국에 현재 4개소가 운 영 중이고 6개소가 추가로 건설 중이다. 서울에는 홍제동에 한 곳이 있 는데, 홍제동행복기숙사의 경우 6개월 기준으로 1인·2인실이 월 27만 원 수준, 4인실은 21만 원 수준이다. 이밖에 기숙사형 청년주택은 서울 개봉동과 독산동에 두 곳이 운영 중이며, LH가 기숙사로 활용가능한 주택을 매입해 한국사학진흥재단에 임대한 뒤 기숙사로 활용되는 형태 이며 수용 인원은 333명이다.

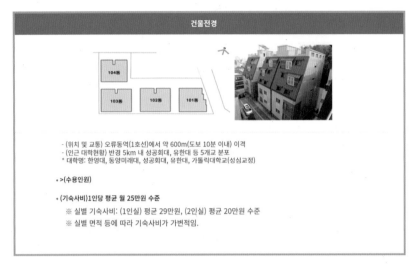

- (위치 및 교통) 오류동역(1호선)에서 약 600m(도보 10분 이내) 이격
- (인근 대학현황) 반경 5km 내 성공회대, 유한대 등 5개교 분포
  * 대학명: 한영대, 동양미래대, 성공회대, 유한대, 가톨릭대학교(성심교정)

• >(수용인원)

• (기숙사비)1인당 평균 월 25만원 수준

  ※ 실별 기숙사비: (1인실) 평균 29만원, (2인실) 평균 20만원 수준
  ※ 실별 면적 등에 따라 기숙사비가 가변적임.

개봉동 기숙사형 청년주택 | 출처 : 한국사학진흥재단

③ 희망하우징(공공기숙사)

서울주택도시공사(SH)에서 원룸형 기숙사 및 매입한 다가구주택을 대학생에게 저렴하게 공급하는 임대주택이다. 서울 연남동과 공릉동, 내발산동 등 5곳에 6개 시설이 있다. 임대 기간 2년에 보증금 100만원, 월세가 58,000원 ~ 133,000원 수준이다. 서울 소재 대학교에 재학 중인 학생들이 대상이므로 자격 요건이 덜 까다롭다. SH서울주택도시공사 홈페이지(www.i-sh.co.kr)에 들어가서 인터넷청약 시스템을 활용하면 더 자세한 정보를 알 수 있다.

■ 임대조건 및 면적

구분	임대 보증금	평균 임대료	평균 전용면적
전체	1,000,000원	71,500원	12.17㎡
연남 공공원룸텔	1,000,000원	133,300원	13.4㎡
공릉 공공원룸텔	1,000,000원	73,000원	10.13㎡
내발산 기숙사	1,000,000원	100,000원	23.26㎡
공릉 기숙사	1,000,000원	74,300원	7.68㎡
정릉 희망하우징	1,000,000원	58,100원	14.23㎡
갈현 공공기숙사	1,000,000원	71,300원	11.65㎡

※ 임대료=(감정평가액×30%-1,000,000)×6.7%(전환이자율)÷12개월

SH 희망하우징 임대 조건 | 출처 : SH서울주택도시공사 홈페이지

④ 재경기숙사

지자체에서 지원하는 기숙사인 이른바 '재경기숙사'도 있다. 경기, 강원, 충북, 충남 등 9개 지자체에서 운영하고 있다. 월 비용이 10 ~ 20만 원으로 각종 커뮤니티 시설들이 완비되어 있고, 밥도 하루 세끼를 준다. 대부분 12월 말에서 다음 해 1월 중순 사이에 공고를 하고 1월 초부터 2월 초 사이에 일정이 마감된다. 신청은 개별 학사 홈페이지에서 하고, 관련 서류를 제출하면 된다.

재경기숙사의 예 | 출처 : 구로 소재 충남서울학사관

이 밖에도 한국장학재단이 운영하는 '대학생 연합생활관'도 있다. 고양시와 마포에 두 곳이 운영 중인데, 고양시 생활관은 986명, 마포 소재 생활관은 120명을 수용할 수 있다. 2023년에는 1월 20일부터 2월 6일까지 입주 신청을 받았다. 한국장학재단 홈페이지(www.kosaf.go.kr)에서 신청할 수 있다. 비용은 6개월 기준으로 보증금 15만 원에 생활관비 90만 원이니, 한달에 15만 원 정도 든다. 기숙사 중에서도 저렴한 수준이다. 그런데, 이런 공공기숙사는 대학생 중심이어서 이미 졸업해서 취업을 준비 중이거나 직장을 다니는 사회 초년생들은 그림의 떡이다. 다행히 정부나 지자체가 2030을 대상으로 주거 지원 정책을 적극적으로 펼치고 있어서 손품을 잘 팔아보면 도움이 된다. 가장 종류가 다양한 LH (한국토지주택공사)에서 제공하는 지원 방안부터 살펴본다.

LH와 SH에서 지원하는 주택

① 행복주택

LH에서 제공하는 공공임대주택이다. 대학생과 사회 초년생, 결혼 7년 이하 신혼부부들까지 지원 대상이고, 자신이나 부모의 합계 소득이 1인가구 기준 도시근로자 월평균 소득의 100% 이하, 본인의 총자산이 2억 9,000만 원 이하인 사람이 대상인데, 전용 면적 60㎡ 이하 주택을 인근 임대 시세보다 60 ~ 80% 저렴한 수준에서 제공한다. 대학생의 경우 최대 6년까지 인근 시세의 68% 수준 임대료로 지낼 수 있다.

② 청년매입임대주택

LH에서 제공한다. 기초생활수급자 등 저소득층 자녀이거나 본인이나 부모의 월평균 소득이 가구당 월평균 소득의 100% 이하일 경우가 대상이다. 만 19세에서 39세까지 해당되고, 취업준비생도 포함된다. 보증금 100 ~ 200만 원에 임대료가 시세의 40 ~ 50% 수준이고 거주 기간이 2년씩 최장 6년까지다.

③ 기숙사형 청년주택

역시 LH에서 제공하는 저렴한 주거 공간이다. 자격 요건은 청년매입 임대주택과 동일하고, 보증금은 60만 원, 임대료는 시세의 40% 수준이다. 거주 기간도 역시 최장 6년까지 가능하다.

④ LH 청년전세임대주택

전세임대주택은 LH가 대학생 등 청년들을 대신해 전월세 계약을 체결하고, 청년들은 소정의 자기부담(1순위 100만 원, 2 ~ 3순위 200만 원)과 월세를 대신해서 저리(1 ~ 2%)의 이자를 내는 방식으로 지원하는 주거 정책이다. LH가 직접 매입하면 청년전세매입임대주택이고 계약만 도와주는 식이면 전세임대주택이다. 자격 조건이 1순위에서 3순위까지 있으니 자신이 어느 순위에 해당되는지 꼼꼼하게 살펴보자. 수도권은 1억 2,000만 원, 광역시 9,500만 원, 그 외 8,500만 원을 지원해준다. 거주 기간은 최대 6년이다. 앞에서 소개한 LH의 주거 지원 정책들은 LH 홈페이지 내 '청약센터'에서 상세하게 확인할 수 있다.

⑤ SH공사 역세권 청년주택

서울주택도시공사(SH공사)와 민간사업자가 제공하는 임대주택이다. 보통 오피스텔인데, 말 그대로 지하철역에 인접해 있어 교통 여건이 좋다는 게 가장 큰 특징이다. 역세권 청년주택은 공급 주체, 즉 공공임대냐 민간임대냐에 따라 거주 기간은 물론 임대료 수준도 차이가 난다. 공공임대의 경우 임대료가 주변 시세의 30% 수준에 불과하지만, 민간임대는 최대 95%에 달한다. 전체 공급물량 가운데 공공임대가 20%, 민간임대가 80%이다 보니 거의 대부분 민간임대 물량인 셈이다. 공공임대는 최대 6년까지, 민간임대는 최대 8년까지 거주할 수 있다. 특히, SH공사가 제공하는 임차보증금 무이자제도를 민간임대 입주자도 신청할 수 있다. 임차보증금이 1억 원이라면 절반까지 신청이 가능하다.

단지명	계	공급예정물량(전용면적)			소재지	공급(예정)월	비고
		14㎡~25㎡	25㎡~35㎡	35㎡~42㎡			
구산동 198-3	21	15	6		은평구	6월	
잠실동 208-4	88	76	12		송파구		
봉천동 854-3	31	22	9		관악구		
서초동 1365-8	90	58		32	서초구		
홍곡동 637-5	84	59	25		광진구		
역삼동 738-29	19	11	8		강남구		
삼성동 140-32	82	69	13		강남구		
구의동 587-62	18	11	7		광진구		

2022년 12월 현재

역세권 청년주택 2023년 공급 계획 | 출처 : SH공사

LH에서 제공하는 청년 주거 지원 정책은 사실상 정부 정책이라고 보면 된다. 비용이 저렴하다는 측면에서 가성비가 좋은 주거시설임에는 분명하지만 국가 예산이 들어가는 사업이다 보니 입주자격이 까다로운 편이다. 실제로 최근 5년간(2017 ~ 2021년) LH에서 선정한 청년전세임대 당첨자 대비 평균 실입주율은 55.5%에 그쳤다. 경쟁률도 낮은 편이다.

□ 청년 전세임대 현재까지 누적 입주 세대수(~'22년)

   ○ 총 106,925호 공급

□ '23년 청년 유형 공급계획

   ○ 10,710호 공급 예정

□ '22년 청년 유형 평균 경쟁률

(단위 : 건)

구분	신청건수	선정건수	경쟁률
청년	22,223	15,947	1.39:1

LH 청년전세임대 현황 | 출처 : LH

또 SH에서 진행하는 행복주택의 경우 역세권 주변에 짓는 게 원칙이지만 인근 시세보다는 저렴하다고 해도 월세가 70 ~ 80만 원에 이르는 경우가 많아 실효성이 떨어진다는 지적도 적지 않다.

쉐어하우스와 코리빙하우스

마지막으로 민간 주거시설 가운데 공유경제 시스템으로 운영되는 쉐어하우스를 소개한다. 2010년대 초반 한창 공유경제가 주목을 받으면서 주거 부문에서 등장한 게 쉐어하우스다. 방이 2개 이상 있는 집(보통 임대)을 여러 명이 빌려 개별공간(방)과 공유공간(거실, 화장실, 부엌)을 나눠서 쓰는 게 일반적인데, 홈쉐어링도 사실상 같은 의미로 사용된다. 최근에는 코리빙하우스 형태도 등장했다.

① 쉐어하우스

 화장실과 주방만 공유하는 형태와 공용현관만 공유하는 방식이 있는
데, 1년 이상 장기로 쓰는 경우도 있지만 한두 달 정도 단기로 사용하는
경우도 흔하다. 쉐어하우스의 가장 큰 장점은 역시 가성비. 공간을 나
눠 쓰는 대신 월세는 물론 전기세, 가스비 등 유틸리티 비용까지 나누
어서 내기 때문에 부담을 훨씬 덜 수 있다. 학교 앞 원룸의 월세가 대략
50 ~ 60만 원, 전기료 등 유틸리티 비용에다 관리비까지 월 10만 원 안
팎이 들어가는 것을 감안하면 이 비용의 절반 수준에서 주거 문제를 해
결할 수 있다. 특히, 집주인이 계약서를 쓰고 나면 거의 신경을 안 써주
는 원룸과 달리 관리를 지속적으로 해주는 곳도 있고, 내부 인테리어나
가전제품, 소파 등 기본 편의시설들이 잘되어 있고 집 주변의 청결 문제
도 비교적 양호하다는 평가다. 같은 고향에서 여러 명이 서울로 올라와
대학을 다닐 경우 같은 쉐어하우스를 함께 이용하는 경우도 있다. 아무
래도 고향에 계신 부모님들, 특히, 딸을 둔 입장에서 이렇게 여러 명이
함께 지낸다는 게 안심이 될 수 있다. 단점은 역시 여러 명이 같은 공간
을 함께 쓴다는 것이다. 일종의 작은 기숙사, 하숙집 같은 형태기 때문
에 사생활 보호 등에서 불편한 부분이 있다.

 쉐어하우스는 집주인이 직접 운영하는 방식과 법인이 집을 임대해서
(전대) 이용자들에게 재임대하는 방식으로 운영되는데, 후자가 대부분을
차지한다. 최근에는 고령의 집주인들이 쉐어하우스 법인에게 운영을
맡기는 경우도 늘고 있다. 일종의 프랜차이즈 운영 형태인 셈이다. 개인
이 운영하는 쉐어하우스에 들어갈 때는 보증금을 요구할 경우 반드시
일반 전월세 계약을 할 때처럼 등기부등본과 건축물대장을 살펴봐야

한다(앞의 '슬기로운 전세 생활'의 내용 참고). 들어가려는 집이 근저당이 많이 설정되어 있거나 대출금이 많은지, 근생빌라 같은 불법 건축물은 아닌지 꼭 확인하자. 법인 쉐어하우스의 경우, 전세사기 같은 문제가 생길 경우 법인이 책임을 진다는 내용이 계약서에 포함되어 있는지 살펴봐야 한다. 국내에서 처음 쉐어하우스를 플랫폼화한 쉐어하우스 우주(www.woozoo.kr)나 컴앤스테이 닷컴(www.thecomenstay.com) 을 통해 원하는 지역에서 쉐어하우스를 구할 수 있다. 다음 그림은 쉐어하우스 우주의 홈페이지에서 방을 찾아본 예다.

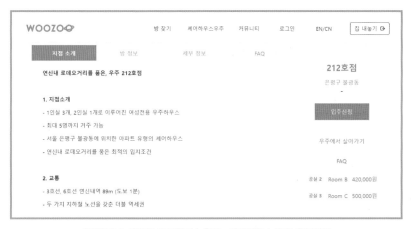

쉐어하우스 우주에서 방찾기 | 출처 : 쉐어하우스 우주 홈페이지

쉐어하우스는 여성들의 이용률이 특히 높다. 비용은 인근 시세와 비교해 크게 저렴한 편은 아닌데, 쉐어하우스의 특징대로 관리비나 유틸리티 비용을 거주하는 사람들 수에 따라 나눠서 내기 때문에 전체적인 비용 부담은 낮아진다.

② 코리빙하우스

주거 정보 검색서비스 고방(gobang.kr)에서 코리빙하우스를 검색해보니 5개의 브랜드가 뜨는데, 그중 한 곳에 들어가봤다. 코리빙하우스는 아직 선택의 폭이 많지는 않은 대신 새로 지은 건물인 경우가 많다. 얼마 전, 주차장 등 관련법이 완화되어서 앞으로 주거와 업무, 운동 등을 한군데서 이용할 수 있는 코리빙하우스 형태의 건물이 많이 들어설 것으로 보인다.

코리빙하우스 사례 | 출처 : 고방 홈페이지

원룸 월세 계약 시 주의할 3가지

깡통전세, 전세사기 사건 등으로 임대차 계약을 할 때 불안감이 큰 상황이다. 부모님 없이 혼자 힘으로 월세 계약을 잘 마칠 수 있도록 매뉴얼 형태로 정리해봤다. 계약하러 가기 전에 꼭 한번 보고 가자.

① 원룸 구하기

일단 방 찾기 : 주거 정보 앱 활용(직방, 다방, 고방, 호갱노노, 아실, 쉐어하우스 등)

현장에 직접 가서 확인 : 앱에서 마음에 드는 곳 3 ~ 4곳 정도를 찾은 뒤 방문 예약을 하고, 원룸 주변부터 체크(버스정류장, 지하철역, 마트, 편의점, 빨래방 등)하고, 방 내부도 체크(화장실, 변기, 수도, 수납장, 가전제품, 자물쇠 등)한다.

---

* 상세 체크사항

창문 : 방향(채광 여부)과 결로(외풍, 습도 여부)

가전제품 옵션 : 에어컨, TV, 냉장고 등(에어컨이 없으면 여름에 고생한다!)

화장실 : 변기 작동 체크, 물 수압 체크, 온수 체크

도배, 장판 : 필요할 경우 월세 계약서 특약사항에 도배와 장판 교체 여부 기재

주차장 : 차가 있는 경우

방범창 : 저층은 필수! 눈으로만 보지 말고 직접 흔들어봐서 튼튼한지 확인

---

② 월세 계약서 쓰기

– 계약하러 가기 전 등기부등본 1차 확인

인터넷등기소(www.iros.go.kr) → 열람/서면발급 클릭 → 주소를 넣고 검색 → 갑구/을구 확인(근저당 설정, 가압류, 압류, 임차권 등기 문구가 있는지 확인) → 중개업소의 "걱정할 것 없어요"라는 말을 100% 믿지 말고 필요하면 부모님께 등기부등본을 보여주고 상의 → 이상하면 다음 집으로 패스!(집이 너무 마음에 든다고 혹하지 말자)

- 계약서 쓰기

집주인 신원과 집 주소 확인(등기부등본상 이름과 주소가 신분증이랑 맞는지 확인)

대리인이 나오면 집주인의 위임장, 인감증명서, 신분증 사본과 대리인의 신분증을 각각 확인 → 집주인과 직접 통화하면서 녹음(사전에 양해 구하기). 만약 안 된다고 하면 부모님과 통화. 등기부등본 2차 확인(1차 때 중개업소에서 준 등기부등본과 같은지 확인)

- 계약금 및 잔금 지불

월세 계약서를 쓸 때 보통 계약금은 보증금의 10% 수준 → 인터넷뱅킹 입금 시 통장의 명의가 집주인 명의와 같은지 확인 → 반드시 영수증 받기

- 특약조항 활용

집 체크 시 문제라고 판단된 부분들(도배, 장판, 수도시설, 변기, 유리창 등) 교체, 중도 퇴거 시 중개수수료 부담 등의 내용을 포함(관행상 중도 퇴거 시 중개수수료는 임차인이 부담)

- 전입신고 및 확정일자

이사하고 잔금을 치르는 날 무조건 주민센터에 가서 전입신고를 하고 확정일자 받기. 두 가지가 완료되어야 임차인으로서 대항권이 생겨 나중에 문제가 되었을 때 보증금을 보호받을 수 있다는 사실을 기억하기!

③ 계약을 중도 해지할 경우

보통 월세 계약은 2년을 하는데 대학생일 경우 1년짜리 계약을 하는 경우도 많다. 원칙적으로 계약 기간이 끝나기 전에 나가는 것은 계약 위반이므로, 월세 지급이 중단될 경우 집주인은 1차로 보증금에서 해당 금액만큼을 제하고, 보증금 전체를 넘어갈 경우 임차인의 물건을 처리할 수 있다(문자 등으로 사전공지를 하기는 함). 필요할 경우 월세 계약 당시 집주인과 협의해 특약사항으로 중도 해지에 대한 내용을 넣을 수는 있지만, 그럴 경우 집주인이 계약을 거부할 가능성이 있다. 계약 해지를 위해서는 계약 만료 6개월 전에 집주인에게 사전고지를 해야 하고, 미리 고지를 안 할 경우 임대 계약은 자동으로 연장된다. 혹시 자동연장된 뒤에 나가게 될 경우 집주인에게 계약 해지를 통보하고 난 뒤 3개월 후에 퇴거가 가능하다. 중도 해지를 원할 경우 임차인이 직접 새로운 임차인을 구하고 나가는 게 일반적이며, 그렇다 하더라도 중개수수료는 임차인이 내는 게 관행이다. 중도 해지를 할 경우 관리비나 전기세 등 유틸리티 비용은 자신이 쓴 것만큼만 정산하는 게 일반적이다. 해당 공과금을 내는 기관에 연락해 이사간다고 하면 금액과 계좌를 알려준다. 처음 해보지만 겁먹을 필요는 없다. 전월세 계약도 스스로의 힘으로 슬기롭게 해보자.

쉐어하우스 우주 김정현 대표

INTERVIEW

쉐어하우스는
청년 주거의
대안이 될까?

Q 우주는 언제부터 쉐어하우스 사업을 시작했나?

A 2013년부터 시작했으니까 올해 10년이 되었다. 그동안 우주의 쉐어하우스 서비스를 이용한 사람은 누적 1만 명(2013년 이후 ~ 2023년 2월 말 현재 10,309명 이용) 정도 된다. 코로나19 전에는 매년 1,000명 정도가 서비스를 이용하다가 지난해에는 2,000명 이상(2022년 2,234명 이용)으로 이용객이 크게 늘었다. 웹사이트 방문자도 코로나19 이후 크게 늘었다. 코로나 전에는 30만 명대 수준이었는데 코로나를 거치면서 50만 명대 중반까지 증가했다. 월평균 방문자도 50% 이상 늘었고 입주 신청도 늘면서 가동률이 코로나 전보다 더 높아졌다. 다만 아직 관심에 비해 실제 이용자는 높지 않은 편이다. 사업 첫해부터 코로나19 직전인 2019년까지 매년 이용자가 증가하다가 코로나19 피해가 본격화된 2020년 초부터 수요가 급감했다가 다시 늘어나서 코로나 이전 수준 이상으로 회복되었다. 여기에 코로나 기간 동안 집값이 급등한 것도 관심이 높아진 이유로 보인다.

	2018년	2019년	2020년	2021년	2022년	2023년
웹사이트 방문자	335940	323734	390985	530369	556372	
입주 신청 건수	6527	6025	6866	11744	16178	
월 평균 방문자	27995	26978	32582	44197	46364	
입주 계약자수	1261	1031	1327	1990	2234	
가동률	85%	83.1%	71.4%	72.5%	74.3%	87.1% (3월기준)

쉐어하우스 우주 이용 현황 | 출처 : 쉐어하우스 우주

Q 주요 이용자들은?

A 주로 20대인 대학생과 취업준비생, 사회 초년생들이 이용하고 있다. 지역으로 보면 서울 기준으로 2호선 라인이 특히 수요가 많은데, 대학가 근처 출퇴근이 편한 곳, 예를 들어 홍대입구나 서울대입구, 신촌과 이대 인근이 많고, 고려대와 경희대, 외대와 서울시립대 등이 가까운 지하철 6호선 라인과 동국대 등이 있는 3호선 약수역 쪽도 이용자가 많은 편이다. 아직은 사업지역이 서울 중심인데 수도권과 지방으로까지 사업영역을 확장해나갈 계획을 갖고 있다.

Q 쉐어하우스의 장단점은?

A 원룸이나 오피스텔에 비해 넓은 공간이 가장 큰 장점이다. 방을 제외하고 주방과 거실, 커뮤니티 시설 등 집 안팎의 공간을 함께 사용할 수 있기 때문인데 월세가 40 ~ 50만 원 정도로 다른 주거시설(원룸, 오피스텔)에

비해 주거비 대비 사용 공간이 훨씬 넓다는 게 특징이다. 비용 측면에서도 보통 한 달치 월세를 보증금으로 내니까 일단 보증금 부담도 적고, 관리비나 전기료, 가스비 등 유틸리티 비용을 함께 거주하는 이용자들이 모두 N분의 1로 나누기 때문에 총비용이 다른 주거시설에 비해 30% 안팎으로 저렴하다. 본사에서 직접 운영하는 곳이든 운영을 대행하는 곳이든 정기적으로 관리하고 있기 때문에 개인이 운영하는 시설에 비해 주거 환경도 낫다고 생각한다. 다만 여러 사람이 한 공간을 쓴다는 점에서 사생활보호 등 불편한 점이 당연히 있다.

Q 전국에 현재 몇 개소를 운영하고 있는지?

A 코로나19 전에는 220개 이상 운영하고 있다가 코로나 때문에 많이 줄어서 현재는 160 ~ 170개 정도를 운영하고 있다. 전대, 그러니까 집을 본사가 직접 임대를 해서 운영하는 경우와 집주인들이 운영대행을 요청해서 하는 경우가 반반 정도인데, 기존에 대학교 근처에서 원룸을 운영하시던 분들이 고령으로 힘에 부쳐서 우주에 집을 맡기는 경우가 늘고 있다. 그럴 경우 인테리어 등을 손봐서 서비스를 하고 있는데, 일종의 주거 임대 프랜차이즈 형태로 이해하면 된다. 직접 임대를 하든 운영대행을 하든 관리는 똑같이 진행하고 있어서 외견상으로 별 차이는 없다.

Q 쉐어하우스 이용자가 아직 많지는 않은데?

A 그건 일본이나 중국, 홍콩 등의 다른 아시아권의 대도시들에 비해 서울의 도심 내 주거 비용이 낮은 편이기 때문이다. 홍콩이나 중국 상하이

만 해도 5 ~ 6평짜리 원룸 월세가 우리 돈으로 200만 원 정도 하는 반면 서울은 60 ~ 80만 원 정도 수준이다. 하지만 서울도 코로나19 이후 가파르게 오르고 있어서 결국 다른 해외 주요 도시들처럼 혼자서 감당하기에는 어려운 수준까지 월세가 오를 것으로 보인다. 이들 도시들에서는 우리보다 쉐어하우스 산업이 훨씬 발달되어 있는데, 일부 쉐어하우스 기업은 연 매출이 조 단위 이상이기도 하다. 때문에 앞으로 시장이 꾸준히 성장할 것으로 기대하고 있다.

Q 쉐어하우스를 어떻게 접근하면 되나?

A 대학에 붙으면 보통 학교 기숙사를 먼저 신청한다. 그리고 떨어지면 쉐어하우스를 찾는 게 일반적이다. 여전히 모르는 사람들이 많은 게 아쉽다. 전통적인 원룸 같은 것만 생각하지 말고 쉐어하우스 같은 저비용 고효율적인 공간이 있다는 것도 알았으면 좋겠다. 일부에서 우려하는 전대에 따른 문제들은 걱정할 것이 전혀 없다. 회사에서 계약이나 임대 문제는 이미 정리되어 있다. 표준화된 계약서를 작성하고 있고 혹시 전세사기와 같은 문제가 생기더라도 회사가 책임지기 때문에 깡통전세나 전세사기 등의 문제는 걱정하실 게 없다. 또 대학가 주변의 주거시설의 경우 보증금을 돌려받거나 누수나 가구파손 등 집에 문제가 생겼을 때 입주자가 나이도 어리고 경험이 부족해서 집주인에게 일방적으로 손해를 보는 경우가 많은 데 쉐어하우스는 그런 걱정을 하실 필요가 없다. 그리고 입주자 가운데 결원이 생길 경우 내가 부담하는 비용도 더 늘지 않는다. 결원에 따른 비용은 회사가 부담하기 때문이다. 원룸이나 오피스텔을 친구나 지인과

같이 세를 냈다가 한 사람이 사정으로 나가야 하는 상황이 발생할 경우 비용부담 때문에 집을 나와야 하는 경우가 있는데, 쉐어하우스는 그럴 필요가 없다. 지방에서 친구 두세 사람이 같이 집을 구하는 경우, 여성들이 이용하기 좋다. 계약도 거주하는 기간만 돈을 내면 되고 방학 때는 비워도 되는 것도 장점이다.

Q 요즘에 홈쉐어링이나 코리빙하우스 같은 시설도 있던데 차이가 뭔가?

A 홈쉐어링은 쉐어하우스와 거의 같은 개념으로 보시면 된다. 코리빙하우스는 최근 늘고 있는 주거 형태인데, 건물 단위로 개발을 해서 한 건물 안에 주거시설과 라운지, 독서실, 운동시설이 함께 있는 방식이다. 쉐어하우스보다 한 단계 발전된 형태인 셈이다. 아파트나 빌라 등 가족단위 주택을 리모델링해서 쉐어하우스로 꾸미는 경우가 많은데, 주차장을 일정 규모 이상 갖고 있어야 하는 등 건축법상 규제가 많았다. 이게 올해부터 많이 해제되면서 일종의 임대형 기숙사, 그러니까 방은 작더라도 공용 공간을 많이 제공하는 주거시설의 건립이 용이해졌다. 쉐어하우스나 코리빙하우스에 적합한 환경이 만들어진 것이다. 그래서 보다 합리적인 가격대의 쉐어하우스나 코리빙하우스가 많아질 것으로 기대한다. 우주도 코리빙하우스 서비스를 제공하려고 준비하고 있다.

절세 TIP　　부모님이 주시는 용돈도 세금을 내야 한다고?

　　보통 이 시기에는 월세를 포함해 용돈과 생활비까지 부모님이 주시는 경우가 일반적이다. 그 규모가 보통은 과세 대상(증여세)이 안 되지만 사회 통념을 넘어설 경우(세무당국이 포착할 정도로) 증여세를 내야할 수도 있다. 특히, 대학생이나 미혼 청년이 부모님의 주신 돈으로 주식이나 코인, 부동산 등 자산에 투자해서 소득이 발생했을 경우 부모님이 주신 용돈(?)에 증여세가 부과된다는 게 국세청의 입장이다. 증여세를 낼 정도로 큰돈을 용돈으로 주는 부모를 가진 사람들이 많지는 않겠지만 혹시 모르니 부모님이 주신 돈을 어디에 썼는지 증빙할 수 있는 자료(계좌이체 내역, 금액이 큰 경우 영수증 등)를 모아놓는 것도 좋은 방법이다.

(도움 말씀 : 소진수 공인회계사, 김은정 세무사)

결혼 후 ~ 자녀 취학 전 : 청년 가구, 신혼부부 가구

생애주기에 따른 두 번째 시기부터 본격적으로 자산을 만들기 시작한다. 혼자 또는 배우자와 함께 소득을 올리게 되고 자녀가 있더라도 아직 어리기 때문에 사교육비 등에 큰돈이 들어가지 않기 때문에 돈 모으기에 가장 효과적인 때기도 하다. 또 정책적으로 가장 지원이 집중되어 있어 자신의 소득 상황이나 지역, 가정 상황에 따라 다양한 주거 전략을 구사할 수 있다. 정부는 이 시기를 청년 가구와 신혼부부 가구로 구분해서 지원하고 있다. 청년 가구는 가구주의 연령이 만 19세에서 만 34세 이하인 경우를 말하고, 신혼부부 가구는 결혼한 지 7년 이하인 경우다. 국토교통부가 지난해 말 발표한 2021년 주거실태조사 자료를 중심으로 각 가구의 특성을 살펴보자.

청년 가구는 어떻게 살고 있나?

청년 가구는 대부분 임차로 살고 있다. 임차 비율이 81.6%에 달해 일반 가구의 임차 비율 39.0%의 두 배가 넘었다. 자기 집에 사는 사람은 13.8%로 일반 가구의 57.3%의 4분의 1 수준에 그쳤다. 주택 유형으로 보면 아파트는 33%에 그쳤고 단독주택이나 다세대주택에 사는 사람이 전체의 절반에 달했다. 단독주택은 방 하나를 세내서 거주하는 형태로 보면 된다.

10명 중 8명이 전세나 월세로 살고 있는 데 특히, 월 소득 대비 월세 비율(RIR)이 16.8%로 일반 가구의 15.7%보다 높았다. 청년 가구는 한 달에 100만 원을 벌어 168,000원을 월세로 내고 있고, 일반 가구는 157,000원을 월세로 내고 있다는 이야기다. 청년 가구의 소득이 일반 가구에 비해 훨씬 적은 것을 감안하면 그만큼 주거비 부담이 크다.

특히, 최근 집값과 전월세의 가격이 크게 오른 게 청년 가구의 주거비 부담을 더 키웠다. 한국보건사회연구원의 <청년미래의 삶을 위한 자산 실태 및 대응방안> 보고서에 따르면 19 ~ 39세 청년 가구주의 평균 부채는 지난 2021년 기준 8,455만 원이었다. 10년 전인 2012년 3,405만 원의 2.48배에 달한다. 부채가 있는 청년 가구주만을 대상으로 분석하면 평균 부채액은 1억 1,511만 원으로 30% 가까이 폭증한다.

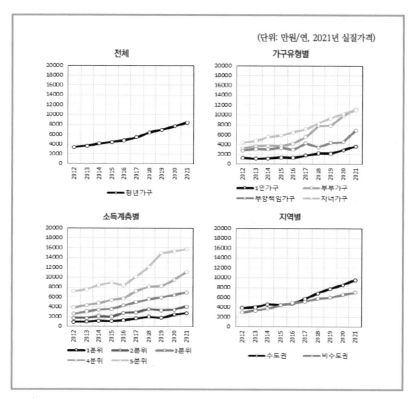

청년 가구 부채 증가 추이 | 출처 : 통계청, (각 연도) 2012~2021년 가계금융복지조사

청년 가구의 소득 수준이 낮다 보니 부채 위험도 높은 수준이다. 소득 대비 부채 비율(DTI)을 따져봤더니, 청년 가구주 중 300%가 넘는 경우가 21.7%나 되었다. 지난 2012년 8.3%였던 것을 고려하면 10년새 2.6배나 급증한 것이다. 청년들의 빚이 이렇게 늘어난 것은 집값 급등과 이로 인한 주택 마련의 어려움 심화, 부동산 투자 열풍 등의 상황과 관련이 있다는 게 연구원의 조사결과다.

실제로 평균 부채액 8,455만 원 중 79%인 6,649만 원은 금융기관 담보 대출이었고, 금융기관 신용 대출(마이너스통장 포함)은 1,342만 원이었다. 10년 사이 금융기관 담보 대출이 2.6배, 금융기관 신용 대출이 2배로 늘었다. 용도별로는 주거 마련을 위한 부채가 69%인 5,820만 원이었고 사업·투자 용도가 1,398만 원이었다. 10년 사이 주거 마련 용도가 2.9배, 사업·투자 용도가 1.6배 상승했다.

구분	2012	2013	2014	2015	2016	2017	2018	2019	2020	2021
주거 마련	2016	2236	2581	2955	3277	3586	4093	4720	5175	5820
사업·투자	852	829	949	814	900	1054	1354	1288	1349	1398
부채상환	45	46	68	57	60	82	50	65	104	109
생활비	206	237	250	252	220	208	216	253	284	303
기타	286	337	333	365	312	515	654	633	781	826
총 부채 잔액	3405	3685	4180	4443	4770	5445	6367	6959	7693	8455

(단위: 만원/연, 2021년 실질가격)

청년 가구 용도별 부채 잔액 | 출처 : 통계청, (각 연도) 2012~2021년 가계금융복지조사

청년 가구의 주거 상황을 종합해보면 일반 가구나 신혼부부 가구에 비해 주거 여건은 가장 열악한 반면 주거비 부담은 훨씬 크고 그로 인

해 빚도 감당하기 힘들 정도로 지고 있는 것으로 나타난다.

청년 가구 주거 전략, 이렇게 짜보자

청년 가구는 소득과 자산이 다른 가구에 비해 부족하고 부채는 많은 특성을 갖고 있다. 이런 현실을 감안할 때 이 시기는 무리하게 내 집 마련에 나서는 것보다 우선 주거비 부담을 줄이고 저축이나 안정적인 투자 활동을 통해 차근차근 내 집 마련을 위한 목돈을 만드는 작업에 집중할 필요가 있다.

2021년 국토부 주거실태조사에서도 청년 가구가 가장 필요로 하는 주거 지원은 '전세자금 대출 지원(38.1%)', '주택구입자금 대출 지원(23.8%)', '월세보조금 지원(17.4%)' 순으로 나타났다. 일단 주거비 부담을 덜어달라는 게 이들의 요청인 셈이다. 그렇다면 주거비 부담을 최대한 줄이는 전략을 살펴보자.

슬기로운 주거비 부담 완화 전략

서울시를 비롯한 각 지자체에서 청년 가구의 주거비 부담을 덜어주기 위한 다양한 지원 방안이 마련되어 있다. 서울시의 <청년·신혼부부를 위한 주거지원사업 가이드북> 내용을 중심으로 살펴본다.

청년 임차보증금 이자 지원 사업

연소득 4,000만 원 이하 기혼자 부부는 합산 연소득 5,000만 원 이하, 취업준비생은 부모 연소득 7,000만 원 이하가 대상이다. 서울 시내 보증금 3억 원, 월세 70만 원 이내의 주택과 주거용 오피스텔의 임차보증금 부담을 덜어주는 사업이다. 최대 7,000만 원(보증금 90% 이내)까지 대출이 되고, 신청자가 부담하는 대출 금리는 최저 연 1% 수준이며, 회당 최소 6개월에서 최장 8년까지 이용할 수 있다.

- 신청 방법 : 서울주거포털(housing.seoul.go.kr)에서 신청서 작성 및 제출

청년 월세 지원 사업

소득이 기준 중위 소득 150% 이하(2023년 기준 중위 소득 1인 가구 기준 207만 원, 150% = 304만 원 수준)에 해당하고 일반 재산이 1억 원 미만, 시가 2,500만 원 미만의 차량을 소유하거나 기초생활 수급자 또는 청년수당을 받고 있는 1인 가구로 보증금 5,000만 원 월세 20만 원 이하의 주거시설에 살고 있는 청년 가구의 경우 매달 20만 원 이하의 월세는 최대 10개월까지 지원해준다.

- 신청 방법 : 서울주거포털에서 신청서 작성 및 제출

역세권 청년주택 임차 보증금 무이자 지원

전년도 도시근로자(3인 이하) 가구당 월평균 소득 120% 이하(745만 원), 자산 2억 5,400만 원 이하, 자동차가 없는 청년 가구가 대상이며 대출한도는 최대 4,500만 원에 무이자로 지원해준다. 임대 계약 기간 동안 계속 지원되고, 퇴거할 때 반환하면 된다. 1억 원이 넘는 집은 보증금의 30%, 1억 원 이하는 50%까지 지원 대상이다.

- 문의 : 서울시 역세권청년주택지원센터(02-2157-4674~6)
  SH공사 청신호주택부(02-6940-8777~9)

중소기업 취업청년 전월세 보증금 대출

부부합산 연소득 5,000만 원 이하, 외벌이면 3,500만 원 이하, 소득

3분위 전체 가구 평균값 이하(2022년 기준 3억 2,500만 원)의 자산을 보유한 청년 가구가 대상이고, 보증금은 2억 원 이하여야 한다. 최대 1억 원까지 대출을 해주고 대출 금리는 1.2%, 최대 10년까지 쓸 수 있다.

- 신청 방법 : 온라인 - 기금e든든 홈페이지(enhuf.molit.go.kr)

  오프라인 - 은행(우리, 신한, 국민, 농협, 기업은행) 방문

청년 전용 보증부 월세 대출

보증금이 부족한 청년 가구를 대상으로 연 1.0 ~ 1.3%의 저금리에 보증금 3,500만 원, 월세 960만 원, 월 40만 원 이내에서 지원하는 제도다. 부부합산 연소득이 2,000만 원 이하, 자산이 있더라도 소득 3분위 전체 가구 평균값 이하(2022년 기준 3억 2,500만 원)여야 된다. 보증금은 5,000만 원, 월세는 60만 원 이하, 전용면적 60제곱미터 이하의 주택이나 오피스텔이 자격 조건이다. 최대 10년까지 이용 가능하다.

- 신청 방법 : 온라인 - 기금e든든 홈페이지

  오프라인 - 은행(우리, 신한, 국민, 농협, 기업은행) 방문

청년 전용 버팀목 전세자금 대출

부부합산 소득 연 5,000만 원 이하, 소득 3분위 전체 가구 평균값 이하(2022년 기준 3억 2,500만 원)의 자산을 보유한 청년 가구로 보증금 1억 원 이하의 전용면적 85제곱미터 이하 주택이나 주거용 오피스텔 거주자가 대상이다. 보증금의 최대 7,000만 원까지 대출을 받을 수 있고 대출 금리는 연 1.5 ~ 2.1%, 대출 기간은 최대 10년까지 가능하다.

- 신청 방법 : 온라인 - 기금e든든 홈페이지

  오프라인 - 은행방문(우리, 신한, 국민, 농협, 기업은행)

청년 맞춤형 전세자금 대출

부부합산 연소득 7,000만 원 이하, 보증금 7억 원 이하의 주택이나 주거용 오피스텔에 거주하는 청년 가구가 대상이다. 임차 보증금의 90% 이내에서 최대 1억 원까지 대출이 가능하고, 대출 금리는 연 2.4 ~ 2.5% 수준으로 대출 기간은 최대 2년까지다.

- 신청 방법 : 온라인 – 수탁 은행별 인터넷 홈페이지 또는 앱을 통해 신청
  오프라인 – 수탁 은행별 영업점 방문
- 수탁은행 : NH, 국민, 우리, 신한, 하나, 기업, 수협, 대구, 부산·경남, 광주, 전북, 카카오뱅크, 케이뱅크

청년 맞춤형 월세자금 대출

부부합산 연소득 7,000만 원 이하, 보증금 1억 원 이하나 월세 70만 원 이하의 주택이나 주거용 오피스텔 거주자가 대상으로 월세 기준 연 최대 1,200만 원까지 대출되고, 대출 금리는 연 2.5 ~ 2.8%, 대출 기간은 13년 이내다. 이자만 내는 거치 기간이 최대 8년이라는 점을 잘 이용할 필요가 있다.

- 신청 방법 : 오프라인 – 수탁 은행별 영업점 방문
- 수탁 은행 : NH, 국민, 우리, 신한, 하나, 기업, 수협, 대구, 부산·경남, 광주, 전북, 카카오뱅크, 케이뱅크

주거 안정 월세 대출

만 35세 이하 취업준비생(부모 소득 6,000만 원 이하)이나 취업한 지 5년 이하의 사회 초년생(연소득 4,000만 원 이하), 근로장려금이나 주거 급여를

받는 사람들은 매달 최대 40만 원, 연 960만 원 이내에서 연 1 ~ 1.5%의 대출 금리로 최대 10년까지 대출을 받을 수 있다.

- 신청 방법 : 온라인 - 기금e든든 홈페이지

        오프라인 - 은행(우리, 신한, 국민, 농협, 기업은행) 방문

지금까지 살펴본 지원 방안은 무이자에서부터 비싸도 연 최대 2.8% 수준의 대출 이자를 부담하는 방안들이다. 최근 대출 이자가 6% 전후 수준에 달하는 것을 감안하면 절반 이상 이자 부담을 덜 수 있다. 두말 할 것 없이 자격 요건만 된다면 무조건 이런 지원 방안을 이용하면 된다. 나머지 지역도 해당 지자체에 문의하면 비슷한 수준의 지원 방안들을 이용할 수 있다(제시된 대출 금리는 2022년 기준이므로 변동됐을 가능성이 있다).

슬기로운 공공임대주택 활용 전략

전월세 지원금 활용에 더해 정부나 지자체에서 지원하는 공공주택을 최대한 이용해 주거비 부담을 줄여보자.

행복주택

청년 가구의 주거 안정을 위해 직장이나 학교에서 가깝고 교통이 편리하고 무엇보다 임대료가 저렴한 공공임대주택이다. 본인의 경우 미혼으로 전년도 도시근로자 가구원수별 월평균 소득의 80% 이하(496만 원), 세대원이 있는 경우 소득 합계가 전년도 도시근로자 가구원수별 월평균 소득의 100% 이하(620만 원)일 경우 대상이고, 세대원 총자산 2억 5,400만 원 이하 자동차가액이 3,496만 원 이하여야 한다. 보증금과 월세가 시세의 60 ~ 80% 수준이다. 최대 6년까지 지낼 수 있다.

- 신청 방법 : 현장 접수 또는 인터넷 접수(LH공사, SH공사 등 홈페이지)
- 문의 : LH공사 건설임대공급부(055-922-3649)

　　　　SH공사 공공주택부(02-6940-8758)

도시형 생활주택

1인 또는 2인 이하 청년 가구로, 전년도 도시근로자 가구당 월평균 소득의 70% 이하(1인 가구 209만 원, 2인 가구 319만 원), 총자산가액이 2억 9,200만 원 이하, 자동차가액이 3,496만 원 이하일 경우 해당된다. 전용면적 50제곱미터 이하로 보증금 + 월세가 시세의 60 ~ 80% 수준이다. 자격만 유지되면 2년 단위로 계약을 연장할 수 있다.

- 문의 : SH공사 맞춤주택부(02-3410-8546)
- 세부 내용 : SH공사 홈페이지 참고(https://www.i-sh.co.kr)

청년매입 임대주택

LH나 서울시, SH공사가 다세대주택을 매입해 저소득 청년들에게 저렴하게 공급하는 주택이다. 소득 규모나 부모의 재산 상황에 따라 1 ~ 3순위까지 자격 조건이 나눠져 있다. 자세한 자격 요건은 SH공사 홈페이지에서 확인할 수 있다. 전용면적 85제곱미터 이하의 다세대주택이나 오피스텔을 최대 20년까지 주변 시세의 30 ~ 50% 수준인 보증금 1억 5,000만 원, 월세 20만 원 수준에서 이용할 수 있다.

- 신청 방법 : 인터넷 접수(LH·SH공사 홈페이지) 또는 모바일 신청
- 문의 : 서울시 주택정책과 (02-2133-7014)

　　　　SH공사 맞춤주택부 (02-3410-8550)
- 세부 내용 : SH공사 홈페이지 참고

역세권 청년주택(공공)

통학이나 출근이 편리한 역세권에 공급되는 임대 주택이다. 해당 세대 전년도 도시근로자 가구원수별 가구당 월평균 소득의 120% 이하(745만 원)고, 자산이 7,200만 원 이하인 취업준비생이나 2억 5,400만 원 이하의 미혼 청년이 대상이고, 차를 보유하고 있지 않아야 한다. 구체적인 임대료나 보증금은 단지별로 알아봐야 하며 최대 6년까지 거주할 수 있다.

- 문의 : 서울시 역세권청년주택지원센터(02-2157-4674~6)
  SH 역세권개발부(02-3410-7558)
  SH 청신호주택부(02-6940-8773)
- 세부 내용 : SH공사 홈페이지 참고

역세권 청년주택(민간)

민간에서 공급하는 역세권 청년주택은 공공주택에 비해 자격 요건이 훨씬 덜 까다로운 대신 임대료가 훨씬 비싸다. 역시 단지별로 보증금과 월세 규모를 잘 파악해야 한다. 민간에서 공급하는 주택이기 때문에 전세사기 같은 문제가 생길 수 있으므로 계약 당시 등기부등본이나 건축물대장을 꼼꼼히 살펴봐야 한다.

- 문의 : 서울시 청년안심주택지원센터(02-1600-3456)
- 세부 내용 : 서울시 청년안심주택 홈페이지

기존 주택 전세 임대

청년이 기존 주택을 구하면 LH가 전세 계약을 대신 체결한 뒤 해당 청년에게 재임대하는 방식의 공공주택이다. 최대 1.2~2억 원까지 임차보증금을 대출해주고 연 1 ~ 2%의 낮은 이자를 월세로 납부하는 전세 임대 정책이다. 조건이 좋은 만큼 1 ~ 3순위까지 자격 요건이 나눠져 있다.

- 신청 방법 : LH 청약센터(https://apply.lh.or.kr) 접속 후 신청
- 문의 : LH 콜센터(1600-1004) / LH 전세임대공급부(055-922-3384)
- 세부 내용 : 마이홈(www.myhome.go.kr) 홈페이지

공공지원 민간 임대주택

뉴스테이(기업형 임대주택)에 공공성을 강화해 '공공지원 민간 임대주택'으로 전환한 공공주택이다. 소득이 전년도 도시근로자 가구당 월평균 소득의 120% 이하(745만 원), 보유 자산은 제한이 없다. 전년도 도시근로자 가구당 월평균 소득 100% 이하가 1순위, 110% 이하가 2순위, 120% 이하는 3순위에 해당한다. 보증금과 월세가 시세의 85% 이하고, 최대 10년까지 거주할 수 있다. 임대료 인상률은 매 2년마다 5% 이하로 결정된다.

- 문의 : 서울시 주택정책과(02-2133-7014)
- 세부 내용 : 마이홈 홈페이지

슬기로운 내 집 마련 전략

이번에는 청년 가구의 내 집 마련 전략을 짜보자. 다행스럽게도 점점 청년들의 주택 구입에 대한 지원이 늘어서 대출을 받든 가족의 도움을 받든 주택, 특히 공공주택을 분양받을 수 있는 기회가 대폭 늘어났다. 민간주택은 대부분 가점제이고 분양가가 워낙 높다 보니 아직 소득 수준이나 자산 규모가 적은 청년들에게는 '넘사벽'이다. 굳이 경쟁도 심하

고 비싼 민간공급에 애먼 신경 쓸 필요없다. 정부에서 애써 주겠다는데 애써 받는 걸 피할 필요는 없지 않은가? 2023년 올해부터 기회가 대폭 늘어난 공공주택 분양을 중심으로 청년 가구의 내 집 마련 방법을 살펴본다.

뉴홈(NeW:HOMe) 공공분양주택

뉴홈(NeW:HOMe)은 윤석열 정부의 공공분양주택 50만 호 계획을 칭하는 브랜드다. 핵심은 기존보다 분양 기회를 더 많이 제공하고(특별공급), 유형을 다양화해 골고루 공급되게 하고, 물량도 최근 5년 대비 3배 이상 많이 공급하겠다는 것이다. 다음 자료를 기본으로 뉴:홈 공공분양주택에 대해 살펴보자.

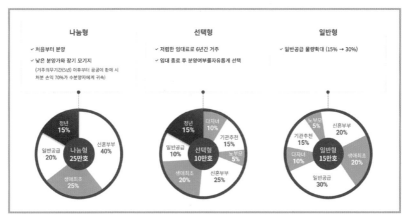

뉴:홈의 공급 유형 | 출처 : '사전청약' 홈페이지

우선 주거 유형이 독특하다. 나눔형, 선택형(여기까지 특별공급) 일반형(일반공급)으로 나뉘는데 나눔형은 시세의 70% 수준으로 싸게 분양한 뒤, 5년의 의무거주 기간을 거친 뒤 팔 수 있도록 하되, 양도차익을 수분양자와 정부가 7 : 3으로 나누는 방식이다. 뉴홈 전체 공급 물량의 절반인 25만 호가 이 방식으로 공급된다. 선택형은 임대료만 내고 6년간 살다가 집을 살지 말지 결정하는 방식이고, 일반형은 시세의 80% 수준에서 분양을 받는 방식이다. 나눔형에서 청년 가구에 배정되는 물량이 15%이므로 37,500가구가 배정된다. 선택형은 15,000가구가 분양된다. 앞으로 5년 동안 최소 52,500가구는 청년 가구에 우선권을 주겠다는 거다. 청약을 신청할 수 있는 구체적인 자격 요건은 '사전청약'의 홈페이지를 참고하면 된다.

생애 최초 공급도 112,500호가 공급되는데 여기에도 신청할 수 있다. 또 일반형에서도 공급 물량의 20%는 추첨제로 공급되므로 신청이 가능하다. 다만 경쟁이 그만큼 치열하므로 당첨 가능성은 아무래도 낮을 수밖에 없다.

자금 마련은 어떻게 할까?

청년 가구가 좀 더 유리한 조건으로 이용할 수 있는 대출은 크게 세 가지다. 정책자금으로 주택금융공사의 특례보금자리론, 국토부가 운영하는 주택도시기금의 디딤돌 대출, 그리고 민간 금융회사 대출이다. 그런데 아무래도 자격만 된다면 정책자금을 받는 게 여러모로 유리하다.

- 특례보금자리론

기존 정책 대출 상품인 보금자리론, 적격 대출, 안심전환 대출 3개 상품을 하나로 통합해서 2023년 올해 1.30부터 내년 1월까지 1년간 한시적으로 운영된다. 기존 상품과 가장 큰 차이점은 소득한도 제한이 폐지되어 소득만 있으면 누구나 신청해서 받을 수 있다는 점이다. 공시가격 9억 원 이하 주택에 대해 최대 5억 원까지 대출을 받을 수 있고 금리는 4%대 중후반 수준이어서 민간은행 대출 금리보다 훨씬 싸다. 대출을 받으려면 일단 이 상품을 1순위로 생각하자. 생애최초의 경우 LTV(Loan To Value Ratio) 80%까지 대출을 받을 수 있다.

- '뉴:홈' 전용 주택담보 대출

나눔형과 선택형은 한도 5억 원(LTV 최대 80%, DSR 미적용) 이하, 연이율 1.9 ~ 3.0%로 40년 만기까지 주택담보 대출을 받을 수 있다. 6년간 임대로 거주하는 선택형의 경우 보증금의 80%까지 연이율 1.7 ~ 2.6%로 전세자금 대출을 별도로 지원해준다. 일반형은 한도 4억 원(LTV 최대 70%, DSR 미적용)에, 연이율 2.15 ~ 3.0% 대출 금리로 30년 만기까지 이용할 수 있다. 나눔형으로 최저 1.9% 고정 금리에 40년 만기로 최대치인 5억 원을 대출받는다고 하면 6억 원짜리 주택을 구입할 경우 초기 부담액이 작년까지 1억 8,000만 원에서 2023년 올해는 8,400만 원으로 줄고, 이자 부담도 40년 기준으로 최대 3억 7,000만 원 줄게 되니 참 '보배스러운' 대출 상품이다. 내년 일은 아직 모르지만, 일단 2023년 1월 30일부터 딱 1년만 한시적으로 운용한다고 생각하고, 최대한 받아보자!

이제, 신혼부부 주거 전략으로 넘어가보자.

소득이 없는 사람은 기본적으로 세금을 내지 않기 때문에 세금을 줄이거나 덜 내는 혜택도 대상이 안 된다. 국세청 입장에서는 세금을 내야 줄여주든지 면제해주든지 하겠다는 이야기다. 그런데 매달 월세를 내는 대학생이나 청년 가구주 입장에서 보면 소득이 없는데 부모님이 주시는 돈으로 꼬박꼬박 큰돈(월세)을 내는데도 직장인들처럼 돌려받는 게(환급) 없다 보니 뭔가 서운하고 아쉬울 법하다.

소득이 없어서 그렇다면 아르바이트(알바)를 해서 내가 소득을 만들면 되는 것 아닌가? (어떤 알바를 할지는 내 '알 바'가 아니지만) 어쨌거나 알바를 해서 그 돈으로 월세를 낸다면 당연히 세액공제(내가 낼 세금 중에서 공제 대상에 해당되는 세금을 빼주는 것) 대상이 된다. 다만, 알바로 얻는 연간 소득이 7,000만 원 이하여야 하고(알바로 연간 7,000만 원을 벌 수 있을지 모르겠지만), 사업을 운영할 경우 개입종합소득세 신고 금액이 6,000만 원 이하여야 한다. 직접 사업체를 운영하는 대학생이나 청년도 요즘 많은 점을 고려해서인데, 과외로 한 달에 몇 백만 원을 버는 경우는 흔치 않으니, 이를 제외하고 일반적인 최저임금 수준의 알바를 할 경우 대부분 월세의 일부를 환급받을 수 있다.

방법은 알바비를 받은 다음 해 5월 종합소득세 신고 때 자신의 소득을 증빙할 수 있는 자료를 국세청 홈텍스(www.hometax.go.kr)에서 온라인으로 신고하면 된다. 월세는 연간 750만 원까지만 세액공제 대상이 된다. 그러니까 매달 100만 원씩 연 1,200만 원의 월세를 내더라도 세액공제 혜택을 받는 대상 금액은 750만 원만 해당된다는 이야기다. 급여가 5,550만 원 이하 근로자의 경우 17%의 공제율이 적용돼 127만 원 정도 환급받을 수 있으니 한 달 치 월세에 용돈까지 꽤 쏠쏠하게 돌려받을 수 있다.

　필요한 서류는 임대차 계약서 사본, 주민등록등본, 월세를 지급한 증명서인데, 이는 집주인에게 요청해 현금영수증을 받거나 그게 쉽지 않으면 월세를 집주인 계좌로 이체한 내역만 제출해도 된다. 다만, 월세로 사는 집이 4억 원이 넘거나 월세가 몇 백만 원 이상인 고가의 주택일 경우 세액공제 대상에 해당되지 않는다는 점도 잊지 않아야 한다.

〈관련 법〉

※ 참고 : 월세액에 대한 세액공제(조세특례제한법 제95조의2)

• 대상자 요건

- 12. 31 현재 무주택 세대주 또는 세대원(세대원의 경우, 세대주가 주택 관련 공제를

　받지 않아야 함)

- 총급여액이 7,000만 원 이하인 경우에 가능. 월세액 750만 원 한도

• 주택 요건 등

① 주택법 제2조제6호에 따른 국민주택규모 주택이거나 4억 원* 이하인 주

　택(다가구주택은 가구당 전용 면적 기준으로 함)

　* 2019년 신규 계약 건부터 3억 원 이하, 2023년 4억 원 이하 포함

② 주택에 딸린 토지가 도시 지역 5배, 그 외 10배를 초과하지 아니할 것

③ 임대차 계약증서의 주소지와 주민등록표등본의 주소지가 같을 것

④ 해당 거주자 또는 해당 거주자의 기본공제대상자인 배우자, 직계존비속

　등이 임대차 계약을 체결하였을 것(지출은 근로자 본인이 해야 함)

• 세액 공제액

- 총급여액이 5,500만 원 이하인 근로소득자(종합소득금액 4,500만 원 초과하는 사람 제외) : 17% 세액공제

- 총급여액이 7,000만 원 이하인 근로소득자(종합소득금액 6,000만 원 초과하는 사람 제외) : 15% 세액공제

• 월세 세액공제 신고 시 준비서류

- 임대차계약서 사본, 월세입금내역 증명 서류(통장 이체 내역, 카드 자동이체 내역, 은행 이체확인증 등), 주민등록등본

신혼부부 가구는 어떻게 살고 있나?

신혼부부 가구는 결혼한 지 7년 이하인 가구를 말한다. 초혼 기준으로 국내 신혼부부는 지난 2021년 기준으로 193,000쌍 정도다. 전년보다 10% 가까이 감소한 수치로 2022년에는 신혼부부가 160,000쌍 정도에 그친 것으로 추정되어 1년 새 다시 15% 정도 감소했다. 다음 자료는 1970년대 이후 국내 혼인(초혼 기준) 건수의 추이를 보여주는 그래프인데, 2000년대 들어 눈에 띄게 감소하는 추세를 확인할 수 있다.

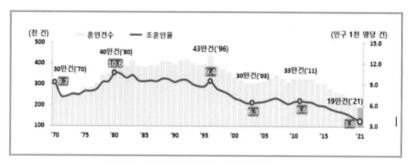

1970년 이후 국내 혼인 건수 추이 | 출처 : 통계청

출산율 상황도 보자.

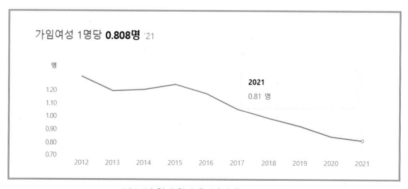

2021년 현재 합계 출산율 | 출처 : 통계청

그래프에는 없지만 2022년 합계 출산율은 0.78까지 떨어졌다. G20 회원국 가운데 가장 낮은 출산율이다. 앞서 언급한 혼인율뿐만 아니라 이렇게 출산율도 매년 역대 최저치를 경신하는 게 대한민국의 우울한 현실이다. 다시 신혼부부 가구 이야기로 돌아오면, 이 시기 가구의 특성은 43.9%는 자기 집에 거주하고, 임대가 53%였다. 자기 집과 남의 집 살이가 거의 반반인 셈이다. 청년 가구에 비해서는 집 소유 비중이 3배 이상 높다. 주거 형태로 보면 신혼부부의 72.5%가 아파트에 살고 있었고, 단독주택이 12.7%, 다세대주택이 9.7%였다. 주거비 부담을 보면 신혼부부 중 자기 집에 사는 가구의 PIR, 즉 소득 대비 집값 배수는 6.9배로 전년(2020년)의 5.6배에 비해 1.3배 증가했고, 임차 가구의 RIR, 즉 월소득 대비 월세 부담률은 18.9%로 전년의 18.4%보다 소폭 상승했다.

신혼부부 가구가 가장 원하는 주거는 '자기 집 + 아파트' 이렇게 요약된다. 그렇다 보니 정부에 원하는 가장 필요한 주거 지원도 '주택 구입 자금 대출 지원(49.3%)'이었고, 이어서 '전세자금 대출 지원(27.8%)', '임대 후 분양 전환 공공임대주택 공급(6.4%)' 순으로 나왔다. 신혼부부도 역시 내 집 마련에 대한 욕구가 다른 세대만큼이나 강했다.

신혼부부 가구 주거 전략, 이렇게 짜보자

신혼부부 가구부터는 주거 전략도 1인 중심의 청년 가구와 수준이 달라진다. 일단 소득 규모가 두 배 이상으로 커지고, 가족구성원도 부부 두 명에서 아이가 태어날 경우 서너 명으로까지 늘어나기 때문이다. 특히, 아이들이 커서 학교에 들어가면서부터 거주 지역이나 거주 형태, 집 규모까지 신혼부부 가구 때와는 달라지기 때문에 이 시기의 주거 전략은 뒤에서 자세히 다루기로 한다.

슬기로운 주거비 부담 완화 전략

신혼부부는 맞벌이냐 외벌이냐에 따라 소득 규모가 확연히 다르기 때문에 소득에 맞게 주거 전략을 짜는 게 바람직하다. 일단 직장인들의 평균 소득 수준부터 살펴보자.

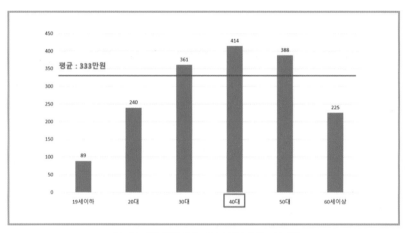

2021년 기준 연령대별 평균 소득 | 출처 : 통계청

20대의 평균 소득이 240만 원, 30대의 평균 소득이 360만 원이니까 대략 이 중간값으로 추정을 하면 신혼부부의 경우 외벌이는 300만 원 안팎, 맞벌이는 600만 원쯤이 될 것으로 보인다. 외벌이든 맞벌이든 일단 이 시기 역시 주거비 부담을 최대한 줄이는 전략이 기본이다. 서울시가 발표한 <청년·신혼부부를 위한 주거지원사업 가이드북>을 중심으로 주거비 지원 정보부터 알아본다.

신혼부부 임차보증금 이자 지원 사업

신혼부부나 6개월 이내 결혼 예정인 예비 신혼부부가 대상이고, 부부 합산 연소득이 9,700만 원 이하여야 한다. 보증금의 90% 이내에서 최대 2억 원까지 임차보증금을 대출해주고 대출 금리도 연 1.5% 수준에서 지원한다. 대출 기간은 2년 + 2년씩 최대 10년이고 서울 시내 보증금 7억 원 이하 주택이 대상이다.

- 신청 방법 : 서울주거포털(housing.seoul.go.kr) 접속, 신청서 작성 후 제출
- 문의 : 서울시 주택정책과(02-2133-7046,7026)
  서울시 전월세보증금지원센터(02-2133-1200)

역세권 청년주택 임차보증금 무이자 지원

전년도 도시근로자(3인 이하) 가구당 월평균 소득의 120% 이하(748만 원), 자산 2억 9,200만 원 이하인 신혼부부나 예비 신혼부부가 대상이고, 역세권 청년주택 중 민간임대주택에 대해 보증금이 1억 원 초과 시 보증금의 30%, 1억 원 이하는 보증금의 50%까지 지원한다. 대출 한도는 최대 6,000만 원까지고, 무이자로 지원한다.

- 신청 방법 : 계약 기간 중 현장에서 임대차 계약 및 신청 접수 동시 진행
- 문의 : 서울시 역세권 청년주택 지원센터(02-2157-4671~2, 4, 5)
  SH공사 청신호주택부(02-6940-8777~9)
- 세부 내용 : SH공사 홈페이지 참고

신혼부부 전용 전세자금 대출

전세자금이 부족한 신혼부부에게 연 1.2 ~ 2.1%로 임차보증금의 최

대 2억 원까지 대출을 지원한다. 부부합산 연소득이 6,000만 원 이하고, 자산이 소득 3분위 전체 가구 평균값 이하(2022년 기준 3억 2,500만 원)여야 한다. 자녀가 있을 경우 우대 금리가 적용된다. 최장 10년까지 이용이 가능하다.

- 신청 방법 : 온라인 - 기금e든든 홈페이지

  　　　　　　 오프라인 - 은행 방문(우리, 신한, 국민, 농협, 기업은행)

- 문의 : HUG 콜센터(1566-9009), 각 은행 콜센터

신혼부부 전세자금 대출

전세자금이 부족한 신혼부부를 대상으로 연 3 ~ 5%대로 최대 2억 원 임차보증금 대출을 지원한다. 앞의 전용 대출보다 대출 금리는 높지만 부부합산 연소득 1억 원 이하까지 자격이 되고, 본인과 배우자의 합산 주택 보유수가 1주택 이내(9억 원 미만)일 경우에도 대출이 가능해 자격 조건이 상대적으로 덜 까다롭다. 최장 10년까지 이용이 가능하다.

- 신청 방법 : 온라인 - 취급은행별 인터넷 홈페이지 / 앱에서 신청

  　　　　　　 오프라인 - 취급은행별 영업점 방문

- 취급은행 : 국민, 하나은행

- 문의 : HF 콜센터(1688-8114), 각 은행 콜센터

버팀목 전세자금 대출

신혼부부만을 대상으로 하지는 않지만 버팀목 전세자금 대출은 연 1.8 ~ 2.4%의 낮은 대출 금리로 최대 1억 2,000만 원까지 전세보증금을 빌려준다. 부부합산 연소득 5,000만 원 이하고 자산이 소득 3분위

전체 가구 평균값 이하(2022년 기준 3억 2,500만 원)이면 자격이 된다.
- 신청 방법 : 온라인 - 기금e든든 홈페이지
  오프라인 – 은행 방문(우리, 신한, 국민, 농협, 기업은행)
- 문의 : HUG 콜센터(1566-9009), 각 은행 콜센터

전체적으로 이런 주거비 지원상품들은 대출 금리가 시중 금리의 최대 3분의 1 수준이기 때문에 일반 은행의 전세자금 대출과 연계해 활용하는 전략이 필요하다. 맞벌이일 경우 자격 요건에 따라 전세자금 마련이 좀 더 용이할 수 있으니 각 상품별 특성을 잘 고려해 교차 전략으로 최대한 낮은 대출 금리의 자금을 확보하자.

슬기로운 공공주택 활용 전략

주거비 부담을 덜기 위해서는 공공임대주택도 훌륭한 선택이다. 무엇보다 정부든 각 지자체든 신혼부부의 주거 안정을 위해 다른 어떤 세대에 비해 더 많은 지원정책을 펼치고 있어서 시작부터 유리한 셈이다. 신혼부부가 들어갈 수 있는 공공임대주택의 종류에 대해 알아본다.

행복주택

혼인기간 7년 이내 또는 만 6세 이하의 자녀를 둔 가구 또는 혼인을 계획 중이며, 입주 전까지 혼인 사실을 증명할 수 있는 자로 소득 합계가 전년도 도시근로자 가구원수별 가구당 월평균 소득의 100% 이하(3인 가구 624만 원, 4인 가구 709만 원), 맞벌이 부부의 경우 120% 이하(3인 가구 748만 원, 4인 가구 851만 원), 총자산 2억 9,200만 원 이하, 자동차가액 3,496만 원 이하인 가구가 대상이다. 다만 전용면적이 60제곱미터 이

하(24평대)라 30평대 주택은 지원 대상이 안 된다. 보증금은 최대 8,000만 원까지, 월세는 최대 30만 원까지 지원된다. 최장 10년까지 사용할 수 있다.

- 신청 방법 : 현장 접수 또는 인터넷 접수(LH공사, SH공사 등 홈페이지)
- 문의 : LH공사 건설임대공급부(055-922-3649)

　　　　SH공사 공공주택부(02-6940-8758)

도시형생활주택(우선공급)

자녀가 없고 소득이 높지 않은 신혼부부가 사용하기 좋은 상품이다. 전년도 도시근로자 가구당 월평균 소득의 70% 이하(2인 기준 319만 원) 총자산가액이 2억 9,200만 원 이하, 보유한 자동차가액이 3,496만 원 이하여야 한다. 전년도 도시근로자 가구당 월평균 소득의 50% 이하(2인 기준 228만 원)일 경우 1순위가 되어 입주 가능성이 더 높아진다. 전용 50제곱미터 이하의 주택에 대해 보증금과 월세를 시세의 60 ~ 80% 수준으로 제공한다. 자격이 유지되면 2년 단위로 계약 갱신이 된다. 특히, 자녀가 생기기 전에 요긴하다.

- 신청 방법 : 인터넷 접수(SH공사 홈페이지) 또는 우편 접수(등기우편)
- 문의 : SH공사 맞춤주택부(02-3410-8546)

신혼부부 매입임대주택

기존 주택을 매입해 신혼부부에게 시중 임대료의 50 ~ 80% 범위 내에서 공급하는 주택이다. 신혼부부1의 경우 월평균 소득이 전년도 도시근로자 가구당 월평균 소득의 70%(2인 기준 319만 원), 맞벌이 부부의 경우 90%(대략 560만 원 수준)고, 신혼부부2의 경우 월평균 소득이 전년도 도시근로자 가구당 월평균 소득의 120%(547만 원) 맞벌이 부부의 경우 140%(630만 원), 총자산 2억 9,200만 원, 자동차 3,496만 원 이하인 가구가 대상이다. 전용 36 ~ 85제곱미터 이하 주택을 대상으로 주변 시세의 50 ~ 80% 수준에서 공급되며, 계약 기간은 신혼부부1은 2년 단위로 최대 20년, 신혼부부2는 자녀가 있을 경우 최장 10년 동안 거주할 수 있다.

- 신청 방법 : 인터넷 또는 모바일 접수(LH공사, SH공사 등 홈페이지)
- 문의 : LH공사 매입임대공급부(055-922-3375)

　　　SH공사 맞춤주택부(02-3410-8543)

역세권 청년주택(청년안심주택)
- 공공공급

전년도 도시근로자 가구원수별 가구당 월평균 소득 기준 120%(547만 원) 이하, 총자산가액 2억 8,800만 원 이하, 차가 없어야 대상이 된다. 60제곱미터 이하 주택을 주변 시세의 30 ~ 50% 이하의 임대료로 사용할 수 있다. 연 2회 이상 모집공고를 통해 입주자를 모집하는데, 실시간으로 정보를 제공하지 않아 정보 수집에 손품을 팔아야 한다. 임대 기간은 2년 단위로 최대 10년까지 가능하다

- 신청 방법 : SH홈페이지 청약접수(i-sh.co.kr)
- 문의 : SH 청신호주택부(02-6940-8773)

- 민간공급

일반공급은 자격 요건이 없기 때문에 청년 가구는 경쟁이 적은 특별공급분을 공략하는 게 좋다. 월평균 소득이 전년도 도시근로자 가구원

수별 가구당 월평균 소득의 120% 이하(547만 원), 총자산이 29,200만 원 이하, 자동차가 없어야 한다. 임대보증금은 시세의 85% 수준이고, 최대 10년까지 쓸 수 있다.

- 신청 방법 : 민간사업자 입주자 모집 공고 홈페이지
- 문의 : 서울시 역세권 청년주택 지원센터(02-2157-4671~2,4,5)

기존 주택 전세임대(특별공급)

신혼부부가 기존 주택을 찾으면 LH나 SH공사가 전세 계약을 대신 체결한 뒤 해당 신혼부부에게 재임대하는 방식인데, 최대 1억 3,500만 원에서 2억 4,000만 원까지 임차보증금을 지원하고, 연 1 ~ 2%의 낮은 이자를 월세 형태로 내는 방식으로 운영된다.

- 신혼부부 전세임대 I

전년도 도시근로자 가구원수별 가구당 월평균 소득의 70% 이하(319만 원), 맞벌이일 경우 90%(560만 원)고, 총자산 2억 9,200만 원 이하, 자동차가액 3,496만 원 이하일 경우 최대 1억 3,500만 원을 지원받아 최장 20년간 사용이 가능하다.

- 신혼부부 전세임대 II

전년도 도시근로자 가구원수별 가구당 월평균 소득의 100% 이하(456만 원), 맞벌이 시 120% 이하(547만 원)면서 총자산 2억 9,200만 원 이하, 자동차가액 3,496만 원 이하인 경우가 대상이다. 지원 한도액이 최대 2억 4,000만 원이고 최장 6년간 사용 가능하다.

- 신청 방법 : 온라인 - LH, SH 청약센터 접속 후 신청, SH 우편 접수
- 문의 : 서울시 공공주택과(02-2133-7062)

SH공사 전세주택부(02-6940-8741)

LH 전세임대공급부(055-922-3384)

공공지원민간임대주택

전년도 도시근로자 가구당 월평균 소득의 120% 이하(547만 원)일 경우 대상이 되고, 자산 기준은 없다. 1순위는 월평균 소득 100% 이하(2인 기준 457만 원), 2순위는 110% 이하(502만 원), 120%(547만 원) 이하는 3순위에 해당하다. 집 크기는 제한이 없고, 보증금과 월세를 시세의 85% 이하에 공급한다. 10년 이상 거주할 수 있다.

- 문의 : 서울시 주택정책과(02-2133-7016)

장기안심주택(특별공급)

기존 주택을 SH공사와 신혼부부가 공동으로 임차한 후 신혼부부에게 전세보증금을 무이자로 지원하는 방식이다. 전년도 도시근로자 가구당 월평균 소득 120% 이하(2인 기준 547만 원), 신혼부부 보유 자산이 2억 1,550만 원 이하, 3,496만 원 이하의 자동차를 보유한 경우가 대상이고, 전용 60제곱미터 이하(2인 이상 가구는 85제곱미터)전·월세 보증금을 최대 6,000만 원까지 무이자로 지원한다. 보증금이 3억 8,000만 원 이하인 주택이어야 한다. 최대 10년간 이용할 수 있다.

- 문의 : 서울시 공공주택과(02-2133-7062)

  SH공사 맞춤주택부(02-3410-8542)

슬기로운 내 집 마련 전략

국내 신혼부부 10가구 중 4가구가 자기 집으로 시작한다. 6가구는 결국 내 집 마련이 목표가 될 수밖에 없다. 이 시기 내 집 마련 전략의 핵심은 크게 두 가지다. 우선 부부 모두 개별적으로 청약저축에 가입해 청약을 넣는 것이고, 두 번째는 주택 구입을 위한 목돈 마련이다. 이 책에서는 청약 전략을 주로 다룬다.

뉴홈(NeW:HOMe) 공공분양주택

정부 지원이 가장 많은 상품이 윤석열 정부의 공공주택 공급정책인 '뉴:홈'이다. 앞으로 5년간 민간공급분보다 적어도 30% 이상 분양가가 저렴한 주택이 계획대로 된다면 50만 가구나 분양된다. 최근 5년 사이 공급 물량의 3배에 이른다(앞서 소개한 청년 가구의 '뉴홈(NeW:HOMe) 공공분양주택'에서 소개한 공급 유형 자료를 참고하자).

앞으로 5년간 뉴:홈으로 분양하는 공공주택 50만 가구 가운데 신혼부부 대상 특별공급이 155,000가구로 가장 많다. 나눔형으로 10만 가구, 선택형으로 25,000가구, 일반형으로 3만 가구 등이 공급된다. 나눔형과 선택형, 일반형 등 각 유형별 특징은 앞의 청년 가구의 내 집 마련 전략에서 자세히 다뤘으니 그 부분을 다시 참고하자. 생애최초 특별공급도 112,500호나 된다. 일반 무주택자 공급분이 18만 가구니까 신혼부부의 경우 전체 50만 가구 가운데 미혼 청년 가구 배정분을 제외한 거의 45만 가구에 대해 청약 기회가 주어진다. 앞으로 5년간 공공주택으로 내 집 장만을 한번 해볼 만하다는 이야기다. 2023년 올해는 일반형으로만 3,165가구가 분양된다.

신혼희망타운

신혼희망타운은 (예비)신혼부부, 한부모가족 등을 위해 공급되는 주택으로 어린이집, 공동육아나눔터 등 다양한 육아·보육 시설이 단지 내에 마련되는 공공주택이다. 2023년 올해 전국에서 3,188가구가 공급된다. 2023년 올해가 마지막 공급이다. 집을 팔거나 대출금을 상환할 때 시세 차익을 주택도시기금과 공유하되, 정산 시점에 자녀가 있는 경우, 자녀 수에 따라 인센티브를 부여한다. 지난 1월 부천원종 B블럭에 202가구를 모집했는데, 2.45대 1의 경쟁률을 기록했다.

민간분양

가점제로만 운영되었던 중소형 면적(전용 85제곱미터 이하)에도 추첨제가 신설되어 가점이 낮은 신혼부부들에게 기회가 늘어났다. 투기과열지구 등 규제지역 내 전용 60제곱미터 이하 주택은 '가점 40% + 추첨 60%'를 적용하고, 60제곱미터 초과 ~ 85제곱미터 이하 주택은 '가점 70% + 추첨 30%'로 추첨제 비율이 줄어든다. 이른바 '줍줍'으로 불리는 무순위 청약 신청 자격도 달라졌다. 거주지역 요건을 폐지하고 무주택자면 누구나 참여할 수 있도록 대상 자격이 완화되었다. 자금 여력이 있는 신혼부부 가구의 경우 미계약분이 발생한 단지에 대해서도 관심을 가져볼 만하다.

2023년 올해는 전국에서 191,000가구 정도가 민간분양이 될 것으로 예상된다. 작년에 비해 43,000가구 정도 줄어든 규모다. 이는 위축된 시장 분위기가 반영된 것으로 보인다. 이 가운데 서울에서는 14,500가구가 공급될 것으로 보인다. 다음은 2023년 올해 서울 지역에서 분양되는 유망 단지에 관한 자료다.

일정	주소	사업(단지)명	총가구	일반분양	전용면적
2월	동대문구 휘경동	휘경자이디센시아	1806	700	39~84
2월	영등포구 양평동1가	영등포자이 디그니티	707	185	39~84
3월	강남구 대치동	디에이치 대치 에델루이	245	76	60~85
3월	동대문구 이문동	이문아이파크자이	4321	1641	20~139
5월	은평구 대조동	대조1구역 재개발	2083	502	-
5월	강남구 청담동	청담삼익	1261	182	-
6월	서초구 방배4동	방배6구역	1097	465	-
8월	마포구 공덕동	마포자이힐스테이트	1100	529	-
10월	서초구 반포동	래미안 원펜타스	641	292	59~191
12월	송파구 신천동	잠실래미안아이파크	2678	578	43~84

2023년 서울 지역 유망 분양 단지 | 출처 : 부동산인포

경기와 인천 지역에서는 2023년 올해 74,600가구가 분양될 예정이다. 역시 다음에서 주요 분양 단지를 확인할 수 있다.

일정	주소	사업(단지)명	총가구	일반분양	전용면적
2월	경기 파주시 목동동	파주운정 자이(가칭)	988	988	74~134
2월	인천 미추홀구 주안동	더샵아르테	1146	770	39~84
3월	경기 의왕시 내손동	인덕원퍼스비엘	2180	585	39~84
3월	경기 구리시 인창동	구리역 롯데캐슬 시그니처	1180	679	34~101
3월	인천 서구 당하동	검단신도시 금강펜테리움 3차 센트럴파크	1049	1049	73~98
5월	경기 수원시 세류동	매교역 팰루시드(권선6구역)	2178	1234	48~101
9월	경기 광명시 광명동	베르몬트로광명	3344	726	37~103
10월	인천 미추홀구 학익동	시티오씨엘 6단지	520	520	-
11월	경기 구리시 수택동	구리수택E구역	3050	1595	-
미정	경기 안양시 비산동	안양 뉴타운삼호	2723	619	-

2023년 경기, 인천 지역 유망 분양 단지 | 출처 : 부동산인포

대출은 어떻게 받을 수 있을까?

- 특례보금자리론

기존 정책 대출 상품인 보금자리론, 적격 대출, 안심전환 대출 3개 상품을 하나로 통합해서 2023년 1월 30일부터 2024년 1월까지 1년간 한시적으로 운영된다. 기존 상품과 가장 큰 차이점은 소득한도 제한이 폐지되어 소득만 있으면 누구나 신청해서 받을 수 있다는 점이다. 공시 가격 9억 원 이하 주택에 대해 최대 5억 원까지 대출을 받을 수 있고, 금리는 4%대 중후반 수준이어서 민간은행 대출 금리보다 훨씬 싸다. 대출을 받으려면 일단 이 상품을 1순위로 생각하자. 생애최초의 경우 LTV 80%까지 대출을 받을 수 있다.

- 뉴:홈 전용 주택담보 대출

나눔형과 선택형은 한도 5억 원(LTV 최대 80%, DSR미적용) 이하, 연이율 1.9 ~ 3.0%로 40년 만기까지 주택담보 대출을 받을 수 있다. 6년간 임대로 거주하는 선택형의 경우 보증금의 80%까지 연이율 1.7 ~ 2.6%로 전세자금 대출을 별도로 지원해준다. 일반형은 한도 4억 원(LTV 최대 70%, DSR미적용)에, 연이율 2.15 ~ 3.0% 대출 금리로 30년 만기까지 이용할 수 있다.

- 신혼희망타운 전용대출

연 1.3% 고정금리로 최장 30년간 집값의 30 ~ 70%(대출 비율은 30, 40, 50, 60, 70% 중 선택)까지 최대 4억 원까지 지원한다.

- 디딤돌 대출

부부합산 연소득 6,000만 원 이하, 순자산이 5억 600만 원 이하의 무주택 가구 또는 생애최초 주택구입자의 경우 2자녀 이상 가구 또는 연소득 7,000만 원 이하의 신혼가구가 대상이다. 연 2.15 ~ 3.0%의 대출 금리로 최대 4억 원(LTV 70% DTI 60% 이내)에서 최대 30년까지 이용할 수 있다.

- 신혼부부 전용 구입자금

부부합산 연소득 7,000만 원 이하이면서 순자산이 5억6백만 원 이하의 무주택 가구이거나(예비)신혼부부, 생애최초 주택구입자가 대상이다. 연 1.85 ~ 2.70%의 대출 금리로 최대 4억 원(LTV 80%, DTI 60% 이내)로 최장 30년까지 이용할 수 있다.

슬기로운 전월세 주거 전략

전세 가격은 당분간 더 떨어질 것으로 보인다. 2~3년 뒤까지 하향세가 이어질 것이라는 전망이 많다. 전월세를 저렴하게 구하려면 입주가 많은 지역을 따라다니는 전략을 구사할 필요가 있다.그리고 계약갱신청구권을 적극적으로 활용해 최대 4년까지는 비교적 임대료 상승에 대한 부담을 덜 필요가 있다. 서울은 내년부터 공급 물량이 적어질 예정이어서 내년 하반기부터 전세가 하락세가 둔화될 것으로 예상된다. 다만 수도권의 경우 인천 검단이나 평택 오산 등은 아직도 입주 물량이 많아 전세 가격의 하락세가 더 이어질 것으로 예상된다. 지방은 부산과 대전, 대구, 울산지역이 공급 물량 증가로 전세 가격 하락세가 더 이어질 것으로 전망된다. 따라서 전세 물건을 찾을 때는 전세가율이 가급적 낮은 주택을 공략할 필요가 있다. 등기부등본과 건축물대장을 잘 살펴서 집주인의 상환 능력을 파악할 필요가 있고 특히, 빌라는 깡통전세나 전세사기에 대한 리스크를 피하기 위해 주변 시세를 잘 살펴봐야 한다. 임대인이나 정부의 안심전세 앱 등을 활용해 관심 있는 물건의 임대인 정보나 깡통전세 위험 여부 등을 잘 살펴보자(앞에서 알아본 '등기부등본 보는 법'을 참조).

INTERVIEW

2030
주거 전략
이렇게 짜보자!

Q 2030 주거 전략은 무엇부터 시작하면 좋을까?

A 불필요한 지출부터 줄여야 한다. 부모님에게 얹혀살거나 회사 기숙사를 적극 이용하는 것이다. 주거비 제로 전략을 구사해야 한다. 미혼 청년이거나 신혼부부들은 원룸이나 투룸에서 싼 전세나 월세로 시작하는 경우가 많다. 개인적으로는 처음부터 집을 사서 들어가라고 권유한다. 30평대 큰 집을 생각하지 말고 10평대나 20평대 초반의 소형 아파트를 사서 들어가라는 이야기다. 요즘 2030이 많이 이용하는 '호갱노노' 같은 부동산 정보 앱을 정해서 평형을 10평대로 지정하고 300세대 이상, 입주한 지 20년 이내의 소형 아파트를 기준으로 정해놓고 틈나는 대로 검색을 하면 좋다. 출퇴근 범위 내에서 지역을 선택해서 말이다.

여기서 중요한 것은 감당이 가능한 수준에서 자금조달계획을 짜야 한다는 것이다. 정부 정책자금(특례보금자리론이나 디딤돌 대출 등)을 활용해서 최대 대출 범위와 그에 따른 대출 이자 규모를 따져보고, 내가 또는 우리 부부가 감당 가능한 최대한의 대출 규모를 파악해서 그에 맞는 집을 선택하는 방식으로 말이다. 맞벌이와 외벌이에 따라 자금조달 규모가 많이 다를 텐데, 핵심은 감당이 가능한 수준에서 찾아봐야 한다는 것이다. 영끌을 하더라도 남의 말에 휘둘려 하는 게 아니라 내 사정에 맞는 '자기주도형 영끌'을 하자.

Q 금수저가 아닌 이상, 2030들이 갖고 있는 돈이 별로 없지 않은가?

A 그래서 목돈을 일단 만들어야 한다. 3,000만 원 정도를 모을 때까지는 무조건 저축하는 게 좋다. 왜 3,000만 원이냐면 이 금액만 있으면 3억 원 이하 초소형 아파트를 분양받을 수 있기 때문이다. 분양받을 때 계약금 10%를 만들 수 있는 금액이 3,000만 원이다. 그리고 청약통장도 내 집 마련에 대한 관심이 생겼을 때 바로 가입해야 한다. 청약통장은 최근 부동산 시장이 위축되면서 해지하는 분도 많다고 들었는데, 무조건 평생 가져가는 거라고 생각해야 한다. 요즘에 규제가 많이 풀려서 지방의 경우 당첨되어도 6개월, 수도권도 1년만 지나면 다시 1순위가 된다. 나중에 집을 두 채 이상 가질 수 있을 때를 감안하는 것이다. 그리고 정부 정책에 항상 안테나를 세우는 연습이 필요하다. 대출만 하더라도 2023년 올해 1월부터 시행되는 특례보금자리론이 있는데, 이게 기존의 적격대출과 안심전환대출, 보금자리론을 통합해서 나온 것이다. 금리 조건이나 자격 조건 등이 어떻게 바뀌었는지, 내가 받을 수 있는 대출인지 등을 파악하고 있어야 자금조달계획을 세울 수 있는 것이다. 자기 소득 수준을 빠르게 다 알고 있으니 가계부를 써보는 것도 좋다. 집을 산 뒤에는 불가피하게 생활비 다

이어트가 이뤄지는데, 사회 초년생들의 경우 출납에 대한 상황 판단을 해야 할 필요가 있다. 집을 사면 이자 비용 때문에 하고 싶은 것을 자동으로 조정하게 되는 순기능도 있기 때문이다. 그리고 세금도 공부해야 한다. 세금 공부는 유튜브만 봐도 된다. 미네르바 올빼미, 제네시스박, 이승현 세무사의 유튜브를 참고하시면 충분하다.

Q 부동산 시장 상황이 어둡다. 몇 년간 안 좋을 것이라는 이야기도 많다. 주거 전략을 어떻게 가져가는 게 좋을까?

A 개인적인 생각으로는 지금 수준에서 박스권 장세가 당분간 나타날 것으로 본다. 금리 부담에 매수 수요가 이미 많이 채워졌기 때문이다. 이런 상황이 4 ~ 5년쯤 더 진행될 것 같다. 다만 급매물이 어느 정도 소화된 상황이어서 싼 물건을 찾기는 어려울 것 같다. 부모의 사망, 이혼 등 사연 있는 물건들 외에는 급매물이 나오기 힘들 듯하다. 대규모 입주 아파트 등을 활용하는 게 좀더 저렴하게 집을 구입하는 방법이 될 것 같다.

Q 부동산 시장이 회복되는 데 그렇게 오래 걸린다면 어느 지역을 보는 게 좋을까?

A 저출산 고령화 문제까지 고려할 때 바깥쪽이 불안할수록 안쪽으로 몰리는 경향을 감안할 필요가 있다. 서울과 경기도 핵심지, 광역시 핵심지를 중심으로 매수 전략을 가져가야 한다. 외곽은 팔아야 하고 중심으로 가야 한다는 심리가 강해질 듯하다. 서울은 거의 전지역이 핵심지에 해당되는데, 강북은 3호선 라인(은평뉴타운, 길음, 장위뉴타운 지역)이 하방경직성이

강하고, 경기도는 이천, 여주, 안성, 동두천 등을 빼고 그 안쪽은 괜찮아 보인다. 1기 신도시는 여전히 괜찮다. 2023년 올해 하반기에 내년 총선을 감안한 1기 신도시 특별법 같은 부동산 유인책이 나올 수도 있을 것으로 보인다.

Q 대표님만의 투자 원칙이 있다고 들었는데?

A '오르는 가격에 사지 말자', '가격이 쉬는 기간에 사자', '아예 싼 집을 찾자'다. 한때 28채까지 보유하고 있다가 지금 6채로 줄었다. 이 물건들도 대부분 팔 생각을 갖고 있다. 6채의 특징은 집값이 더 떨어져도 상관없을 만큼 싼 가격에 매수한 집들이라는 점이다. 투자의 목적이 원금 회수와 수익 창출이라는 점을 감안할 때 결국 매도해야 돈을 벌 수 있기 때문에 사는 것도 중요하지만 잘 파는 게 더 중요하다. 개인적으로는 실투자금의 2배 정도를 벌면 미련 없이 파는 것을 원칙으로 하고 있다. 최근에 욕심을 내다가 지방의 한 아파트 매도 시기를 놓쳐 세금이나 중개수수료를 포함했을 때 손해를 보기도 했다. 원칙대로 했으면 벌었을 텐데…. 매도가 그래서 참 어렵다.

Q 전세가가 계속 떨어지고 있는데, 임대 전략은 어떻게 하면 좋을까?

A 전세가는 당분간 더 떨어질 것 같다. 한 2 ~ 3년 뒤까지 하향 추세가 이어질 것이다. 전월세를 저렴하게 들어가려면 입주가 많은 지역을 따라다니는 전략을 구사하는 게 좋다. 대규모 입주아파트의 경우 물건이 많기 때문에 전월세 가격도 인근 시세에 비해 저렴한 경우가 많기 때문이다.

다만 서울은 내년부터 공급이 줄어들기 때문에 전세가가 저점을 찍을 가능성이 높다. 하지만 인천 검단, 평택 오산 등은 아직도 입주 물량이 많아 전세가 하락세가 더 이어질 듯하다. 역시 공급 물량이 많은 부산, 대전, 대구, 울산 등도 당분간 전세가가 오르기 힘들 것 같다.

절세 TIP 집과 관련한 4가지 세액공제

청년 가구나 신혼부부 가구를 비롯해 직장을 다니거나 소득이 있는 사람들이 주택과 관련해 연말정산에서 세금 혜택을 받을 수 있는 항목은 주택마련 저축공제(청약저축), 주택담보 대출 이자공제, 주택임차차입금 원리금 상환액공제(전월세보증금 대출), 그리고 월세 세액공제, 모두 4가지다.

주택마련 저축공제

청약통장에 납입한 금액을 소득에서 빼주는 공제로 홈텍스에 서류가 올라오기 때문에 따로 제출할 서류는 없다. 무주택확인서가 필요한데, 그건 청약저축을 가입한 은행을 방문하거나 해당 은행 홈페이지에서 발급받으면 된다. 한 번만 제출하면 끝이다. 자격 요건은 무주택 세대주로 연봉이 7,000만 원 이하인 근로자여야 한다.

주택담보 대출 이자공제(장기주택저당차입금 이자 상환공제)

이름은 어려운데, 한마디로 주택담보 대출 때문에 낸 대출 이자를 소득에서 공제해주는 것으로 은행 등 금융기관에서 대출받은 것만 공제 대상이 된다. 이를테면 부모나 형제 등 가족이 빌려준 돈은 공제 혜택이 없다는 이야기다. 중도금 대출은 무주택 세대주, 분양가 5억 원 이하, 중도금 이자를 매월 납부한 경우 등이 수혜 대상인데, 중도금 무이자나 후불제를 선택한 경우도 역시 대상에 포함되지 않는다.

주택임차차입금 원리금 상환액공제

오피스텔을 포함해 국민주택규모(84제곱미터 이하)의 주택에 살면서 전월세 자금 대출을 받은 경우 원리금 상환액의 40%에 대해 공제해준다. 한도액은 300만 원까지다.

월세 세액공제

총급여가 7,000만 원 이하, 국민주택규모나 기준 시가 3억 원 이하에 해당되며, 연간 750만 원의 10%를 세액공제해주고, 총급여가 5,500만 원 이하 근로자는 12%를 공제해준다. 소득이 아니라 세액에서 공제해주기 때문에 세금 감면 효과가 더 크다.

〈관련 법〉

1. 장기주택저당차입금 이자 상환액(소득세법 제52조제5항)

· 공제 요건

- 근로자 본인이 무주택자 또는 주택 소유자 및 채무자이면서 세대주(근로자
  = 차입자 = 소유자)

- 취득 시 국민주택규모 1채 이하 소유자(2014. 1. 1 이후 차입분부터는 국민주택규
  모 요건 삭제)

- 취득 시 기준 시가

2013. 12. 31 이전 차입분	2014 ~ 2018년 차입분	2019년 이후 차입분
3억 원 이하	4억 원 이하	5억 원 이하

- 소유권 이전 등기 또는 보전등기일로부터 3개월 이내 차입

- 상환 기간

2004. 1. 1 ~ 2013. 12. 31 차입분	2015년 이후 차입분
15년 이상	15년 이상 (고정금리 & 비거치 분할 상환은 10년 이상)

- 12. 31 현재 세대주 또는 세대원(세대원의 경우 세대주가 모든 주택 관련 공제 배제 및 해당 주택에 전입되어 있어야 함)
- 12. 31 현재 무주택 또는 1주택

• 소득공제액

- 장기주택저당차입금 이자 상환액
- 한도 : Min(장기주택저당차입금 이자 상환액 공제액 + 주택임차차입금 원리금 상환액 공제액 + 주택청약종합저축 공제액, 연 500만 원)

구분	공제 한도
차입금의 상환 기간이 15년 이상인 장기주택저당차입금	500만 원
차입금의 상환 기간이 15년 이상인 장기주택저당차입금의 이자를 고정 금리로 지급하고, 그 차입금을 비거치식 분할 상환으로 상환하는 경우	1,800만 원
차입금의 상환 기간이 15년 이상인 장기주택저당차입금의 이자를 고정 금리로 지급하거나 그 차입금을 비거치식 분할 상환으로 상환하는 경우	1,500만 원
차입금의 상환 기간이 10년 이상인 장기주택저당차입금의 이자를 고정 금리로 지급하거나 그 차입금을 비거치식 분할 상환으로 상환하는 경우	300만 원

- 고정 금리 : 차입금의 70% 이상의 금액에 상당하는 분에 대한 이자를 상환 기간 동안 고정 금리로 지급, 5년 이상 단위로 금리를 변경하는 경우 포함

– 비거치식 분할 상환 : 매년 차입금의 70%를 상환 기간 연수로 나눈 금액 이상 상환

2. 주택임차자금 차입금 원리금 상환액 공제(소득세법 제52조제4항)

• 공제 요건

– 12. 31 현재 무주택 세대주 또는 세대원(세대원의 경우 세대주가 모든 주택 관련 공제 배제 및 해당 주택에 전입되어 있어야 함)

– 주택법에 따른 국민주택규모 이하 주택 및 주거용 오피스텔

– 주택임차자금의 대출 기관으로부터 차입한 자금 : 차입 시기가 입주일과 전입일 중 빠른 날로부터 전후 3개월 이내, 차입금이 대출기관에서 임대인의 계좌로 직접 입금될 것

– 대부업 등을 경영하지 아니하는 거주자로부터 차입한 자금(해당 과세기간 총급여액이 5,000만 원 이하인 사람만 해당) : 차입 시기가 입주일과 전입일 중 빠른 날로부터 전후 1개월 이내, 기획재정부령으로 정하는 이자율(2022. 3. 20 현재 연 2.9%) 보다 낮은 이자율로 차입한 자금이 아닐 것

• 소득공제액

– 주택임차자금 차입금의 원리금 상환액 x 40%

– 한도 : Min(주택임차차입금 원리금 상환액 공제액 + 주택청약종합저축 공제액, 연 400만 원)

3. 주택청약종합저축 소득공제(조특법 제87조제2항)

• 공제 요건

– 근로소득이 있는 거주자(일용근로자 제외)

– 12. 31일 현재 세대주

– 연중(1. 1 ~ 12. 31) 무주택

− 총급여 7,000만 원 이하

• 소득공제액

− 주택청약종합저축에 납입한 금액(연 240만 원 납입 한도) x 40%

− 위 주택임차차입금 원리금상환액 공제액, 장기주택저당차입금 이자상환
 액 공제액과 함께 한도액 계산

304050세대

2030, 3040, 4050은 많이 들어봤을 텐데, 304050은 또 무슨 소리인가 할 수 있다. 보통은 2030, 3040, 4050 이렇게 연령대를 묶지만 요즘은 세상이 많이 바뀌어서 304050이라고 해야 되지 않을까 해서 사용해본 표현이다. 예전처럼 스무 살에 대학 가고, 군대 가고, 20대 중후반에 졸업해서 취업하고, 30대 초반쯤 결혼하고, 30대 후반쯤 학부모가 되고, 대략 이런 수순으로 생애주기가 진행되었는데, 요즘은 이런 '루틴'이 달라졌다는 이야기다. 대학 입학 시기야 비슷하지만, 일단 취업난 때문에 졸업 시기가 20대 중반에서 후반까지 다양해졌고, 졸업 후에도 취업난 때문에 직장을 다니는 시기가 늦어지면서 결혼 시기, 출산 시기 등 기본적인 생애주기의 흐름이 모두 늦어지고 있다. 게다가 요즘에는 이런저런 이유로 결혼했지만 자녀를 두지 않는 젊은 부부도 늘고 있다 보니 우리 나라의 출산율이 세계 최저 수준으로 떨어진 상황이다 (2022년 기준 합계출산율 0.78명). 이러다 보면 현재 정부가 정한 신혼부부의 기준인 혼인 후 7년까지가 10년이나 그 이상으로 더 연장되는 것은 아닌지 모르겠다.

이런 모든 사회적, 인구통계학적 변화는 주거에도 그대로 영향을 미칠 수밖에 없다. 기본적으로 주택 시장의 질서가 공급과 수요에 따라 움직이는데, 경기 변동에 따라 늘었다 줄었다 하는 게 어느 정도 정해져 있는 주택 공급과 달리 주택 수요는 일반적인 생애주기의 루틴이 다양하게 변하고 있어서 과거처럼 일정 시기에 수요가 늘어나거나 줄어드는 흐름이 사실상 깨진 상황이다. 마치 대기업 공채가 사라지고 수시 채

합계출산율 추이 (단위 : 명)

합계출산율 : 여자 1명이 평생 동안 낳을 것으로 예상되는 평균 출생아 수

1.30 / 1.19 / 1.21 / 1.24 / 1.17 / 1.05 / 0.98 / 0.92 / 0.84 / 0.81 / 0.78
12 / 13 / 14 / 15 / 16 / 17 / 18 / 19 / 20 / 21 / 22년

OECD 주요국 합계출산율 2020년 30개 회원국 기준

OECD 평균 1.59명

2.90 / 2.08 / 1.79 / 1.64 / 1.60 / 1.53 / 1.40 / 1.33 / 1.24 / 0.84
이스라엘 / 멕시코 / 프랑스 / 미국 / 슬로베니아 / 독일 / 포르투갈 / 일본 / 이탈리아 / 한국

2022년 합계 출산율 | 출처 : 연합뉴스, 통계청

용으로 흐름이 바뀐 것처럼 주택 수요도 상시적으로 변동한다는 이야기다. 1인 가구가 전체 가구의 30% 이상으로 급증하면서 인구 감소에 따른 주택 수요 감소라는 일반적인 전망이 틀렸듯이 말이다.

다시 본론으로 돌아와서 학생 때와 청년 시기, 신혼부부 시기를 넘어 이번에 다룰 생애주기의 시기는 '결혼 후 자녀 취학에서 자녀 독립 전까지'다. 연령대로 보면 30대 후반에서 50대 후반까지 광범위하게 펼쳐져 있는데, 주류는 4050세대라고 보면 무리가 없을 듯하다.

이 시기의 특징은 결혼 후 7년 이상이 되면서 정부 기준 신혼부부 자격에서 제외된다는 점, 또 자녀가 학교에 들어가면서 본격적인 자녀 교육 중심의 주거 선택이 시작된다는 점, 그리고 자녀의 독립으로 가족 구성이 부부와 자녀, 이렇게 3 ~ 4인 이상의 구조에서 부부 2인 중심으로 바뀐다는 점이다. 방 3개짜리 30평대 아파트도 좁다고 느껴지던 시기에서 이제 두 식구 살기에도 집이 너무 넓다는 생각이 들기 시작하는 시기다. 이 시기의 주거 전략은 크게 자녀가 독립하기 전까지와 독립 후 두 시기로 나눠서 살펴본다.

자녀 취학 후 독립 전까지 : 30대 후반 ~ 40대 중반 전후

'신(新) 강남8학군'

결혼 7년 차 때까지의 신혼부부와 그 이후 부부의 가장 큰 변화는 자녀의 취학이다. 어린이집과 유치원과는 다른 사실상 본격적인 학교 생활의 시작이기 때문에 이 시기의 주거 전략도 자녀 교육에 가장 초점이 맞춰지는 게 보통이다. 주거 문제에 이른바 '학군'이 가장 큰 변수로 등장하는 시기다. 실제로 한 시중 은행이 40대를 대상으로 한 설문조사에 53%가 자녀 교육을 위해 이사를 했거나 이사갈 계획이 있다고 답했을 정도다.

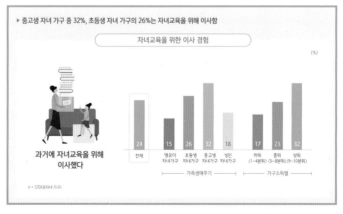

40대의 53%가 자녀 교육을 위해 이사할 계획이 있다고 응답했다. | 출처 : 하나은행

일반적으로 학군은 중학교를 의미하는데, '중학교'라는 '공교육' 시스템을 넘어서 '학원'이라는 '사교육' 시스템으로 무게 중심이 넘어간 지 오래됐다. 서울의 대치동, 목동, 중계동을 비롯해 각 지역마다 'OO의 대치동'으로 불리는 지역들은 대부분 좋은 학교와는 별개로 좋은 학원이 밀집된 지역을 말한다. 또 해당 지역의 집값이 주변 다른 지역보다 강세를 보이는 이유도 좋은 학원이나 학교, 즉 학군이 거기 있기 때문이다. 다음 자료를 통해 서울의 학원 밀집 지역을 살펴보자.

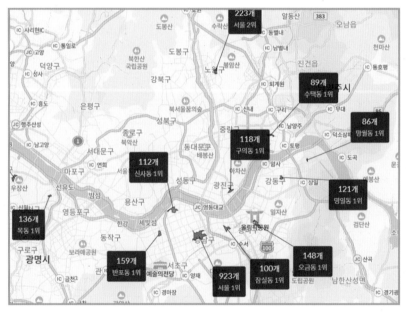

서울의 학원가 분포도 | 출처 : 호갱노노

강남3구에 압도적으로 많은 학원이 몰려 있고, 강북에서는 노원구 중계동을 중심으로, 그리고 서남권에서는 양천구 목동에 학원들이 밀집되어 있다. 몇 년 사이 노원구도 집값이 많이 올랐다고는 하지만 확실히

학원 밀집 지역과 집값이 비싼 동네는 연결되는 측면이 있는 게 확인된다. 따지고 보면 1980년대부터 1990년대 후반까지 교육계를 달궜던 '강남 8학군' 신드롬은 이제 옛날 이야기로 치부되고 있지만 앞의 자료에서도 볼 수 있듯이 공교육이 아닌 사교육 차원에서 강남3구를 중심으로 한 '신 8학군' 신드롬은 여전히 맹위를 떨치고 있고, 이것이 주거 결정에도 가장 큰 영향을 미치는 변수가 되고 있는 상황이다. 그렇다면 학군을 기준으로 한 주거 전략은 어떻게 짜야 할까?

'학군 = 중학교'로 개념이 바뀌면서 학군이 주거에 직접적인 영향을 미치는 시기는 자녀가 초등학교 고학년이 되면서부터다. 좋은 중학교 주변으로 주거를 이동하기 위한 준비가 이때부터 시작된다. 좋은 중학교에 진학하는 게 좋은 고등학교와 대학교로 가는 지름길이라는 공식이 적용되는 것이다. 학교 알리미 사이트(www.schoolinfo.go.kr)에 들어가서 검색해보면 학업 성취율이나 특목고 진학률 등 이른바 '좋은 중학교' 선택에 도움이 되는 정보를 구할 수 있는데 학업성취사항에서 교과별 학업성취사항을 클릭한 뒤 국영수 등 주요 과목의 성적 결과(A ~ E)와 학

학교알리미 홈페이지 화면 | 출처: 학교알리미 홈페이지

생 현황에 들어가서 졸업생의 진로 현황을 보고 특목고 진학률 등을 참고하면 도움이 된다.

고등학교도 마찬가지 공식이 적용된다. 다음의 자료는 2021년 기준 서울 소재 일반고등학교 가운데 대학 진학률 상위 40위권에 든 학교의 지역을 보여주는 자료인데, 강남구와 서초구, 송파구 등 이른바 강남3구 소재 고등학교들이 18개로 전체의 절반 가까이 되고, 양천구와 노원구 등 사교육 발달 지역이 그 뒤를 잇고 있다. 좋은 학원이 모여 있는 지역에 좋은 중학교들이 주로 있고, 결국 이 근처에 좋은 고등학교 역시 자리 잡고 있어 '신 8학군 = 강남3구 + 양천구 + 노원구 = 좋은 중고등학교 = 높은 대학 진학률'의 공식이 딱 들어맞는다.

지역구	순위권 학교 개수	비율
서울 강남구	9개 학교	23%
서울 서초구	5개 학교	13%
서울 양천구	4개 학교	10%
서울 송파구	4개 학교	10%
서울 노원구	4개 학교	10%
서울 강서구	3개 학교	8%
서울 광진구	2개 학교	5%
서울 용산구 등	1개 학교	-

서울 일반계 대학 진학률 상위 40개 고등학교의 지역별 분포 | 출처 : 교육부

사정이 이렇다 보니 자녀 교육을 주거지 선택의 1순위로 생각하는 3040은 일단 재정 상황에 따라 강남3구와 양천구, 노원구를 우선순위로 삼을 수밖에 없다. 문제는 이들 지역이 서울에서도 집값이나 전세 가

격이 가장 비싼 지역이라는 것이다. 때문에 강북의 최대 학군지인 노원구 중계동이 가장 가성비가 좋은 '교육 우수 주거지'라는 별명을 얻고 있기도 하다. 참고로 서울과 광역시의 대표적인 '신 8학군' 지역을 소개한다.

서울 강남구 대치동, 양천구 목동, 노원구 중계동

경기도 성남시 분당구

대구 수성구 범어4동, 만촌3동

대전 서구 둔산동

광주 남구 봉선동

주요 학군 지역 주거 전략

우선 서울의 주요 학군 지역인 강남3구와 양천구, 노원구 지역에서 집을 구하는 방법부터 알아보자. 구축 매입 또는 임대, 2023년 올해와 내년에 입주하는 신축 물량 매입 및 임대, 그리고 공공분양 물량을 분양받는 방법이 있다. 각 지역의 시세 상황부터 살펴보자.

강남구 대치동

대치동 학원가는 대치4동 주민센터를 중심으로 한티역에서 대치2동 주민센터까지 직사각형 지역에 자리 잡고 있다. 재건축 아파트의 대명사인 은마아파트(4,424세대)를 중심으로 래미안 대치(1,608세대), 역삼 래미안(1,050세대), 도곡렉슬(3,002세대) 등 1,000세대 이상의 대규모 단지들이 도보 10분 안쪽 거리에 자리 잡고 있다. 그중 은마아파트를 중심으로 이 지역의 2023년 2 ~ 3월 기준 매매와 전월세 시세를 알아보자.

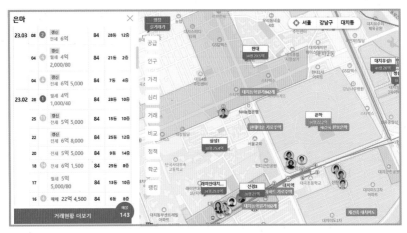

강남구 대치동 은마아파트 시세 | 출처 : 아실

전용면적 84제곱미터 기준으로 전세가 6억 원에 거래된 게 있고, 월세는 보증금 4억 원대 초반에 월 80만 원 전후 수준이며, 매매가는 2월 중순에 22억 원대에 거래된 게 보인다. 은마아파트는 워낙 오래된 아파트기 때문에 주변 신축 아파트에 비해 가격대가 낮은 편인데 특히, 자녀 교육 때문에 대치동을 선택하는 학부모들에게는 사는 것은 불편해도 한번 들어가볼 만한 아파트로 여겨진다. 참고로 인근 래미안 대치팰리스의 경우 전용면적 84제곱미터를 기준으로 전세는 14억 ~ 15억 원대, 월세는 보증금 5억 원에 월세 300만 원대, 매매가는 29억 원에 2023년 1월 거래가 이뤄졌다.

서초구 반포동

반포동의 학원가는 9호선 구반포역에서 고속터미널역 사이 구반포 지역과 삼호가든 사거리 주변에 집중되어 있다. 세화중고등학교 바로 옆에 있는 래미안 퍼스티지를 중심으로 인근 시세를 살펴보자.

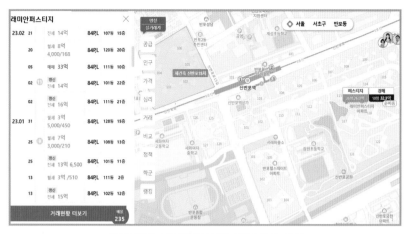

서초구 반포동 래미안 퍼스티지 시세 | 출처 : 아실

    2023년 2월 기준 전용면적 84제곱미터 기준으로 래미안 퍼스티지의 시세는 전세는 14 ~ 16억 원대, 매매는 33억 원 안팎, 월세는 보증금 7 ~ 8억 원에 200만 원 전후 수준에서 거래되었다. 래미안 퍼스티지가 반포자이와 함께 서초구의 상징적인 대단지라는 점에서 학군과 높은 시세가 맞물려 있는 대표적인 단지기도 하다. 삼호가든 사거리 쪽도 살펴보면 학원가를 안고 있는 반포미도1차의 경우 매매는 전용면적 84제곱미터 기준으로 2023년 2월 초에 21억 원 초반에 거래된 것이 있고, 전세는 3월 기준으로 5억 원에서 8억 원까지 넓게 분포되어 있다. 월세도 보증금 1 ~ 4억 원, 월 60 ~ 120만 원까지 다양하게 거래되었다.

송파구 잠실동

    송파구의 대표 학군인 잠실에서 학원 밀집 지역은 2호선 잠실 새내역에서 남쪽으로 9호선 삼전역 사이에 위치해 있다. 이 지역의 대표적인 대단지 아파트는 잠실엘스(5,678세대), 리센츠(5,563세대) 트리지움(3,696

세대), 그리고 레이크팰리스(2,678세대) 등이다. 올림픽대로를 타고 미사리 방면으로 갈 때 잠실 운동장을 지나자마자 우측으로 30층이 넘는 고층 아파트들이 즐비하게 서 있는 곳이 이 지역이다. 그중에서도 가장 큰 단지인 잠실엘스 아파트를 중심으로 시세를 살펴보자.

송파구 잠실동 엘스아파트 시세 | 출처 : 아실

워낙 대단지다 보니 2023년에 들어서도 매달 거래가 꾸준히 일어나고 있는데, 3월 기준 전용면적 84제곱미터 기준으로 전세는 9억 원 전후, 월세는 보증금 4 ~ 5억 원에 월 200만 원 전후, 매매는 19 ~ 21억원 선에 거래되었다. 인근의 트리지움도 전세가 8 ~ 9억 원, 월세는 2억원에 300만 원 전후, 매매는 19억 원 선에서 거래가 이뤄졌다. 이 지역의 신축 대단지 아파트들은 시세가 거의 이 수준이다.

양천구 목동

목동은 서부간선도로를 통해 진입해서 고가에서 내려가자마자 만나는 1단지를 시작으로 14단지까지 길게 자리 잡은 지리적 특징 때문에 학원가도 1 ~ 2단지, 7 ~ 8단지, 그리고 12 ~ 13단지 등 세 지역에 걸쳐 나눠져 있다. 각각에 있는 학원들이 웬만한 지역 한 군데 이상일 정도로 밀집도가 높은 게 특징이다. '목동 = 학원가'라는 말이 괜히 나온 게 아닌 셈이다. 이중에서 가장 많은 학원이 모여 있는 곳이 오목교역 인근에 있는 7 ~ 8단지 주변 지역이다. 이 지역에서 가장 세대수가 큰 신시가지 8단지 아파트의 시세를 보자.

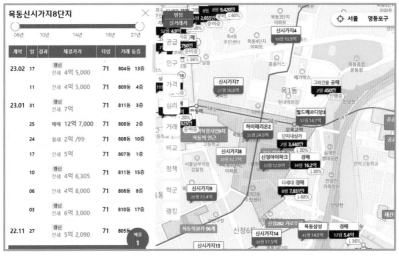

양천구 목동 신시가지 8단지 시세 | 출처 : 아실

2023년 2월 기준으로 가장 거래가 활발한 전용 71제곱미터(30평)의 전세는 4억 5,000만 원 ~ 7억 원 사이고, 월세는 보증금 2억 원에 100만 원 안팎, 매매는 12억 원대에 이뤄졌다. 강남에 비해 확실히 매매가가 한 단계 낮다는 걸 알 수 있다. 다만 전월세는 수요가 워낙 탄탄한 지역이라 강남에 비해 많이 저렴하지 않은 수준이다.

노원구 중계동

노원구 중계동의 학원 밀집 지역은 은행사거리 지역이다. 원래는 일반적인 신흥 상권들처럼 시중 은행 지점들이 몰려들면서 은행사거리란 이름이 붙었지만 지금은 사실상 학원들이 점령하고 있는 '학원사거리'가 더 적절한 이름일 듯하다. 이 지역에만 280개가 넘는 학원들이 밀집해 있으니 밀도만 놓고 보면 '노원구의 대치동'이라는 별명이 전혀 어색하지 않다. 그런데 왜 강북 지역에서도 특히 중계동이 입시학원의 메카가 되었을까? 노원구의 명문인 서라벌고등학교 때문이라는 설과 노원구 학부모들의 뜨거운 교육열 때문이라는 설 등이 있지만, 이보다도 은행사거리를 기반으로 성장한 대형 학원들 때문이라는 설이 더 유력해 보인다. 처음에 원장 혼자서 구멍가게식으로 시작했다가 실력을 인정받으면서 수강생도 늘고, 강사도 늘면서, 대형으로 성장했다는 것이다. 믿거나 말거나 수준의 이야기보다는 신빙성이 좀더 있는 이야기다. 이 지역의 대표적인 단지는 청구 3차 아파트다. 780세대로 길 건너 라이프청구신동아 아파트(960세대)보다 작지만 학원가 바로 옆이라는 점에서 대표격으로 불린다. 시세를 살펴보자.

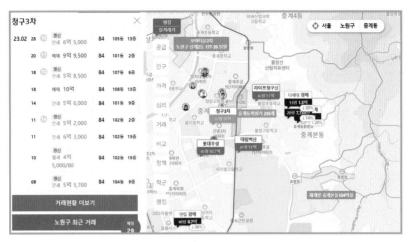

노원구 중계동 청구3차 아파트 시세 | 출처 : 아실

2023년 올해 2월 기준 전용 84제곱미터가 전세는 5 ~ 6억, 월세는 보증금 3 ~ 4억에 월 100만 원 안팎, 매매는 10억 원 선에서 거래가 이뤄졌다. 다른 학군 지역에 비해 전세와 월세 보증금의 차이가 많이 나지 않는 게 눈에 띈다. 그만큼 월세 수요가 많다는 의미다. 인근의 라이프 청구신동아 아파트의 경우는 평수가 좀 넓어서 매매가는 12억 원대, 전세는 최소 6 ~ 8억 원대, 월세는 보증금 1억에 200만 원 수준에서 거래되었다.

주요 학군지 입주 가능 물량

2023년 올해부터 오는 2025년까지 주요 학군 지역의 입주 물량을 살펴보면 강남구가 7,536세대로 가장 많다. 다음의 자료에서 보는 것처럼 대치동에 규모는 크지 않지만 두 개 단지가 들어서고, 내년 초에 개포동에 7,000세대에 가까운 대규모 단지(대치 퍼스티어아이파크)가 입주를 시작할 예정이다. 시기도 새학기가 시작되기 전이라 참고할 만한 단지다.

위치	단지명 —	입주년월 ∨	총세대수 —
서울 강남구 대치동	아티드(도시형)	2025년 6월	56세대
서울 강남구 개포동	디에이치퍼스티어아이파크	2024년 1월	6,702세대
서울 강남구 역삼동	원에디션강남(도시형)	2024년 1월	234세대
서울 강남구 논현동	루시아도산208(도시형)	2023년 7월	55세대
서울 강남구 대치동	대치푸르지오써밋	2023년 5월	489세대
		총 세대수	7,536세대

2023 ~ 2025년 강남구 입주 예정 물량 | 출처 : 아실, 분양물량조사

서초구에는 2023년 올해 여름쯤 3,000세대급 대단지(래미안 원베일리)가 입주를 시작할 예정이고, 이보다 앞선 6월쯤 300세대급 단지(르엘 신반포파크 애비뉴)도 학군이 우수한 잠원동에 들어선다.

위치	단지명 —	입주년월 ∨	총세대수 —
서울 서초구 방배동	엘크루방배서리풀(도시형)	2023년 11월	60세대
서울 서초구 방배동	방배센트레빌프리제(도시형)	2023년 10월	90세대
서울 서초구 반포동	래미안원베일리	2023년 8월	2,990세대
서울 서초구 잠원동	르엘신반포파크애비뉴	2023년 6월	330세대
		총 세대수	3,470세대

2023년 서초구 입주 예정 물량 | 출처 : 아실, 분양물량조사

보통 매매가나 전월세가 입주 시점을 전후해 약세를 보이는 경우가 많다는 점에서 매매든 전월세든 대규모 입주 단지를 공략할 필요가 있다. 만약 최근(3월 기준)의 집값 하락 분위기가 2023년 올해 말, 내년 초까지 이어진다면 대규모 물량이 한꺼번에 쏟아지는 입주 시점은 특히, 자녀 교육을 위해 잠시 강남 등 학군 중심지로 이주를 고민하는 사

람들에게는 절호의 찬스가 될 수 있다. 강남2구 외에 송파구와 노원구는 300세대 전후의 소규모 단지들이 몇 군데 입주하지만, 학원 중심가와는 거리가 있어 단순히 자녀 교육 목적으로만 이주를 결정하기에는 고민될 수 있다.

자녀 교육에 대한 본격적인 투자가 시작되는 시기에 주거 전략은 앞서 언급한 대로 특정 지역에 집중될 수밖에 없어서 학부모의 재력에 따라 매매, 전세, 월세가 감당되는 수준에서 강남 3구나 양천구 목동, 노원구 중계동 중 어느 곳으로 선택할지 결정된다. 이 역시 최근처럼 대출 금리가 높은 수준으로 유지되거나 더 높아진다면 선택지가 줄어들 수밖에 없을 것이다. 자녀 교육에 대한 관심과 투자는 모든 부모가 다 같은 마음일 것이다. 다만 능력을 벗어나는 과도한 투자는 마치 '영끌'처럼 후유증이 오래갈 수 있다는 점에서 적절한 수준에서 제동을 거는 자제심도 필요할 것으로 생각된다.

자녀 독립 전후 : 40대 중반 ~ 50대 후반

이번에는 자녀 교육이 아닌 그야말로 주거 차원에서 4050의 주거 전략을 살펴보자. 4050은 주거 정책과 관련해서 참 할 말이 많은, 한마디로 억세게 '운이 없는' 세대다. 2030이나 신혼부부에게는 정부의 금융 지원이나 공급 정책이 집중되는 반면, 4050은 '이미 벌어놓은 게 있는 세대다', '사회 주도 계층이다', '가장 소득이 높은 세대다'라는 등의 이유로 유난히 주거 정책에서 '소외'되고 있기 때문이다. 서울시에서 조사한 4050세대 주거 실태 조사 결과를 보자.

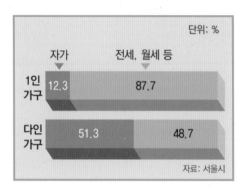

단위: %

자가 | 전세, 월세 등

1인 가구 12.3 | 87.7

다인 가구 51.3 | 48.7

자료: 서울시

서울시에 거주하는 4050의 주거 실태 | 출처 : 서울시, 동아일보

4050세대 가운데 자기 집에서 사는 사람은 절반 수준밖에 안 된다. 심지어 4050 중 1인 가구는 10명 중 1명만 집을 갖고 있다. '주거 현실이 이런데, 뭐가 잘 나가는 세대라는 거지?'라는 생각이 들 법하다. 자기 집을 갖고 있는 신혼부부의 비율이 40%가 넘는 것을 감안하면 10년 이상 사회생활을 했어도 내 집 마련을 한 사람은 불과 10%포인트 정도 늘지 않은 셈이니 주거 사정이 별반 나아지지 않았다는 이야기다. 게다가 인구통계학적으로 볼 때 4050은 베이비붐 세대 바로 다음으로 젊은 세대에 비해 인구수가 월등히 많다.

연령대	전체				남자		여자	
		비율	성비	'21.12월 대비		비율		비율
10세 미만(0-9)	3,697,734	7.2%	1.05	-62,616	1,895,034	7.4%	1,802,700	7.0%
10대(10-19)	4,699,914	9.1%	1.07	-9,402	2,425,933	9.4%	2,273,981	8.8%
20대(20-29)	6,594,325	12.8%	1.10	-61,598	3,458,271	13.4%	3,136,054	12.1%
30대(30-39)	6,673,424	12.9%	1.07	-50,011	3,450,690	13.4%	3,222,734	12.5%
40대(40-49)	8,157,546	15.8%	1.03	-9,246	4,143,551	16.1%	4,013,995	15.5%
50대(50-59)	8,638,696	16.7%	1.02	3,485	4,367,991	17.0%	4,270,705	16.5%
60대(60-69)	7,237,134	14.0%	0.96	72,422	3,547,270	13.8%	3,689,864	14.3%
70대(70-79)	3,749,844	7.3%	0.83	34,760	1,704,327	6.6%	2,045,517	7.9%
80대(80-89)	1,881,691	3.6%	0.56	46,210	675,122	2.6%	1,206,569	4.7%
90이상(90-100)	280,387	0.5%	0.29	7,882	62,395	0.2%	217,992	0.8%
총합계	51,610,695	100.0%	0.99	-28,114	25,730,584	100.0%	25,880,111	100.0%

2022년 기준 연령별 인구 현황 | 출처 : 행정안전부

　인구는 가장 많은데, 자기 집에 사는 사람이 절반밖에 안 된다면 그만큼 4050의 주거 안정성은 다른 연령대에 비해 더 열악한 셈이다. 주거 안정성뿐만 아니라 소득 수준도 40대에서 최고점을 찍고 50대로 넘어가면 감소세로 돌아선다. 50대에 들어서면 사실상 퇴직 시기가 가까워지기 때문이다.

2022년 연령별 평균연봉 (단위: 만원)		
구분	남자	여자
20~24세	2,462	2,535
25~29세	3,284	3,171
30~34세	4,166	3,742
35~39세	4,942	3,967
40~44세	5,600	3,754
45~49세	6,051	3,376
50~54세	5,953	3,110
55~59세	5,271	3,884

2022년 연령별 평균 임금 | 출처 : 고용노동부, 중앙일보

남성 기준으로 40대 후반이 6,000만 원대로 가장 높지만 이때를 정점으로 50대로 넘어가면서 바로 줄어든다. 주거비나 자녀 교육비 등 비용이 가장 많이 드는 시기지만 소득이 가장 높은 시기는 잠깐인 셈이다. 게다가 취업난, 높은 주거비 등의 이유로 자녀의 독립이 늦어지는 것도 4050세대에게는 큰 부담이다.

□ 부모와 동거하는 청년 비율은 57.5%(남>여, 수도권>비수도권)

구분(%)		합계	부모 동거	부모 비동거
전체		100.0	57.5	42.5
지역별	수도권	100.0	59.7	40.3
	비수도권	100.0	55.0	45.0
성별	남자	100.0	59.7	40.3
	여자	100.0	54.9	45.1

부모와 동거하는 청년 비율 | 출처 : 국무조정실, 머니투데이

절반이 넘는 청년이 부모와 같이 살고 있고 특히, 남성 자녀의 비율은 무려 60%에 육박한다. 아들 10명 중 6명이 학교도 졸업하거나 심지

어 취업을 하고도 부모 집에 얹혀살고 있는 것이다. 퇴직 시기는 가까워 오는데 내 집에 사는 사람은 전체의 절반밖에 안 되고, 게다가 지출을 줄일 수 있는 가장 큰 대상인 자녀의 독립마저 늦어지면서 생애 가장 많은 지출을 하는 생활 구조가 더 장기화될 수밖에 없는 게 대한민국 4050의 현실인 셈이다. 그렇다고 자식에게 "나도 살아야 되니 이제 독립해서 나가라!"라고 할 수 있는 한국의 부모가 얼마나 되겠는가? 그럼 억수로 '운이 없는, 심지어 불행한 세대'는 은퇴에 앞서 주거 문제를 어떻게 해야 하나?

아직 늦지 않은 '내 집 마련'

아직 집이 없다면 가급적 마련하는 게 일단 낫다. 2021년 기준으로 고령층의 빈곤률이 35%에 달하고, 노후 소득도 월평균 40만 원, 국민연금 수급액도 60만 원이 채 안 되는 우리 현실에서 집은 사실상 최후의 안전판 역할을 하기 때문이다. 살던 집을 팔아서 작은 집으로 옮기고 남은 돈으로 소득을 유지하거나 주택연금으로 돌려서 부족한 생활비에 보탤 수도 있다. 물론 이 시기에 영끌을 하는 것은 적절하지 않다. 자신의 재정 상황, 소득 상황, 노후 설계에 부합하는 선에서의 내 집 마련이 중요하다.

이 시기의 내 집 마련 전략은 우선 윤석열 정부의 대표적 주거 정책인 '뉴:홈'을 공략할 필요가 있다. 뉴:홈은 무주택 서민과 청년 신혼부부의 내 집 마련과 주거 안정을 위한 공공주택 공급 정책이다. 향후 5년간 50만 가구를 공급하겠다는 것인데, 이 가운데 신혼부부 전용 155,000가구와 미혼 청년 전용 52,500가구를 제외하고 일반 무주택자 18만 가구, 생애최초 주택 구입자 112,500가구 등 총 292,500가구에 대해 4050과 신혼부부 기간을 넘은 3040, 그리고 비혼 가구가 내 집 마련의 기회를 잡을 수 있다.

25만 가구 공급, 주변 시세 대비 70% 수준으로 분양, 5년 의무 거주 후 환매 시 시세 차익 70%만 확보하는 방식의 나눔형과 10만 가구를 6년간 저렴하게 임대 후 분양 여부를 선택하는 선택형, 그리고 15만 가구를 공급하고, 시세 대비 80% 분양하는 방식의 일반형, 이 세 가지 공급 유형 가운데 선택하면 된다. 어떤 유형을 선택하든지 시세보다 최소 20% 이상 저렴한 분양가로 내 집을 마련할 수 있는 기회다. 다만 뉴:홈으로 공급되는 50만 가구 가운데 청년과 신혼부부 특별공급으로 20만 가구가 분양되고, 생애최초 구입자 대상 11만 가구도 이들과 경쟁해야 한다는 점에서 그만큼 오랜 기간 무주택으로 지내온 4050의 내 집 마련 기회가 줄어든다는 점은 아쉽다. 특히, 가점제 중심으로 운영되어오던 민영주택 청약 시장에도 추첨제가 신설되면서 청년이나 신혼부부에 비해 높은 가점으로 청약 당첨을 기다려온 4050세대에게는 기회가 줄어들었다. 이들 입장에서는 "왜 나한테만 이래!"라는 생각이 들 법하다. 때문에 정부도 이런 4050의 불만을 고려해 일반 공급 비율을 15%에서 30%로 상향하고, 다자녀·노부모 특별공급을 30% 배정하겠다고 밝힌 상황이다. 뉴:홈 공공분양에 청약할 수 있는 4050의 자격 조건과 자산 소득 요건은 다음 자료를 참고하자.

생애최초	• 주택소유이력이 없고, • 배우자or 미혼자녀가 있는 • 소득세 5년 납부자	• 월평균소득 130% 이하 • 순자산 3.4억원 이하
중장년층	• 다자녀·노부모 등	• 월평균소득 120% 이하 등 • 순자산 3.4억원 이하

* 일반형은 특공·일반공급 모두 기존 기준 유지(부동산 2.16억원 이하, 자동차 0.36억 이하)
** 선택형의 경우에는 소득요건 등 적용 시 가구원별 기준 적용

4050 청약 자격 및 소득 자산 요건 | 출처 :국토교통부

생애최초 주택구입 자격 요건에 해당하는 전년도 월평균 소득 130% 이하는 2인 가구의 경우 593만 원, 3인은 811만 원, 4인은 922만 원이고, 중장년층 청약 자격 요건인 월평균 소득 120만 원은 2인 기준 547만 원, 3인 748만 원, 4인 851만 원이다. 뉴:홈에서 2023년 올해 확정된 분양 일정은 일반형으로 3,165 가구가 분양되는데, 지역은 인천 계양, 파주 운정, 화성 태안, 성남 신촌 등이다.

공급계획	공공분양 (14개 단지, 총 6,353호)					공공임대 (46개 단지, 총 11,683호)
	지구명	블록	주택규모	호수	비고	
3월	-					군산금암(150), 광명하안3(6)
4월	-					성남신촌2(812), 밀양가곡(104)
5월	-					진주평가(140)
6월	위례A2-7BL	1	600이하	440	신혼희망타운	성남복정1(234), 강동천호(94), 서울대평(61), 부천괴안(96), 수원매산(58), 광주선운2(483)
	파주운정3	A22	60초과850이하	642	-	
	화성태안3	B-3	60초과850이하	688	-	
7월	성남신촌	A2	600이하	320	-	부천원종(28), 화천산음(120)
8월	고양장항	A-2	600이하	371	신혼희망타운	
	서울대방(복합개발)	1	600이하	122	신혼희망타운	
9월	-					화성봉숙2(1,050), 고양장항(1,242), 홍천요가(100), 강원고성(100), 진천센텍(170), 김제지평선(120), 전남목성(120), 경북의성(140), 정황평곡(132)
10월	서울공릉(복합개발)	1	600이하	154	신혼희망타운	부천도당(136), 평택고덕(1,295), 부산문현2(48), 충북옥천(70)
	부산문현2	01	600이하K302호), 60초과 050084466호)	768	-	
	인천계양	A2	600이하K539호), 60초과 050084466호)	747	-	
	인천계양	A3	600이하	359	신혼희망타운	
11월	-					전북장수(120), 제주이라(24), 행정중심복합도시(159)
12월	인천가정2	A2	600이하	534	신혼희망타운	위례(219), 인천신문(130), 인천석람(108), 화성비봉(329), 문산산유(720), 울산신호2(417)강원삼산(100), 철원육송가(90), 증평창통(32), 대전죽동(800), 익산제3공단반산단(200), 해남화원(400), 대구죽변(105), 경주황성(137), 창녕영산(150), 행정중심복합도시(238), 세종조치원역(151)
	수원당수	A5	600이하	484	신혼희망타운	
	의왕청계2	A1	600이하	320	신혼희망타운	
	남양주역세권	A-3	600이하	404	신혼희망타운	

(단위: 호)

LH 2023년 분양 임대주택 공급계획 | 출처 : LH

이번에는 민간분양 물량도 살펴보자. 2023년 올해 서울 지역에 분양이 확정되었거나 예정인 곳은 다음과 같다.

2023년 8월 예상	방화6구역재건축	강서구 방화동
2023년 9월 예상	서대문센트럴아이파크	서대문구 홍은동
2023년 11월 예상	도곡삼호재건축 래미안레벤투스	강남구 도곡동
2023년 11월 예상	방배삼익아파트재건축	서초구 방배동
2023년 12월 예상	기린동산빌라소규모재건축사업	마포구 동교동
2023년 12월 예상	시흥현대아파트재건축	금천구 시흥동
2023년 12월 예상	보문5구역 현대아이파크	성북구 보문동1가
2023년 12월 예상	잠실진주래미안	송파구 신천동
2023년 중	래미안원페를라 방배6구역	서초구 방배동
2023년 상반기 예상	이문아이파크자이(단지명변경예정) 이문3구역	동대문구 이문동
2023년 중	래미안원펜타스 신반포15차	서초구 반포동
2023년 중	사당동지역주택조합	동장구 사당동
2023년 중	청담삼익롯데캐슬	강남구 청담동

2023년 서울 민간분양 아파트 예상 일정

각 단지의 분양 시기와 분양 세대수 등 구체적인 내용은 한국부동산원의 청약홈 앱이나 다방, 아실 등 부동산 정보 앱, 분양알리미 등 알림 서비스 앱을 활용하면 된다. 이 책에서는 주로 서울 지역을 다루지만, 지방 분양 일정이나 규모 등도 역시 이런 앱 등을 통해 정보를 확인할 수 있다.

공공분양 VS 민간분양

공공분양과 민간분양의 차이도 알아보자. 공공분양은 국가나 지자체, LH, SH공사 등 공공기관이 주체가 되어 국민주택규모의 주택을 공급하는 방식이다. 민간분양은 공급 주체가 민간 건설사인 방식을 말한다. 공공분양은 청약통장은 가입기간과 납입 횟수가 가장 중요하다. 일단 가입 기간은 최소 6개월 이상이어야 하는데, 투기 과열 지구나 청약 과열 지역은 24개월 이상, 수도권은 12개월 이상이 되어야 한다. 납입 횟수도 서울과 수도권은 12회 이상, 지방은 6회 이상이 기본이다. 공공분양에서 1순위가 되려면 청약통장 납입 인정 횟수가 24회 이상이 되는 게 중요하다. 납입 인정 횟수라는 것은 매달 연체 없이 10만 원씩 납부한 것을 의미하는데, 만약 1만 원이라도 모자라면 인정이 안 된다. 또 수도권의 투기 과열 지구나 청약 과열 지구에 분양되는 공공분양의 경우 해당 지역에 2년 이상 거주해야 하는 조건도 충족시켜야 한다.

민간분양의 청약통장은 가입 기간과 예치금이 중요한데, 가입 기간은 공공분양과 같고 예치금은 납입 횟수와 무관하게 입주자 모집 공고일 기준으로 예치 기준 금액 이상이면 된다.

공급받을 수 있는	지역		
주택의 전용면적	특별시 및 부산 광역시	그 밖의 광역시	특별시 및 광역시를 제외한 지역
85㎡ 이하	300	250	200
102㎡ 이하	600	400	300
135㎡ 이하	1,000	700	400
모든 면적	1,500	1,000	500

(단위: 만 원)

민영주택 청약 예치금 | 출처 :SH공사

2023년 올해 3월부터 청약제도에 변화가 있다. 위축되는 부동산 경기를 살리기 위해 청약제도에도 일부 규제가 완화되었는데, 청약에 당첨된 1주택자의 기존 주택 처분 의무가 폐지되었고, 투기 과열 지구에서도 분양가 9억 원이 넘는 주택에 대해서도 다자녀, 노부모 부양, 생애 최초 주택 구입자 대상 특별공급 물량이 배정된다. 물론 이 대상에는 신혼부부도 들어 있다. 무순위 청약요건도 대폭 완화되어 지역이나 보유한 주택수에 상관없이 무순위 청약, 이른바 '줍줍'이 가능해졌다. 다만, 공공주택은 여전히 무주택 세대주만 청약이 가능하다.

결혼식 축의금도 세무 조사가 나온다?

축의금을 자녀에게 줘도 증여세 세무 조사가 나오지는 않는다. 축의금이 1억 원이 넘어간다거나 자녀가 거액의 전세금을 내는 등 상식적인 수준이 아닌 경우 외에는 국세청에서 조사에 들어갈 정도로 한가(?)하지 않다.

자녀가 결혼할 때 임대 보증금을 도와주는 것도 세금을 낸다?

자녀의 주택 구입 자금이나 임대 보증금을 무이자로 빌려줄 경우 법정 이자 4.6%에 해당하는 연간 이자 천만 원 이하일 경우 증여세를 내지는 않는다. 4.6% 금리로 연간 이자가 천만 원일 경우 원금 기준으로는 2억 1,700만 원 정도다. 그러니까 차용증을 써서 빌려주는 방식일 경우 나중에 갚기는 해야 하지만 2억 1,700만 원까지는 현금을 줘도 세금이 발생하지 않는다.

1주택자가 자녀 교육 때문에 자신의 집은 임대를 주고 대치동(학군지)으로 옮겼을 때 세금 문제는 어떻게 될까?

월세로 임대를 주면 소득이 발생하기 때문에 소득세를 내야 한다. 다만 전세는 소득이 따로 발생하는 게 아니기 때문에 딱히 과세 대상이 아니다. 특히, 한 채는 크게 신경을 쓰지 않아도 된다. 다만 집값이 비싸면 신경이 쓰일 수밖에 없다. 내가 월세로 내준 집이 공시가격 12억 원(시세 15억 원 전후)을 초과할 경우 월세 소득이 연 2,000만 원을 초과하면 종합과세 대상이 되는데, 만약 부부 공동명의로 되어 있을 경우 분리과세나 종합과세 가운데 선택할 수 있다. 전세는 12억 원 이상이어도 한 채일 경우 비과세다.

<관련 법>

주택임대소득 계산 방법(소득세법 제64조의2)

(1) 수입 금액 2,000만 원 이하인 경우, 종합과세와 분리과세 선택 가능 ⇒ Min(①, ②)

① 종합과세 : (주택임대소득 + 종합과세 대상 다른 소득) x 누진세율(6~45%)

② 분리과세 : 주택임대소득 x 14% + 종합과세 대상 다른 소득 x 누진세율 (6~45%)

(2) 수입금액 2,000만 원 이하, 분리과세 선택 시 세액 계산

[(수입금액(월세) - 수입금액(월세) x 50%) - 기본공제 200만 원*] x 세율 14%

* 기본공제 200만 원은 분리과세 주택임대소득을 제외한 해당 과세 기간 종합소득금액이 2,000만 원 이하인 경우에 적용, 세무서와 지자체 주택임대사업에 미등록했다는 가정

자녀 양육비로 한 달에 200만 원 이상 들어가는데, 이는 세액공제 대상이 될까?

현재로서는 자녀에게 주는 학비나 용돈, 생활비 등에 대해서는 정부가 한푼도 비용으로 인정해주지 않는다. 20세 이하 자녀에 대해 1인당 연간 100만 원의 공제를 해주는 게 전부다. 한마디로 자녀에게 쓰는 돈 가운데 1년에 100만 원만 비용으로 인정해준다는 이야기다. 만약 자녀가 2명 있고, 한 명 당 월 100만 원씩 월 200만 원, 연 2400만 원의 비용이 실제로 들어간다면 연간 세금공제 혜택은 10%도 안 되는 200만 원만 인정되고 나머지 2,200만 원은 그냥 부모의 비용으로 나가는 셈이다. 우리나라의 합계 출산률이 지난해 기준 0.78명으로 전 세계에서 가장 낮은 상황인데, 저출산의 원인 가운데 이러한 세금 문제도 한 가지 이유로 볼 수 있지 않을까? 적어도 저소득층 가구나 연소득 7,000만 원 이하 가구 등 국민이 합의할 수 있는 상식적이고, 합리적인 수준에

서 자녀 양육비에 대한 세금공제 혜택을 늘려주는 정책이 저출산 문제 해결에 큰 도움이 되지 않을까 생각한다.

(도움 말씀 : 소진수 공인회계사, 김은정 세무사)

은퇴 전후

60대 이상 고령층은 어떻게 살고 있나?

최근 65세로 정년을 연장하고, 노인층의 기준도 65세에서 70세로 상향 조정해야 한다는 목소리가 높아지고 있다. 우리나라의 고령화가 G20은 물론 경제협력개발기구 OECD 회원국 가운데서도 가장 빠르게 진행되고 있기 때문이다. 다음의 자료는 우리나라가 초고령사회 즉, 고령인구 비율이 전체 인구의 20%를 넘어서는 시기에 대한 전망을 담고 있다.

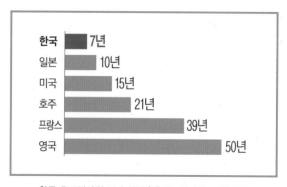

한국 초고령사회 도달 시기 | 출처 : 통계청, 경향신문

고령사회 즉, 전체 인구의 14% 이상이 고령인구인 상황에서 초고령사회로의 진입이 불과 7년밖에 걸리지 않는 것으로 예측되었다. 흔히 전 세계에서 가장 '늙은 나라'로 알고 있는 일본도 10년 걸린 일이 우리는 불과 7년밖에 걸리지 않을 것이라는 무서운 전망이다. 국가가 빠르게 나이들어가고 있다는 사실과 그런 상황을 그 국가와 사회가 준비하고 있느냐는 전혀 별개의 문제다. 우리에 앞서 전 세계에서 가장 고령

화가 빠르게 진행되었던 일본은 물론, 복지가 좋기로 이름난 북유럽 국가들, 미국과 서유럽 국가도 고령화 문제는 다들 고민이 깊은 사안이다. 자본주의 시스템으로 접근하기에는 아주 '고비용 저효율'의 구조기 때문이다. 다른 나라의 사정은 차치하고, 우리 국가와 사회는 얼마나 준비되어 있을까?

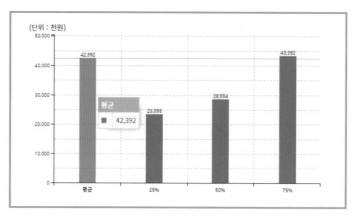

2022년 가계금융복지조사 노후 준비 실태 | 출처 : 통계청

이 자료는 통계청이 발표한 지난 2022년 가계금융복지조사의 결과이다. 이중 노후 준비 관련 부분을 보면 노후 준비가 잘되어 있다고 답한 사람은 9%가 채 안 되고, 잘 안 되어 있다고 답한 사람은 응답자의 절반(52.6%)이 넘었다. 보통이라고 응답한 사람들도 노후 준비에 아직 자신이 없는 사람들이라고 한다면 현재 국내 가계 가운데 노후 준비가 잘되어 있다고 자신 있게 이야기할 수 있는 사람은 10명 중 1명 정도밖에 안 된다는 이야기다. 그렇다면 노후에 필요한 최소 생활비와 적정 생활비는 어느 정도 수준일까?

		필요최소노후생활비		필요적정노후생활비	
구분		부부기준	개인기준	부부기준	개인기준
성별	남	2,046	1,279	2,848	1,820
	여	1,945	1,217	2,714	1,740
연령대	50대 미만	2,224	1,418	3,328	2,084
	50대	2,193	1,391	3,068	1,983
	60대	2,071	1,290	2,888	1,838
	70대	1,819	1,134	2,513	1,617
	80대 이상	1,623	999	2,268	1,440

(단위: 천원)

노후에 필요한 최소 생활비 및 적정 생활비 | 출처 : 국민연금공단

이 자료는 국민연금공단이 지난해 조사한 중고령자 경제생활 실태 조사 결과인데, 최소한의 기본적인 노후 생활을 위해 노인 부부 가구는 월 1,987,000원, 1인 가구는 1,243,000원이 필요하다고 답했다. 특별한 질병이 없는 건강한 노년을 가정할 때 적정한 생활비로 부부 가구는 월 277만 원, 1인 가구는 1,773,000원이라고 대답했다. 만약 서울에 거주한다면 비용은 훨씬 크게 늘어난다. 적정 생활비는 부부 가구 330만 원, 1인 가구 205만 원 수준으로 응답해 광역시(2,799,000원, 1,739,000원)나 도 지역(2,587,000원, 1,701,000원) 주거자보다 적게는 50만 원, 많게는 70만 원 이상 높았다.

부부가 나란히 국민연금을 20년 이상 꼬박 부어도 매달 수령하는 금액은 약 196만 원(1인 98만 원)이라는 점에서 부부 기준으로 봐도 국민연금이 최소 생활비의 60%에 미치지 못하는 셈이다. 노후 부담을 감당하기에는 턱없이 모자란 액수인데, 노후에도 서울살이를 한다면 생활비 압박은 더 커질 수밖에 없다.

현재 노후 생활을 하고 있다고 밝힌 사람들의 생활비 마련 방법은 기

초연금(다중 응답 25.6%), 자식 또는 친척에게 받는 생활비나 용돈(19.4%), 국민연금(15.2%), 배우자 소득(11.0%), 적금·예금(10.2%) 등 순이었다. 기초연금과 국민연금 등 연금(40%)과 자기 자금(예금 적금 10%)가 비교적 안정적 자금조달원인 셈이니 나머지 노후 생활비의 절반은 언제든지 없어질 수 있는 소득이다. 노후가 불안할 수밖에 없는 이유다. 그러면 고령층의 소득 상황은 어떨까?

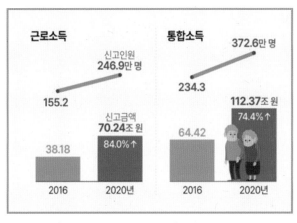

60세 이상 고령층 근로소득 현황 | 출처 : 국세청, 연합뉴스

자료를 살펴보면 2016 ~ 2020년까지 5년간 고령층의 근로소득은 84%, 근로소득, 연금소득, 이자소득, 사업소득 등 합산 소득은 74%가 각각 늘었다. 근로소득이 늘었다는 이야기는 사실 60세가 넘어서 은퇴하고, 그동안 벌어놓은 것으로 편하게 사는 사람들보다 계속 일해서 먹고사는 노인들이 늘었다는 이야기여서 어찌 보면 '웃픈' 이야기일 수도 있다. 또 통합소득이 크게 늘어난 것 역시 이 기간 동안 집값이 크게 올랐던 것이 반영된 것이어서 지난해 하반기부터 집값이 급락하고 있는 것을 감안하면 다음 조사 때는 통합소득 증가율이 크게 하락할 가능성

이 높다.

고령층의 근로소득의 질도 썩 좋지 않다. 60세 이상 고령층의 43.9% 는 월평균 중위임금(2022년 기준 250만 원)의 50% 이하, 그러니까 120 ~ 130만 원 정도를 받고 있고, 고용의 질도 10명 중 8명 이상이 비정규직 이어서 늘 고용 불안을 안고 일하는 것으로 조사되었다. 이런 상황은 글 로벌 무역 규모 10위인 우리나라가 고령층 빈곤율은 OECD 회원국 가 운데 압도적으로 1위인 불명예스러운 결과로 이어지고 있다.

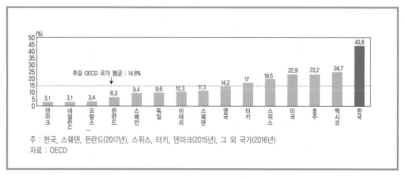

OECD 회원국 고령층 빈곤율 비교 | 출처 : OECD, 금융연구원

고령 가구의 주거 전략, 이렇게 짜보자

고령 가구는 75.7%가 자신의 집에 거주하고 있고, 임대 가구는 19.6%로 집계되었다. 이중 아파트 거주가 44%, 단독주택 거주가 43%, 다세대가 7% 로 각각 집계되었다. 임대로 사는 고령층의 RIR(월소득 대비 월세 비율)은 29.4%로 버는 돈의 3분의 1을 주거비로 쓰고 있었다. 고령 층의 월소득이 근로자 중위소득(250만 원)의 절반 수준에 그치고 있는 상 황에서 그 소득의 3분의 1이 주거비로 빠져나가고 있으니 당연히 생활 비로 쓸 수 있는 돈이 적을 수밖에 없다. 자가 주거자가 3분의 2가 넘는

다는 사실이 그나마 다행인 셈이다.

60세 이상 세대의 주거 전략은 내 집 마련 중심의 다른 세대와 차이가 있다. 대부분 은퇴를 한 이후의 시기고, 자녀들이 독립한 이후기 때문에 지역이나 집 크기 등에서의 변화도 모색할 수 있다. 여기에 또 중요한 변수가 앞에서 소개한 대로 소득이 대폭 줄어든 점으로 이를 간과할 수 없다. 정규직을 통한 근로소득은 대부분 50대 초중반에 이미 끊긴 상태고, 근로소득이 있더라도 최저임금 수준의 비정규직 근로가 일반적인 시기다. 이미 해오던 사업을 계속할 수 있는 경우는 매우 일부에 국한되기 때문에 기본적으로 소득이 한창 때의 절반 이하 수준이라는 점을 토대로 주거 전략을 짜는 게 현실적이다. 크게 안정적 주거 마련과 보유 중인 집의 변화 모색, 집을 제외한 다른 주거시설을 활용하는 법으로 나눠서 소개한다.

앞에서 언급했듯, 65세 이상 고령층 가운데 25%는 여전히 남의 집에서 산다. '독거노인'이라는 말이 새삼스럽지 않은 세상이다. 65세 이상 인구의 절반이 빈곤층이고, 특히 76세 이상은 10명 중 거의 6명이 빈곤층인 것이 현실이다. 이 시기에 내 집 마련은 부채를 최소화해야 한다는 점에서 민간분양 주택을 구입하는 것은 오히려 어깨 위에 큰 짐을 안고 사는 것과 같다. 현실적으로 적절한 선택지는 아닌 셈이다. 최대한 주거 안정 측면에서 접근한다면 내 집 마련은 공공주택을 분양받는 게 가장 합리적이다. 윤석열 정부에서 발표한 뉴:홈 정책은 앞으로 5년간 공공분양 50만 가구와 공공임대 50만 가구를 분양하겠다는 내용이니, 고령층의 분양 기회가 좁기는 하지만 무주택이고, 생애최초 주택 구입자라면 조건을 따져볼 만하다.

뉴·홈 공공분양

공공분양 50만 가구 가운데 고령층이 청약을 넣을 수 있는 가구는 일반 무주택자 대상 18만 호와 생애최초 112,500호 등 총 292,500호다. 다만, 4050과 겹친다. 생애최초의 경우 전년도 근로자 평균소득의 130%(3인 이하 846만 원)이하일 경우 우선공급 대상이 되고, 130 ~ 160%(3인 기준 1,041만 원)를 초과할 경우 일반공급 대상이 된다. 전체 공급 물량의 30%는 추첨제로 뽑는데, 여기에는 청년이나 신혼부부까지 모두 자격이 되므로 그만큼 당첨 가능성이 낮아진다. 또 자산가액이 3억 3,100만 원을 넘지 않아야 한다. 분양가가 최대 시세의 80%고, 1.9 ~ 3.0%의 고정 금리로 최대 5억 원까지 대출해주므로 이자를 감당할 여력이 있는 고령층은 도전해볼 만하다. 뉴:홈의 공공임대 물량도 조건이 좋다. 저소득 취약계층 공급 비중이 전체 물량의 86%에 달하기 때문에 내 집은 아니지만 시세보다 저렴한 조건으로 안정적인 주거 공간을 마련할 수 있다.

SH공사 임대주택

내 집 마련이 어려운 상황이라면 서울시(SH공사)에서 공급하는 임대주택도 눈여겨보자. 도시형 생활주택은 전년도 도시근로자 월평균 소득의 70%(1인 가구 209만 원, 2인 가구 319만 원)일 경우 30년 동안 월 임대료 167,000원에 이용할 수 있다. 기존 주택 전세 임대 역시 같은 자격 조건인데, 전세보증금을 최대 1억 450만 원까지 월 1 ~ 2%의 낮은 대출 금리로 빌려준다. 최대 20년까지 거주가 가능하다.

장기안심주택은 월평균 소득액 100%(1인 가구 299만 원, 2인 가구 456만 원)이하, 자산 2억 1,550만 원 이하, 3,496만 원 이하의 차를 보유하고 있으면 역시 자격이 된다. 보증금의 30%, 최대 6,000만 원까지 무이자로 10년까지 지원해준다. 지원 기간이 짧은 게 아쉬운 상품이다.

영구임대주택은 월평균 소득 70% 이하, 생계 의료수급자 등이 대상이고, 보증금 280만 원, 월 임대료 59,000원에 50년 이상 살 수 있다. 저소득 고령자에게 맞춤한 상품이다.

국민임대주택은 소득 1 ~ 4분위, 월평균 소득 70% 이하, 총자산 2억 9,200만 원, 3,496만 원 이하의 차를 보유하고 있으면 신청할 수 있다. 보증금이 최대 6,100만 원이고, 월 임대료는 22 ~ 37만 원 수준으로 30년 동안 이용할 수 있다.

장기전세주택(쉬프트)도 청약저축이 있고, 월평균 소득 100 ~ 150%(1인 가구 448만 원, 2인 가구 684만 원)인 사람들이 대상이고, 평균 보증금이 2억 2,500만 원이며 20년간 사용할 수 있다.

매입임대주택은 서울시가 다가구를 직접 매입해 임대해주는 방식으로 생계 의료급여 수급자가 1순위고, 월평균 소득 50%(1인 가구 149만 원, 2인 가구 228만 원)이 2순위여서 저소득 고령자들이 거주하기 좋은 공공임대주택이다. 평균 보증금 2,000만 원, 월세가 20만 원 수준이다. 20년 동안 쓸 수 있다.

공공지원 민간임대주택은 서울시가 민간기업의 임대주택에 지원하는 방식으로 월평균 소득 100% 이하일 경우 1순위로 주변 시세의 85% 가격으로 10년간 이용할 수 있고, 사회주택은 월평균 소득 70% 이하이면 최대 10년간 거주할 수 있는 자격이 된다.

자세한 내용은 SH공사 인터넷청약시스템(www.i-sh.co.kr)에서 확인하거나 대표전화(1600-3456)로 문의하면 된다.

고령자복지주택(공공실버주택)

LH에서 시행하는 고령자복지주택은 65세 이상 저소득 고령자의 주거와 건강, 돌봄 등 여러 복지서비스를 제공하는 공공임대주택으로 주거와 사회복지시설이 합쳐진 형태다. 인터넷에서 찾아보면 공공실버주택이라는 것이 있는데, LH측은 공공실버주택이 고령자복지주택으로 이름이 바뀐 것이어서 같다고 보면 된다고 밝혔다.

고령자복지주택은 국토교통부와 지방자치단체와 협의를 거쳐 진행되는데, 2019년에 처음 도입되어 현재 전국 37개 지구에 3,600가구가 운영 중이고 2027년까지 매년 1천 가구 이상을 공급하겠다는 게 정부의 계획이다. 다음 자료를 보면, 고령자 복지주택이 들어선 지역들이 나오는데, 대부분 지방에 위치해 있고, 수도권에서는 3기 신도시 지역에 들어설 계획인데, 시행 주체인 LH는 인천 계양 신도시에 100채, 남양주 왕숙 1지구와 2지구에 각각 100채씩 300가구를 공급할 계획이다.

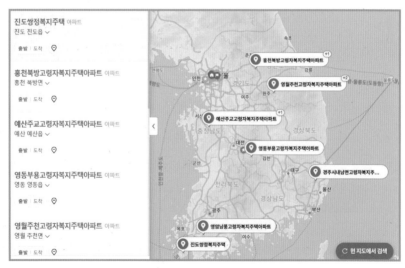

전국 고령자복지주택 위치 | 출처 : LH, 네이버지도

다만 3기 신도시의 입주 시점이 아직 6 ~ 7년 이상 남아서 2030년 가까이나 되어야 들어갈 수 있을 듯하다.

　고령자복지주택의 입주 기준은 국가유공자나 그 유족, 보훈보상 대상자와 그 유족, 5.18 민주유공자와 그 유족, 참전유공자 등이거나 생계의료급여 수급자, 월평균 소득이 도시근로자 가구당 월평균 소득의 50% 이하인 사람(1인 385만 원, 2인 532만 원)이 대상이 된다. 입주 신청은 LH 홈페이지의 마이홈포털(www.myhome.go.kr)에서 하면 되는데, 마이홈포털 → 공공주택찾기(상단) → 임대주택 찾기 → 입주자 모집공고 → 지역 선택 → 영구임대 클릭 → 검색하기(하단) → 공고문 중 고령자 복지주택 확인 → LH 또는 해당 지자체에 신청의 순으로 진행하면 된다. 작년 말에 입주한 영동부용 고령자복지주택 사례를 통해 입주 조건을 살펴보자.

주택형	적용 구분	기본임대조건(원)				전환가능보증금 한도액(원)		최대전환시 임대조건(원)	
		임대보증금			월임대료			임대보증금	월임대료
		계	계약금	잔금					
26	「가」군	2,366,000	118,300	2,247,700	47,070	(+)	3,000,000	5,366,000	32,070
						(-)	1,000,000	1,366,000	49,150
	「나」군	9,183,000	459,150	8,723,850	95,990	(+)	11,000,000	20,183,000	40,990
						(-)	6,000,000	3,183,000	108,490

영동부용 고령자복지주택 입주 조건 | 출처 : LH 홈페이지

　여기서 가군은 생계의료급여 수급자나 국가유공자, 월소득이 도시근로자 월평균 소득의 50% 이하인 사람들이고, 나군은 이에 해당하지 않는 영구임대주택 가입자를 말한다. 월 임대료가 5만 원 전후, 나군에 속하더라도 10만 원이 채 안 된다는 점이 장점이다. 무엇보다 고령자복지주택의 가장 큰 장점은 복지시설과 주거시설이 같은 건물 안에 있고 특

히, 의료와 건강관리 시설이 가까이 설치되어 있어 주거와 케어가 동시에 가능한 공간이라는 점이다. 아쉬운 점은 대부분 지방에 있다는 점이다. 만약 이들 지역에 거주하는 분이나 연고가 있는 고령층 무주택자라면 관심을 가져볼 만하다.

실버타운

민간에서 운영하는 실버타운도 있다. 자립 생활이 가능한 건강한 고령자(부부 중 한 사람이 60세 이상)들이 입주하고 모든 비용은 입주자들이 부담하는 게 특징이다. 수도권에 위치한 고급 실버타운의 경우 보증금이 10억 원 안팎에 월 생활비 300 ~ 500만 원 정도가 필요하다. 웬만한 부유층이 아니면 이용하기 힘든 수준인데, 지방으로 가면 보증금 규모도 1억 원대 전후, 월 생활비도 100만 원대 중반 전후 수준으로 대폭 낮아진다. 분양형과 임대형이 있는데, 분양형은 주택연금으로도 활용할 수 있다.

일부 요양시설이 실버타운이라는 간판을 내걸고 영업하고 있는데, 보통 '요양원'으로 불리는 요양시설은 의료복지시설로 규정되어 있고, 장기요양 1 ~ 2 등급과 3급 일부에게 입소 자격이 주어지고 장기요양보험의 지원을 받는 시설이다. 거주자가 모든 비용을 내는 실버타운과는 완전히 다른 개념인 셈이다.

실버타운은 전국에 40여 곳이 있고 대부분 노인복지주택으로, 일부는 유료 양로시설로 등록도 되어 있다. 입소 인원은 8,000명 전후로 전체 고령인구 850만 명의 0.1% 수준에 그친다. 민간에서 운영하는 실버타운은 아직 이용자가 얼마 안 되는 상황이다.

전체적으로 고령자를 위한 공공과 민간 주거시설의 특징은 공공시설은 저소득층에 대해, 민간시설은 부유층에 초점이 맞춰져 있어서 대다수 중산층 고령자들에게는 선택지가 별로 없다는 게 문제로 나타난다. 전 세계에서 가장 고령화가 빠르게 진행되고 있는 우리 현실에서 가장 많은 수요층에 대한 주거 대책이 마땅치 않은 상황이다. 영리를 우선시하는 민간업체는 당연히 수익성이 높은 부유층을 대상으로 하게 되고, 정부도 절반 가까운 노인이 빈곤층인 현실에서 저소득 노인들에 대한 문제에 더 신경을 쓸 수밖에 없는 상황에서 어찌 보면 당연한 결과일 수도 있다. 언젠가 중산층 고령자에 대한 주거시설에 대한 정부나 민간의 접근이 이뤄지기는 하겠지만 당분간 중산층 고령자는 스스로 노후를 보낼 주거 문제 해법을 찾을 수밖에 없다.

제3의 대안인 귀촌·귀농

귀촌·귀농도 각종 주거비 부담이 높아지는 상황에서 현실적으로 고려해봄직한 대안이다. 농림축산식품부에서 올해 내놓은 정책 뉴스 '올해도 농촌에서 살아보세요!…'농촌에서 살아보기' 참가자 모집'의 관련 자료부터 잠깐 읽어보자.

농림축산식품부는 2023년 '농촌에서 살아보기' 참가자를 15일부터 모집한다고 14일 밝혔다. '농촌에서 살아보기'는 귀농귀촌을 희망하는 도시민들이 농촌에서 최장 6개월간 거주하며 일자리, 생활 등을 체험하고 지역 주민과 교류하는 기회를 제공하는 사업이다. 사업 유형은 귀농형, 귀촌형, 프로젝트 참여형으로 나뉜다. 귀농형에서는 지역 주요 작물 재배 기술, 농기계 사용법 등 영농 전반에 대한 체험활동을, 귀촌형을 통해서는 농촌 이해, 주민교류, 지역탐색 등 농촌생활 전반을 지원받는다. 프로젝트 참여형에서는 청년들에게 다양한 농촌 일자리, 활동 등을 경험할 수 있도록 단기 프로젝트를 기획, 참여 기회를 제공한다. 사업 참가 희망자는 귀농귀촌종합센터 누리집(www.returnfarm.com)을 통해 신청할 수 있다.

출처 : 대한민국 정책브리핑 2023년 2월 14일자 정책 뉴스

귀촌·귀농은 오래된 주제지만 진학과 취업 때문에 수십년 전에 고향을 떠난 지방 출신이나 아예 연고가 없는 사람들 입장에서는 쉽게 접근할 수 없는 방식이었다. 게다가 '금의환향' 정서 때문에 도시에 나가서 성공하지 않으면 고향에 내려가는 게 왠지 실패했거나 또는 그다지 성공하지 못해서 '낙향'했다는 인식이 깔려 있어서, 그리고 나이 먹고 지방에 가서 먹고살 게 마땅치 않다는 점도 섣불리 귀농이나 귀촌을 선택하기 힘든 이유였다.

이런 현실적이고 정서적인 점을 고려해 시작된 것이 '농촌에서 살아보기' 프로그램이다. 지난 2021년부터 본격적으로 추진되었는데, 농촌에 장기간 거주하면서 일자리와 생활을 체험해보고 해당 지역 주민과 교류하는 기회를 제공하는 방식으로 진행되어 성공적인 정착을 유도하는 사업이다. 참가하면 최장 6개월의 주거(농어촌 체험휴양마을, 귀농인의 집)와 연수 프로그램을 제공하고, 일정 기간 성실하게 참여하면 연수비까지 지급한다. 2022년 현재 전국 95개 시군의 119개 마을에서 도시민 882가구가 참여해, 이 가운데 14%가 넘는 125가구가 실제 농촌마을로 이주했다. 2023년 올해는 참여 시군이 102개, 운영 마을이 130개로 작

년보다 더 늘어났다. 실제 농림축산부에서 운영하는 귀농귀촌종합센터 (www.returnfarm.com) 홈페이지로 들어가서 살펴보자.

귀농귀촌 종합센터 홈페이지 화면 | 출처 : 귀농귀촌 종합센터 홈페이지

어느 지역을 선택할 수 있는지, 해당 지역의 지원 정책은 무엇이 있는지, 일자리는 어떤 곳이 있는지에서부터 만약 농사를 짓게 된다면 어떤 작물을 심어야 할지, 재배법에 대한 교육, 기본적인 귀촌·귀농 교육, 성공 사례까지 궁금한 내용이 두루두루 나와 있다. 사례를 보다 보면 고령자뿐만 아니라 3040 청년들의 귀농 사례도 쉽게 찾아볼 수 있다.

실제 프로그램에 참가해본 사람들은 '농촌에서 살아보기' 프로그램을 통해 귀촌·귀농 정보의 습득, 해당 지역에 대한 이해, 지역 내 인적 네트워크 형성을 성과로 꼽았고, 운영하는 마을에서도 지역 활력 회복과 인구 유입, 마을 수익 창출 등의 효과가 있었다고 응답했으니 시작한 지는 얼마 안 되었지만 이미 성과가 나오고 있는 셈이다.

지난 2021년 기준 귀촌·귀농 인구는 51만 5,434명으로 전년 대비

4.2% 증가해 2020년에 이어 2년 연속 늘었다. 귀촌·귀농 가구는 37만 7,744가구로 전년대비 5.6% 증가하며 정부의 귀촌·귀농 통계조사 이후 최대치를 기록했다. 코로나19에 따른 사회·경제적 여파 때문이라는 분석도 있지만, 갈수록 농촌살이에 대한 관심이 커지면서 나타난 현상이라는 분석도 나온다. 2023년 3월에 진행된 '농촌에서 살아보기' 실제 모집 사례를 살펴보자.

농촌에서 살아보기 충주 '긴들마을'의 모집 안내문 | 출처 : 긴들체험마을

긴들체험마을 프로그램 참여 모습 | 출처 : 긴들체험마을

앞의 자료는 농촌에서 살아보기 프로그램 참여자들이 활동하는 모습이다. 채소와 버섯 재배 등에 대해 현장 경험을 쌓고 재배자와 상담도

하고 있다. 이 마을의 경우 귀촌·귀농에 대한 이해 교육, 특히, 원주민과의 융화 방법에 대한 강의와 마을기업과 연계한 일자리 기회, 주택, 농지, 학교 등에 대한 안내, 영농기술과 지역 특산물 선도 농가 방문 등의 프로그램이 진행되고 있다. 단순히 놀러왔다 며칠 쉬고 가는 게 아니라 아예 이 마을에 정착할 수 있는지 여부를 참여자가 판단할 수 있도록 지원하는 내용이 포함되어 있다.

긴들체험마을 숙박 공간의 모습 | 출처 : 긴들체험마을

앞의 자료를 보면 알겠지만, 참여자들이 묵는 숙소와 주택의 모습을 보면 웬만한 펜션 수준 이상으로 지내기에 불편함이 없이 잘 구비되어 있는 것을 알 수 있다. 요즘은 건강관리를 잘한 고령자들도 많기 때문에 단순히 자신이 먹는 수준의 텃밭 재배 수준이 아니라 소득을 올릴 수 있는 수준의 농사를 짓는 것에서부터 창업까지 다양한 프로그램이 준

비되어 있다. 그리고 교육프로그램뿐만 아니라 각 지자체별로 귀촌·귀농과 관련한 지원금 등의 내용을 꼼꼼하게 살펴서 귀촌·귀농도 퇴직이나 은퇴 이후 주거 전략의 하나로 충분히 생각해볼 만하다.

은퇴 이후 내 집 활용법

주택연금

퇴직과 더불어 통장에 찍히는 소득이 절반 수준으로 줄어든다! 이건 직접 경험해보지 않은 사람은 쉽게 체감하기 어려울 정도의 충격이라고 한다. 노후에 대한 불안감과 자존심이 무너지는 느낌이 한꺼번에 몰아닥치는 느낌이라고 할까? 물론 퇴직이나 은퇴 후에도 한창 때와 같은 생활 패턴이나 소비구조를 가져갈 수는 없지만 또 너무 급격하게 위축되는 것 역시 정신 건강에 좋을 리 없다. 뭔가 소득을 늘리기 위한 방법을 찾아야 한다. 그중에 하나가 역모기지론으로 불리는 주택연금이다. 주택연금은 고령자들이 살고 있는 집을 담보로 맡기고 매달 연금처럼 생활비를 받아쓰는 상품이다.

주택연금 가입자 추이 | 출처 : 주택금융공사

주택연금은 명의가 그대로 유지되고, 대출로 산 주택도 가능하며, 상속을 안 받고 넘기는 것도 가능하다. 또 대출 만기에 제한이 없고 받은 연금이 집값을 넘겨도 국가가 보증한다. 또 소유자의 신용등급과도 무관하다. 다만 상품에 가입할 때 결정된 집값이 나중에 많이 오르더라도 반영되지 않고, 한 명은 거주해야 하며 보유세나 건보료 부담은 계속된다는 점은 단점이다. 지난해 말부터 가입 자격이 대폭 완화되었다. 가입 연령이 부부 가운데 한 명이 60세에서 55세 이상으로, 주택 가격은 시가 9억 원에서 공시가격 9억 원(시가 12 ~ 13억 원대), 전세를 준 단독이나 다가구주택, 주거용 오피스텔도 대상에 포함된다.

주택연금을 신청할 때는 연금을 어떻게 받을지 잘 선택해야 하는데, 매달 일정 금액을 종신으로 받는 종신지급방식과 사용 한도액의 절반까지 목돈으로 받고, 나머지를 연금으로 받는 종신혼합방식이 있다. 또 지급 유형도 정액형으로 평생 같은 금액을 받을지, 가입 초기 일정 기간 동안 정액형보다 많이 받다가 이후에 적게 받는 초기 증액형을 할지, 3년마다 4.5%씩 일정하게 늘어나는 정기 증가형으로 할지 자신의 상황에 맞게 선택하면 된다. 다만 종신지급방식과 종신혼합방식은 변경이 가능해도 정액형 ~ 정기 증가형 방식은 바꿀 수 없다는 점도 잊지 않아야 한다. 수급연령도 50세부터 가능하다. 집값에 따라 주택연금을 얼마나 받는지 다음 자료를 통해 살펴보자. 자료에서 종신지급 방식 + 정액형으로 집 가격에 따른 연금 수령 예상액을 보여준다.

연령	주택가격											
	1억원	2억원	3억원	4억원	5억원	6억원	7억원	8억원	9억원	10억원	11억원	12억원
50세	112	225	338	451	564	677	790	903	1,016	1,129	1,242	1,355
55세	151	302	453	604	756	907	1,058	1,209	1,360	1,512	1,663	1,814
60세	204	409	614	819	1,023	1,228	1,433	1,638	1,843	2,047	2,252	2,457
65세	246	492	739	985	1,232	1,478	1,724	1,971	2,217	2,464	2,615	2,615
70세	300	601	901	1,202	1,503	1,803	2,104	2,405	2,705	2,763	2,763	2,763
75세	373	746	1,120	1,493	1,867	2,240	2,613	2,977	2,977	2,977	2,977	2,977
80세	476	951	1,427	1,903	2,379	2,855	3,310	3,310	3,310	3,310	3,310	3,310

주택가격별 연금 수령액 예상 | 출처 : 한국주택금융공사 홈페이지

5억 원대 집값을 기준으로 할 때 50세부터 받기 시작하면 월 56만 원, 60세부터는 100만 원을 조금 넘긴 수준이고, 70세부터는 150만 원 가까이 나온다. 2022년 기준 서울의 아파트 중위 가격이 10억 4,400만 원인 점을 감안해 주택 가격을 10억 원 기준으로 월 수령액을 본다면 60세에는 200만 원, 70세에는 270만 원, 80세는 330만 원이 넘는 연금을 받을 수 있다. 70세를 기준으로 볼 때 노후의 최소 생활비가 부부 기준 181만 원, 적정 노후 생활비는 251만 원이라는 점에서 현재기준으로 10억 원짜리 집이 있다면 노후 생활비는 충분히 보장되는 셈이다. 눈에 띄는 점은 연금수급 금액이 주택 가격에 상관없이 70세 이상부터 그전 연령대보다 높아진다는 점이다. 이에 대해 주택금융공사는 고령자일수록 사망 확률이 증가하고, 연금이 조기에 종료될 확률이 크기 때문에 월 지급금을 점차 높여주는 방식으로 상품을 설계했다고 설명했다. 구조적으로 주택연금이라는 상품 자체가 고령자들에게 유리하게 만들어졌다는 이야기다. 박지민 월용청약연구소 대표는 나이가 더 많을수록 주택연금 수급액이 높아진다는 점을 감안해 60대 때보다는 70

세가 넘어갈 때 쯤 주택금융을 신청하는 게 유리하다면서 무조건 대출이 없어야 되는 게 아니라 일부 대출을 끼고 나서도 해주기 때문에 필요 자금만큼은 좀 빼놓고 나머지 금액에 대해서 연금을 받던 것이 노후 대책으로 중요하다고 조언했다.

다운사이징

집을 줄이는 방법도 있다. '다운사이징'이라고 하는데, 집 크기를 줄이는 것은 직접적으로 소득을 늘리지는 않지만 지출을 줄여서 가처분 소득, 즉 실제 쓸 수 있는 가용 자원을 늘리는 데 큰 도움이 된다. 또 자녀들이 모두 독립했는데 군이 노부부가 큰 집에 살 필요도 없지 않은가? 단독주택은 아파트 등 손이 덜 가는 주택으로, 큰 아파트는 작은 평수 아파트로 옮기는 게 일반적인 집 줄이기의 방법이다.

집 줄이기의 장점은 일단 유동성 확보가 가장 크다. 큰 집을 팔고 작은 집으로 옮기면서 적지 않은 금액을 확보할 수 있고, 또 작은 집이 유지비도 적게 들고 청소 등 관리도 더 편하기 때문이다. 특히, 우리 가계 자산의 거의 80%가 부동산에 집중되어 있다는 점에서 이런 편중 상황을 개선하는 것도 퇴직이나 은퇴에 따른 전체적인 지출 구조 재조정의 좋은 방법이 된다. 긴 시간을 줄어든 소득으로 견뎌야 하기 때문이다.

기왕이면 집값이 한창 높을 때(2020~2021년) 팔았으면 좋았겠지만 이미 지난 일이고, 마음의 결정이 내려졌다면 매도 타이밍을 적절하게 잘 잡아야 한다. 보통 집값 하락기에는 다운사이징을 미루는 편이 낫다고 하는데, 현재 상황은 하락기 초반이고 3~4년 이상 반등이 어려울 것이라는 전망이 일반적이라는 점을 감안해 매도 시점을 잡을 필요가 있다. 매도 가격은 직전 고점을 너무 의식하지 말고, 내가 샀던 매수 가격을 기준으로 삼고 옮길 집의 가격대, 양도세 등 각종 비용을 모두 감안하고 특히, 주택연금으로 활용하는 방법도 감안해 판단하는 게 좋다고 하나은행 영등포금융센터 백혜경 PB팀장은 조언했다.

그렇다면 어느 정도까지 줄여야 문제가 없을까? 전문가의 조언에 따르면, 너무 작은 곳으로 줄이면 기존 공간과의 급격한 차이로 인해 스트레스가 클 수 있고, 움직임이 너무 줄어들어 신체와 인지 능력도 떨어질 수 있으므로 부부 기준으로 방 2개가 있는 10평대 후반에서 20평대 초중반 수준의 규모가 적당하다고 한다. 가능하다면 자녀나 지인의 집, 의료복지시설과 가까운 곳이면 좋다. 출가한 자녀들의 방문을 고려해 굳이 방이 더 있는 집을 선택하는 것은 오히려 빈 공간에 따른 외로움이나 허전함 등 이른바 '빈둥지 증후군' 등이 생길 수 있다고 한다.

전반적인 비용 줄이기

생활비 줄이기

퇴직과 은퇴 이후 안정적인 생활을 위해 우선 현재 가계부를 들여다봐야 한다. 들어오는 돈은 얼마고 나가는 돈은 얼마인지에 대한 정확한 상황 파악부터 해야 생활비 구조 조정을 구체적으로 할 수 있기 때문이다. 자녀들의 학업이 대부분 끝났기 때문에 사교육비 부담은 크게 줄었을 것이고, 대신 결혼과 그에 따른 주거 문제 때문에 한번에 목돈이 들어갈 수 있다는 점이 큰 변수다. 기업의 재무제표를 작성하듯 소득과 지출을 나눠서 구체적으로 기재해보는 것도 좋다. 교육비나 외식비, 경조사비, 차량유지비 등 바로 줄이기 쉬운 선택적 지출 품목들을 정리하고, 급여소득 외에 다른 소득 상황이 어떤지 한두 달치 은행 계좌를 샅샅이 들여다보면서 놓치는 게 없는지 파악한다. 여기서 중요한 것은 소득이 대폭 줄었을 때 대비한 연습 기간을 갖는 것이다. 다시 말해 미리 소득이 줄 것에 대비해 리허설을 해보는 것인데, 대표적인 것이 신용카드와 법인카드의 사용이다. 대부분 퇴직 시기가 인생의 소득 고점기와 비슷하기 때문에 이 시기에는 신용카드 의존율이 높다. 지금 신나게(?) 써도 결국 월말에 급여가 들어오니까 별 부담이 안 되는 '생활 루틴'이 오랫동안 지속되었기 때문에 이 고리를 끊을 준비를 해야 한다. 신용카드 대신 현금을 쓰면서 통장에서 돈이 빠져나가는 것을 몸소 느끼는 연습을 해본다. 이런저런 혜택이 많은 제로카드를 발급받아서 써보는 것도 좋은 방법이다.

또 하나 권유하고 싶은 것은 법인카드나 유류비, 법인차량 등 회사에서 지원해주는 여러 혜택이 중단되는 것에 대한 마음의 준비를 미리 해야 한다는 점이다. 현직에 있을 때는 너무도 당연하게 누리는 혜택인데, 퇴직과 동시에 아주 칼같이 중단되는 부분이기 때문이다. 의외로 이런 회사지원이 끊기는 것에 마음의 상처를 입는 사람들이 많다고 한다. 당장은 쓰더라도 의도적으로 '이건 이제 다음 달부터 끝이야'라는 식으로 의식하는 연습을 퇴직 전에 자주 할 필요가 있다. 물론 쓸 것은 다 쓰면서 하자는 이야기다.

전문가들의 이야기를 종합하면, 퇴직이나 은퇴 직후 느끼는 상실감은 생각보다 크다고 한다. 특히, 예상하지 못했을 경우는 정신적 충격으로 이어질 수 있다. 미리 하나하나 대비할 수 있도록 50대가 넘어서면 언제든 현직에서 물러날 준비를 마음뿐만 아니라 일상의 삶에서도 준비하는 것이 은퇴 준비, 노후 준비의 하나라고 하겠다.

건강보험료 부담 덜기

국민연금은 60세까지만 내면 되지만(물론 그 이후에도 계속 납부할 수 있다) 건강보험료는 평생 납부해야 한다. 퇴직 후 가장 큰 변화는 직장가입자에서 지역가입자로 신분이 바뀌고, 통장에 찍히는 인출 금액이 크게 뛴다는 것이다. 직장에 다닐 때는 반만 부담하면 되었지만, 퇴직 후 지역가입자로 전환되면서 오롯이 자기부담 100%로 늘기 때문이다. 전에는 직장에 다니는 자식의 피부양자 자격으로 들어가는 게 일반적이었는데, 이제는 피부양자 자격을 얻기가 굉장히 어려워졌다. 그렇다 보니 생각보다 건보료가 너무 많이 나와서 충격이라고 이야기하는 퇴직자들이 많다. 심지어 수백억 원대 자산가도 건보료가 부담이 될 정도라고 이야기한다. 국민연금은 소득과 관계없이 상한액이 있지만, 건보료는 국민연금에 비해 상대적으로 소득이 많을수록 건보료도 커지는 구조기 때문이다. 건보료 부담을 어떻게 덜 수 있을까?

우선 퇴직하고 나서 할 수 있는 조치를 최대한 시도해보자. 임의계속가입자 자격을 신청하는 게 방법 중 하나인데, 소득 공백이 있을 때 건보료 부담을 3년 동안 유예할 수 있는 제도다. 직장에 다닐 때처럼 50% 수준에서 내게 되는데, 퇴직하고 지역가입자로 전환되었다는 고지서가 날아오면 2개월 안에 신청하면 된다. 또 퇴직 후 건보료가 얼마나 나오는지 미리 알아보자. 건강보험공단에서 4대 보험료 모의계산을 해볼 수 있다. 이건 개인적으로 건강보험공단에 문의해서 직접 확인해야 한다.

2022년 9월 건보료 부과 체계가 개편되면서 피부양자 자격이 대폭 강화되었는데, 연간 소득이 2,000만 원을 넘어가면 자동적으로 피부양자 자격이 박탈된다. 많은 분들이 국민연금이 소득에 포함된다는 것을 모르고 있는데, 만약 한 달에 받는 국민연금이 100만 원이라고 하면 연

1,200만 원에 달하기 때문에 배당이나 이자소득 등이 월 60 ~ 70만 원 정도 되면 연 2,000만 원을 넘을 수 있다. 비싼 자동차도 건보료 산정에 포함된다. 그래서 건보료 때문이라도 자신의 소득과 자산상황을 정확하게 파악해야 한다. 매달 몇 만 원의 소득 때문에 몇 십만 원의 건보료 부담이 늘어날 수도 있기 때문이다.

다만, 건보료를 줄이겠다고 멀쩡한 자산을 급격하게 줄이는 것은 적절하지 않다. 연간으로 건보료 몇 십만 원이나 몇 백만 원 아끼겠다고 집이나 상가를 판다거나 자동차를 판다거나 할 필요는 없지 않은가? 퇴직하면 건보료가 높아진다는 사실 자체를 인정하고, 시간을 갖고 순차적으로 자산을 줄여가는 방식이 현실적이다.

국민연금 활용법

현재 우리나라 국민연금 수급액은 평균 60만 원 정도다. 그러니 '용돈 연금'이라는 소리가 나온다. 그런데 엄밀하게 이야기하면 우리가 국민연금을 넣기 시작한 지 얼마 안 되기 때문에 수급액이 적은 것은 불가피하다. 지금 국민연금공단에서 예상치로 보내주는 금액은 40년을 넣는 것을 기준으로 하기 때문에 실제 수급 연령이 되어서 받는 금액은 이 예상치보다 훨씬 적을 가능성이 높다. 40년 동안 빠짐없이 국민연금을 넣을 수 있는 것은 공무원 등 일부 직업에 한정되기 때문이다. 그래서 국민연금 수급액을 더 높이는 방법을 찾아야 한다.

일단 현재로서는 더 오래 내고, 더 늦게 받는 식으로 전략을 짜는 게 가장 바람직하다. 우리 국민들이 평균적으로 66세까지는 건강을 유지한다고 하니 능력이 된다면 납입 시기를 최대한 65세까지 연장하는 것을 고민해보자. 70세 이상에서는 건강뿐만 아니라 재무적 어려움도 커진다. 수급 연령을 최대한 늦추는 것도 수급액을 높이는 방법이다. 수급 연령을 65세에서 5년 연기해 70세부터 받는 걸로 하면 연간 연금 수급액이 36% 늘어난다. 여성의 경우 소득이 없더라도 임의가입을 통해 국민연금을 넣는 것도 바람직하다. 여성이 남성보다 평균 연령이 6세 이상 높을 정도로 더 오래산다는 것을 감안하면 적은 금액이라도 국민연금을 넣는 게 좋다. 다만 피부양자 소득기준 2,000만 원을 넘어가면 건강보험 지역가입자로 넘어가기 때문에 수급액을 미리 따져보는 것도 잊지 않아야 한다.

INTERVIEW

퇴직·은퇴 후
지출은 이렇게 줄이고,
소득은 이렇게 늘려보자!

Q 퇴직이나 은퇴한 분들의 고민은 주로 무엇인가?

A 퇴직이나 은퇴 시기가 빨라지다 보니 대출에 대한 고민이 가장 많은 편이다. 또 자녀의 교육비, 결혼 비용, 연로한 부모님의 간병 문제, 거기에다 퇴직이나 은퇴 이후 부부의 남은 여생을 어떻게 해결할 것인지 등에 대한 고민이 대표적이다. 준비가 충분하지 않은 상태에서 소득이 사실상 끊기는 퇴직이나 은퇴에 이르다 보니 막연한 불안감이나 경제적 고통에 대한 부담 때문에 심리적으로 많이 위축되고, 걱정이 많은 게 공통된 모습이다.

Q 그런 분들은 보통 어떻게 대응하시는지?

A 퇴직 전후의 시기에 초조한 심리 상태에서 소득 공백이 우려되다 보니 큰돈을 움직여서 월 수입이 나오는 상가를 구입한다든가 주식 투자를 한다든가, 다소 성급하게 움직이는 경우가 많다. 정기적인 소득이라는 급여의 공백이 주는 불안감을 채우기 위해 '영끌'을 하거나 단기 투자에 몰

리는 경우도 적지 않다. 좀 차분해지는 시간, 이성적일 수 있는 시간을 확보하는 게 중요한데 현실은 그렇지 못한 것이다. 퇴직 전후에 갑작스러운 투자나 중요한 의사결정은 가급적 보류하시는 게 좋다.

Q 퇴직 후 생활에 대비해 어떤 변화를 주는 게 필요할까?

A 식비나 교통비, 통신비 같은 필수 소비 항목은 손대기 어렵지만 교육비나 외식비, 경조사비 그리고 차량 유지비 같은 지출 항목은 줄이실 필요가 있다. 또 신용카드에 대한 의존을 줄이시는 게 좋다. 특히, 법인카드나 차량 유류비 지원과 같은 회사 지원에 익숙했던 분들일수록 퇴직 후에 상실감이 크다. 회사의 지원을 자신의 재무 능력으로 착각하는 것이다. 현직에 있을 때야 문제가 없지만 퇴직한 뒤에야 현실을 깨닫는 것이다. 때문에 현직에 있을 때부터 이런 부분에 대한 의존도를 의식적으로 줄이려는 노력이 필요하다.

Q 살고 있는 집을 줄이는 분들도 있다. 어떻게 보시는지?

A 보통 '다운사이징'이라고 하는데, 자녀의 독립도 생각해야 되고, 어느 정도 목돈이 또 나가야 되는 이벤트, 이를테면 자녀의 결혼이나 유학과 같은 큰 비용이 들어가는 일이 있을 때에 대비해 현재 집에 계속 거주할 것인지, 아니면 좀 다른 지역으로 옮겨서 자금을 마련할 것인지에 대한 판단이 필요해진다. 부부의 의사소통이 굉장히 중요한 일이기도 하다. 단순히 집을 줄이는 차원이 아니라 향후 노후 설계를 어떤 방식으로 할 것인지에 대한 논의가 필요한 일이기 때문에 충분한 시간을 갖고 부부가 자신의 생

각을 다 꺼내놓고 협의해야 한다. 집 크기, 지역, 주변 환경 등이 고려되어야 하고, 집을 줄이고 남는 돈을 어떻게 운용할 것인지도 세세하게 의견을 조율해야 한다. 누구 한 사람이 이 문제로 불만이 생겨 그게 쌓이면 결국 황혼이혼과 같은 최악의 상황으로 이어질 수 있기 때문에 정말 중요한 문제다.

또 하나, 드리고 싶은 말씀은 은퇴 시기에 주소 이전, 집 크기 축소, 심지어 귀촌 등 대형 이벤트가 한꺼번에 진행될 경우 적응하는 데 너무 힘들 수 있다는 것이다. 오랜 삶의 패턴이 너무 급격하게 변하는 것에 따른 스트레스가 커질 수 있다는 사실을 기억해야 한다. 그러니까 미리 계획을 잘 세워서 단계적으로 퇴직 전부터 하나하나 실행에 옮기는 것도 굉장히 중요하다.

Q 좀더 구체적으로 들어가보자. 퇴직 후에 가장 큰 경제적 부담 가운데 하나가 건강보험료라고 하던데, 어떻게 대처하면 좋을까?

A 퇴직 이후 월 정기 소득이나 지출이 가장 중요하게 와닿는 부분인데, 건강보험료는 특히나 평생에 걸쳐서 납부하다 보니 부담이 클 수밖에 없다. 퇴직하면 지역가입자 자격에 해당되기 때문에 회사와 반반 나누던 게 100% 혼자 부담하게 되어서 그렇다. 요즘은 자식에게 피부양자 자격으로 들어가기도 더 까다로워졌다. 건보료 부담을 획기적으로 줄일 수 있는 방법은 없지만 퇴직을 하고 나서 임의계속가입자 자격을 신청하는 방법이 있다. 소득 공백이 있을 때 건강보험료 인상부담을 3년 정도 유예를 할 수 있는데, 재직 당시 납부했던 보험료 수준으로 납부할 수 있게 하는 제도다. 자격 요건은 퇴직 직전 18개월 동안 직장가입자로서 자격을 유지한 기간이 1년 이상인 경우 임의계속가입을 신청할 수 있도록 권한을 부여

하고 있다. 당장 그게 안 된다고 해서 재산을 누군가에게 증여한다거나 자산을 급격하게 줄이는 것은 쉽지 않다. 그렇다 보니 금융소득 종합과세 대상자인 분들은 어느 정도 인정하시고 내겠다는 생각을 하는 분들도 많아지고 있는 추세다.

Q 쓸 수 있는 생활비를 늘릴 수 있는 구체적인 방법은 뭐가 있을까?

A 퇴직 이후에 실업급여 수급을 잘하는 것도 좋은 방법 중에 하나다. 비자발적으로 퇴직했다면 실업급여를 받을 수 있는 대상이 되는데, 보통 정년퇴직을 하면 실업급여를 받을 수 없다고 생각하는 경우가 일반적인데, 이런 경우도 실업급여를 받으실 수 있다. 2023년 올해 기준으로는 실업급여 상한액이 하루 66,000원이다. 그리고 수급 기간도 최대로 받을 때 270일, 즉 9개월 정도 되기 때문에 계산해보면 최대 1,782만 원 정도 받을 수 있다. 퇴직 전에는 큰돈처럼 느껴지지 않겠지만, 퇴직 후에는 상당히 큰 금액이기 때문에 반드시 신청해볼 필요가 있다.

두 번째는 새로운 일을 통해서 대체 소득원을 마련하는 게 가장 바람직하다. 개인의 경험을 살려서 하는 방법이 대안이 될 수 있고, 그동안 하고 싶었던 분야로 새로 커리어를 전환할 수도 있다. 다만 재취업 시장이 워낙 만만치 않기 때문에 전성기 때에 비해 소득 규모가 많이 줄어든다는 것을 인정하는 유연한 마음을 가지는 게 중요한다. 먹고살기 위한 생활비를 벌기 위해 일한다기 보다는 계속 사회생활을 한다는 측면에서 재취업에 접근하시는 게 좋다.

그리고 금융 자산이 조금 있으면 대체 소득원으로 적극적으로 활용하는 것도 추천드린다. 영끌 투자처럼 지나치게 리스크를 안고 하는 투자 방식은 위험하지만, 그렇다고 너무 소극적일 필요도 없다. 투자에 앞서 자신의 위험 성향이 어느 정도 수준인지 전문가의 조언을 받는 게 중요하다. 그러고 나서 어떤 상품들에 어떤 비중으로 투자할 것인지 포트폴리오를 짜는 게 바람직하다. 월 지급 형태로 받을 수 있는 투자 상품이라든가 비과세 즉시 연금이라든가 아니면 배당 투자, 정기적으로 인출할 수 있는 채권상품 등을 권한다.

금융회사에 가보시면 단순히 예금 투자 상품, 펀드, 보험 이런 것외에도 세분화된 상품들이 많다. 그리고 퇴직연금이나 IRP, 연금저축 상품 등도 다양하게 출시되어 있으니, 자신의 투자 성향을 확실하게 파악하고, 그 성향에 맞게 금융회사에서 적절한 상품을 추천받아 금융 투자에 대한 관심을 좀더 적극적으로 가지실 필요가 있다.

Q 주택연금이나 농지연금 이야기도 많이 하던데, 어떤지?

A 주택연금은 이제 많이들 아시는 것 같아서 농지연금에 대해 소개를 해드리겠다. 일단, 자격 기준이 되어야 하지만, 농지를 갖고 있으면 연금으로 받을 수 있다. 특히, 귀농을 생각하시는 분들이라면 적극적으로 알아보실 필요가 있다. 농지연금의 가입 연령은 소유자가 만 60세가 넘어야하고, 영농 경력이 5년 이상 있어야 한다. 연금의 대상이 되는 농지는 소유자가 2년 이상 보유하고 있어야 하고, 압류 등의 행정처분이 되어 있지 않아야 한다. 종신 정액형의 경우 농지 평가금액이 5억 4,000만 원일 경우 매달 180만 원 정도의 연금을 받을 수 있다.

절세 TIP 60세 이상의 부모가 자녀에게 집을 사주고 싶다면?

자녀에게 집을 사주고 싶다면 직접 사주는 방식보다 현금을 먼저 증여하고 자녀가 집을 사는 방식이 가장 효율적이다. 왜냐하면 부모가 집을 사서 줄 경우 취등록세를 내야 하고, 이를 자녀에게 증여하면 자녀도 취득세에 증여세까지 내야 하니 이중으로 세금을 내기 때문이다. 자녀들은 부모로부터 현금을 증여받고 증여세를 낸 뒤 남은 돈에 자신들이 갖고 있는 돈으로 집을 구입할 때 보태는 것이 가장 바람직한 방식이다. 증여세는 배우자의 경우 6억 원까지, 성년 자녀의 경우 5,000만 원까지 비과세고, 20세 이하는 연 2,000만 원까지 비과세다. 과세표준은 1억 원 이하의 경우 10%다. 예를 들어 부모가 자녀에게 1억 원을 증여한다고 하면 증여공제 한도인 5,000만 원을 빼고, 나머지 5,000만 원에 대해 1억 원 미만에 매기는 10%의 세율을 적용하면 증여세가 500만 원이 된다. 부모가 공시지가 12억 원 이상의 고가주택을 증여하고 재산세나 종부세까지 대신 내주면 세금 대납 부분까지 증여세 대상이다. 고가집을 증여받을 경우 세금을 줄이려면 자녀가 종부세와 재산세를 낼 정도의 소득이 있는 게 유리하다.

〈관련 법〉

양도세

• 상속받은 경우

– 1주택을 보유하고 있는 상태에서, 주택을 상속받는 경우, 기존 보유 주택이 비과세 요건을 만족한다면 양도 시 비과세 가능. 양도 기간 제한 없음. 다만, 상속 개시 당시 기존 주택을 보유하고 있어야 함. 상속 후 취득한 주

택은 x.

– 만약, 상속 주택을 먼저 양도하고 싶다면, 상속 개시일로부터 6개월 내 양도한다면 양도가액과 취득가액이 동일해져 양도차익은 0원. 다만, 상속재산평가금액이 양도가액이 됨.

– 상속주택을 장기 보유 후 양도하고자 한다면, 감정평가를 받아서 취득가액을 높여 놓을 필요가 있음. 상속세 부담액과 양도세 부담액, 추후 시세 상승 예상 등을 고려해서 결정해야 함.

• 증여받은 경우

– 배우자 또는 직계존비속으로부터 증여받고 10년 내 양도 시, 양도차익을 계산할 때 증여자의 취득가액으로 계산할 수 있으니 주의가 필요(소득세법 제97조의2).

종부세

• 상속받은 경우

– 1주택과 다음에 해당하는 상속주택을 보유한 경우에는 1세대 1주택으로 봄(종합부동산세법 제8조제4항제3호)

· 과세기준일(6/1) 현재 상속개시일로부터 5년 경과하지 않은 주택

· 지분율이 40% 이하인 주택

· 지분율에 해당하는 공시가격이 6억 원(수도권 밖의 지역에 소재하는 주택의 경우에는 3억 원) 이하인 주택

⇒ 이 규정을 적용받으려면 9/16 ~ 9/30까지 관할세무서장에게 1세대 1주택자의 적용을 신청해야 함.

– 1주택과 위 상속주택을 보유하고 있는 경우, 위 상속주택이 종합부동산세

과세표준에 포함되나, 1세대 1주택으로 보아 기본공제 12억 원을 세액공제 적용한다는 의미. 과세표준 합산배제 X.

- 동일 세대 상속은 해당 X(서면2022부동산5338, 2023. 2. 6)

• 지방 저가주택을 상속 or 증여받은 경우

- 1주택과 다음 요건을 모두 충족하는 지방 저가주택을 함께 소유한 경우에는 1세대 1주택으로 봄(종합부동산세법 제8조제4항제4호).

① 공시가격 3억 원 이하일 것

② 다음 어느 하나에 해당하는 지역에 소재하는 주택일 것

　・수도권 밖의 지역 중 광역시 및 특별자치시가 아닌 지역

　・수도권 밖의 지역 중 광역시에 소속된 군

　・'세종특별자치시 설치 등에 관한 특별법' 제6조제3항에 따른 읍·면

　・서울특별시를 제외한 수도권 중 '국가균형발전 특별법' 제2조제9호에 따른 인구감소지역이면서 '접경지역 지원 특별법' 제2조제1호에 따른 접경 지역에 해당하는 지역으로서 부동산 가격의 동향 등을 고려해 기획재정부령으로 정하는 지역 → 경기도 연천군, 인천광역시 강화군 및 옹진군

　⇒ 규정 적용을 받으려면 9/16 ~ 9/30까지 관할세무서장에게 1세대 1주택자의 적용 신청해야 함.

- 1주택과 위 지방 저가주택 1채를 보유하고 있는 경우, 지방 저가주택이 종합부동산세 과세표준에 포함되나, 1세대 1주택으로 보아 기본공제 12억 원, 세액공제 적용한다는 의미임. 과세표준 합산배제 X.

취득세

– 상속주택 취득세 절세 관련

　・무주택자가 상속으로 주택 취득 시 0.8% 특례세율 적용되므로, 상속인
　중 무주택자가 상속받는 것이 절세에 도움(취득세 0.8% + 지방교육세 0.16% =
　총 0.96%)(지방세법 제15조제1항제2호 가목).

　・국민주택규모 이하 주택 상속 시, 일반 취득세율은 2.8%(+지방교육세
　0.16%, 총 2.96%).

– 재산세는 단독명의, 공동명의 차이 없음.

– 종부세는 단독명의로 1세대 1주택 세액공제를 받는 것이 더 유리한 경우
　도 있으므로 세액 비교를 해보아야 함(공동 명의로 18억 원(인당 9억 원) 공제 또
　는 단독 명의로 12억 원 공제 + 1세대 1주택 세액공제(장기보유 + 고령자 공제,
　최대 80%).

(도움 말씀 : 소진수 공인회계사, 김은정 세무사)

CHAPTER
03
부동산 침체기의
투자 전략

홈 스위트 홈. 행복을 찾는 곳입니다.
여기서 찾지 못하면 어디에서도 찾을 수 없습니다.

Home sweet home. This is the place to find happiness.
If one doesn't find it here, one doesn't find it anywhere.

- M. K. 소니(M. K. Soni)

사랑은 집에서 시작됩니다.
Love begins at home.

- 테레사 수녀(Mother Teresa)

　부동산 시장이 무척이나 혼란스럽다. 집값이 적어도 3 ~ 4년 이상 더 떨어질 것이란 주장이 대세인 가운데 정부의 규제가 일부 해소되며, 특정 지역을 중심으로 집값이 오르고 거래도 늘어나는 모습이 나타나면서 급락세가 멈추고 반등하는 신호가 나타난다는 주장도 고개를 들고 있다. 집을 갖고 있는 사람도 그렇지만 이번 하락기에 내 집 마련을 생각하고 있는 사람들 입장에서는 더 기다려야 할지, 아니면 지금이라도 사야 할지 고민이 교차할 수밖에 없다. 특히, 2010년대 초반에 집값이 계속 떨어질 것이라는 일부 전문가의 말을 믿고 집 구매를 미루다가 2019 ~ 2022년의 급등기를 고통(?) 속에서 보냈던 무주택자들은 조바심을 느낀다고 할 정도다.

　이번 챕터에서는 부동산 투자에 대한 이야기를 몇 가지 상품을 중심으로 전달하려고 한다. 앞에서 언급했지만, 우리 부동산 시장에는 여러 변수들이 등장했다. 높은 금리, 세계 최고 속도의 고령화와 OECD 회원국 최저 수준의 출산율, 낮아지는 잠재성장률, 지역 소멸 위기 심화 등이 그것이다. 거시적인 변수에서부터 사회적·인구통계학적 변수까지 다양하게 망라되어 있을 만큼 최근 몇 년간 숨가쁘게 달려온 부동산 시장에 큰 변화를 줄 수 있는 잠재요인들이자 이미 영향을 미치고 있는 변수들이다. 이들을 감안할 때 여전히 아파트 등 주택은 투자할 만한 상품인지에 대해 김인만부동산연구소 김인만 소장에게 들어봤다.

또한 집값이 꺾이고 경기가 어려워지면서 경매 물건이 크게 늘고 있다. 경매는 진입장벽이 높은 만큼 수익성이 좋은 투자 상품으로 잘 알려져 있는데, 지금 상황에서 투자해볼 만한 상품인지 지우리얼티 대표이자 20년 경매 전문가인 박갑현 지우옥션 이사에게 구체적인 방법론을 물어봤다. 그리고 아직 시장은 덜 성숙되었지만 장기적으로 비교적 안정적인 수익률을 낼 수 있는 부동산 간접 투자 상품인 리츠에 대해서도 소개하고자 한다. 특히, 퇴직연금을 넣고 있는 직장인들에게 도움이 되는 상품이라고 판단해서 이 분야 전문가인 마스턴자산운용 유나무 이사와 인터뷰했다. 마지막 인터뷰는 생애주기별 주거 전략의 단초를 제공해준 강창희 트러스톤연금포럼 대표와 함께한 내용이다. 우리가 일본의 잃어버린 20년(혹은 30년)을 따라가는 게 아니냐는 우려에 대해 일본 버블 붕괴기 당시 일본에 있었던 강 대표는 어떻게 생각하는지 소개하는 것도 '생애주기에 따른 주거 전략'이라는 이 책의 방향에 부합하다고 생각했기 때문이다. 단순하게 우리가 일본 부동산 역사의 궤적을 따라갈 것이냐 말 것이냐 하는 전망도 전망이지만, 일본 사람들이 버블 붕괴 후 집에 대한, 주거에 대한 인식이 어떻게 바뀌었는지 들어보는 것이 관전 포인트라고 생각한다.

아파트는 앞으로도 확실한 투자 상품인가?

Q 부동산 시장이 혼란스럽다. 어떻게 보는지?

A 아직 바닥을 지나가지 않았다고 본다. 이유는 크게 세 가지인데, 우선 너무 많이 올랐기 때문이다. 서울 기준으로 2015년부터 2021년까지 7년 연속 상승했고, 가격으로 보면 한 2 ~ 3배 정도가 올랐다. 그러다가 금리가 가파르게 오르면서 2022년 10월부터 4개월 정도 고점 대비 마이너스 30% 정도 급락했는데, 이 정도 조정을 가지고 하락장이 끝나고 다시 상승장으로 전환된다는 것 자체가 말이 안 된다. 얼마 전에 있었던 설문조사에서도 집을 안 사는 첫 번째 이유가 집값이 너무 비싸고 두 번째, 금리가 너무 높아 금리 불확실성이 크고 세 번째, 경제가 너무 불확실성이 크다는 점이라고 나왔다. 현재 이 세 가지가 하나도 해결된 게 없다.

Q 그러면 반등 시기는 언제쯤으로 보시는지?

A 개인적으로는 최소한 3년 정도 반등이 어렵다고 본다. 과거에도 글

로벌 금융 위기 이후에 한 번 떨어졌다가 어느 정도 회복했다. 우리가 정확히 봐야 되는 게 문재인 정부 때 많이 올랐는데, 이 상승장의 경기는 이제 끝났다. 새로운 상황이 시작되었는데, 2019년에도 잠깐 조정이 되었다가 올랐으니까 이번에도 잠깐 조정되었다가 오를 수도 있을 것으로 생각하는 분위기지만, 7년이 올랐다가 3 ~ 4개월 조정으로 끝나지는 않는다. 과거 2009년도부터 2012년까지 3년간 랠리를 하다가 2011년부터 3년간 크게 한 번 또 떨어졌다. 그래서 저는 이번에도 그렇게 간다고 본다. 등락이 두세 번 정도, 이른바 데드캣 바운스가 두세 번 정도 있은 다음에 한 번 더 큰 폭의 하락을 하고, 그 후에 반등을 모색할 것이라고 본다. 그게 3년이 될지 5년이 될지 솔직히 장담할 수는 없는데, 다시 상승장이 올 수는 있지만 이번처럼 급등장이 오기는 힘들 것으로 생각한다.

Q 다시 지난 번 같은 급등장이 오기 힘들 것이라고 보는 이유는 뭔가?

A 두 가지 관점에서 보는데, 하나는 인구 감소 문제다. 아직까지는 주된 주택 구매 연령이 40 ~ 69세기 때문에 지금은 출생률이 줄어들어도 괜찮지만, 15 ~ 20년 후 대폭 줄어든 인구가 본격적인 주택 구매 연령이 될 때쯤에는 주택 수요가 줄어들 수밖에 없다는 것이다. 실제 지금 초등학교의 한 학급이 20명 정도인데, 지난해 합계출산율이 0.78명까지 줄어든 것을 고려하면 지금 태어난 아이들이 초등학교에 갈 때는 10명 수준으로 줄어들 것이다. 주택 수요의 판 자체가 달라진다는 이야기다. 그동안 우리가 40년 동안 잘 먹고 잘 살고 문제가 없었던 것은 베이비붐 세대들이 성장하면서 충분히 이끌어준 부분이 있지만, 이렇게 인구가 급격하게 줄어들

면 1인 가구 증가로는 추가적인 수요를 만들어낼 수 없을 것이다. 때문에 20년 후에는 예상하지 못하는 상황이 벌어질 것 같고, 우리도 일본의 사례를 따라갈 가능성이 상당히 높다고 본다.

Q 그러면 부동산, 특히 아파트로 돈을 버는 시대는 끝났다고 보는지?

A 이미 끝났을 수도 있고, 적어도 끝나가고 있다고 생각한다. 그렇다면 어디가 살아남을 수 있는가 하는 옥석 가리기에 들어가는데, 이번이 마지막일지 한 번 더 랠리가 있을지는 모르겠다. 상승장이 한 번 더 있을지 모르겠지만, 서울과 수도권은 수요가 강화될 것이다. 반면 지방 중소도시의 소멸은 상당히 가팔라질 것이다. 특히, 인구 50만 명 이하 도시들에 대한 부동산 투자는 위험하다고 본다. 고향이 포항인데, 가보면 일단 상가 시장부터 죽어 있다. 포항시의 상업 지역 땅값이 지난 1990년에 이미 평당 4,000만 원 수준에 달했는데, 지금은 엄청 떨어진 상황이다. 인구 감소의 영향이 크다. 젊은 사람들이 대부분 서울이나 수도권으로 올라갔고, 그 공백을 메울 만한 유입이 없는데도 여전히 지자체나 건설사들은 지방에 아파트를 대규모로 공급하고 있다. 신도심이 생기는 동시에 구도심은 죽어가는 상황이다. 반면, 서울과 수도권은 신도시 개발에도 문제가 없다. 인구 밀집도가 워낙 높고 지방에서도 지금 계속 유입이 되고 있기 때문이다. 지방 중에서 살아남는 곳들은 인구 100만 명 이상 광역시 정도가 될 것으로 본다.

Q 그러면 앞으로 아파트 투자는 어떻게 접근하는 게 좋을까?

A 많이 비싸질 것이다. 분양가 상한제가 풀리는 게 가장 큰 이유다. 지난해 서울의 아파트 평균 분양가가 평당 3,400만 원 정도 했는데, 인플레이션 때문에 자재비도 오르고, 인건비도 오르고 있다. 분양가가 더 오를 가능성이 높다는 이야기다. 둔촌주공 등 일부 분양 사례에서도 확인되었지만, 지금은 분양가가 높으면 흥행이 안 된다. 부동산 시장이 얼어붙어 있고, 금리도 높은 상황에서 분양가까지 올라가면 수요가 따라붙지 않는다. 사례를 하나 들어보면 2009년도에 두산건설이 일산에 대규모 단지를 분양했는데, 당시 분양가가 주변 시세보다 70% 가까이 높은 평당 1,700만 원 수준이었다. 당연히 미분양이 났고, 그 물량이 소화된 게 집값이 급등하던 지난 2019년이었다. 분양이 시작된 지 10년 만에 겨우 물량이 소화된 것이다. 그것도 시장이 좋았기 때문이지 안 그랬으면 여전히 미분양 물량이 남아 있을 수도 있다. 고분양이 이렇게 무서운 것이다. 그래서 앞으로도 3, 4년 정도는 반등과 급락을 반복하다가 지하를 한번 제대로 뚫을 것 같다. 그쯤 되면 정부가 현재 남아 있는 규제까지 다 풀 가능성이 있다. 지하를 뚫는다는 이야기는 고점 대비 절반 수준까지 집값이 떨어진다는 것을 의미한다.

Q 그러면 그때를 매수 기회로 삼으면 된다는 이야기인가?

A 정확한 시기를 가늠하는 것은 어렵다. 과거에도 그랬지만 반등과 하락이 여러 차례 반복될 것이기 때문이다. 반등은 정부의 규제 완화에서 시작될 것으로 본다. 남아 있는 규제 가운데 강남 3구와 용산구에 대

한 조정 대상 지역 규제, DSR 규제, 양도세 중과 규제 등이 있는데, 집값이 떨어질 때마다 이런 규제에 대한 해제 카드가 나올 것이다. 이렇게 풀어주면 또 반등할 것이다. 그때마다 불안한 무주택자들이 집을 사기 때문이다. 그러다가 수요가 끊어지면 다시 하락하고, 이런 상황이 반복될 것이다. 그런 상황이 두세 번 반복되면 집 주인들이 스트레스를 받아서 집을 던지는 상황이 벌어질 것이다. 이른바 '패닉셀(Panic Sell)'이 나타나는 것이다. 가장 가까운 패닉셀이 발생했던 시기가 2011년, 2012년이었는데, 그때도 그전까지 반등과 급락을 반복하던 집값에 지친 집 보유자들이 매물을 던졌기 때문이다. 당시에는 DTI 규제가 직접적인 트리거(방아쇠) 역할을 했는데, 정부 정책이 집값이 떨어지면 규제를 일부 풀고 반등하면 다시 잠그는 식으로 반복되다가 시장에서 규제를 풀 것으로 기대했던 순간에 규제가 안 풀어지자 패닉셀이 발생하면서 집값이 급락했던 것이었다. 이번에도 그런 트리거 역할을 무엇인가가 할 것이고, 집값이 지하를 뚫는 상황이 발생할 것으로 보고 있다.

Q 빌라나 오피스텔은 어떻게 접근하는 게 좋을까?

A 실거주 목적으로 절대 전세로 들어가면 안 된다. 사실 그동안에도 전세사기는 계속 있었는데, 집값이 계속 올랐기 때문에 문제가 없었다. 전세 제도의 전제 조건이 가격이 올라가면 모든 게 다 상쇄된다는 것이다. 2억 원짜리를 3억 원에 전세를 맞춰서 1억 원을 사기쳤어도 집값이 3억 5,000만 원이 되면 아무 문제도 없었던 게 지금까지 빌라 전세의 실체였다. 하지만 이제는 상황이 달라졌다. 자금 때문에 빌라로 들어가야 한다

면 무조건 월세로 들어가라. 그래야 피해를 최소화할 수 있다. 빌라로 돈 버는 사람은 첫째 건축업자, 둘째 수수료를 챙기고 파는 분양 업자다. 개인은 집값이 계속 오른다는 전제가 없으면 돈을 벌 수 없는 게 빌라 매매의 구조다. 아파트가 재개발되는 것이기 때문에 일반 빌라는 다르다. 하지만 아파트는 그만큼 가격이 비싸다. 그리고 언제 재개발에 들어갈지 아무도 모른다. 기본 10년 전후가 걸린다고 하면 '몸 테크'라고 하기에는 너무 고된 선택이다.

Q 그러면 오피스텔은 어떤가?

A 오피스텔은 빌라와 다른 주택이다. 원래 수익형 부동산이기 때문이다. 월세를 받으려고 구입하는 것이다. 아파트가 너무 비싸니까 오피스텔이 주거용으로 변형되어서 건설사의 돈줄 역할을 하고 있는 상황이다. 아파트는 규제가 많지만 오피스텔은 분양가부터 규제가 거의 없으니까 건설사가 돈 벌기 쉬운 구조로 되어 있다. 오피스텔 분양가에 거품이 껴 있을 수도 있다는 이야기도 된다. 하지만 지금 상황은 상가도 그렇고, 오피스텔도 너무 비싸게 분양된 게 많아서 일반인들이 수익을 내기가 너무 어렵다. 수요가 정말 많은 1급지가 아니면 비싸게 구입해서 수익을 내기가 어려운 상황이다. 퇴직하고 목돈 있을 때 월세 받겠다고 쉽게 구입하기에는 어려운 선택지가 되었다.

Q 2030세대에게 어떻게 주거 문제를 해결하면 좋을지 조언하신다면?

A 일단 서두르지 말라고 말해주고 싶다. 2030들이 이번에 왜 영끌에

물렸냐면 실거주가 아니고 돈을 벌기 위한 목적이 컸다고 본다. 물론 집값이 계속 올라가니 더 늦기 전에 사야겠다는 불안감이 들 수도 있다. 하지만 부동산 시장은 사이클이 있다. 경기처럼 오르내림이 있다는 이야기다. 그런데 언론이나 유튜브에서 집 없는 사람을 '벼락거지'라고 폄훼하고, 주변에서 누가 집을 샀다는 소리에 휩쓸린 게 결과적으로 영끌로 이어졌고, 지금 고생하고 있는 것 아닌가. 내 옆에 있는 친구나 동료가 나랑 별 차이도 없는데, 그 친구는 집을 사서 하루아침에 몇 억 원을 벌었다고 하고, 차도 외제차로 바꾸는 것을 보고 있으면 나만 바보가 아닌가 하는 자괴감이 드는 건 당연하다. 그런데 사회생활을 이제 막 시작한 상황에서 집처럼 거의 평생을 지내는 주거 공간을 그렇게 주변 분위기에 휩쓸려서 서둘러 판단하면 안 된다. 너무 후유증이 크고 오래가기 때문이다. 이번에 영끌한 2030들은 향후 5 ~ 10년 동안 올 수 있는 기회를 사실상 놓친 셈이다. 그게 너무 아쉽다. 앞으로 좋은 기회가 굉장히 많이 남아 있을 것이다. 지금 당장은 3기 신도시가 2030들에게 좋은 기회다. 정부가 책임지고 공급해주고 시세보다 최대 70%까지 저렴하게 교통망까지 갖춰진 좋은 지역에 새 아파트를 제공하겠다는 것이 아닌가. 이런 기회는 앞으로도 쉽지 않다. 특히, 신도시는 3기를 끝으로 중단될 가능성이 크다. 이번에 집을 사지 않은 2030들은 3기 신도시를 반드시 노리기를 바란다. 사회 생활 초반, 인생의 3분의 1도 지나지 않은 지금 시기에 벌써부터 이른바 재테크의 노예가 되지 말고, 자신의 인생을 더 풍부하게 만들 수 있는 다양한 활동에 삶의 중심을 두길 바란다.

Q 4050세대는 어떻게 하는 게 좋을까?

A 4050 무주택자들에게도 한두 번 기회가 남지 않았을까 생각한다. 게다가 이제 은퇴 준비를 해야 할 시기다. 가장 중요한 점은 자식에 대한 욕심을 내려놓자는 것이다. 은퇴 준비를 제대로 했다는 사람이 10명 중 2명도 채 안 되는 게 우리 현실인데, 가장 큰 이유는 자녀 교육이나 자녀에 대한 지원 때문이 아닌가? 자식 문제에 대한 집착만 내려놓으면 노후 문제도 가장 근본적인 해결책이 나온다. 대학 학자금까지 대주면 부모의 역할은 끝났다고 봐야 한다. 그리고 100세 시대를 살아야 한다는 점에서 뭔가 믿을 구석을 만들 필요도 있다. 집이 이미 있고, 여유가 있는 사람은 집을 한 채 더 사는 게 전략적인 방법이 될 수 있다. 앞서 전망한 집값이 한 번 더 급락할 때를 이용하면 좋을 듯하다. 2주택에 대한 세금 부담도 일단 현재 상황에서는 많이 줄어든 것도 장점이다. 한 채는 그냥 쭉 살고, 다른 한 채는 주택연금을 받아도 되니 자금 여력이 있는 사람은 2주택까지 고려해보자. 다만 3주택 이상은 세금부터 정부 규제까지 이중, 삼중으로 부담이 커지기 때문에 웬만하면 피해야 하는 선택지라고 생각한다. 구체적으로 서울이나 수도권의 역세권 인근은 사도 손해는 안 볼 거라고 본다.

Q 60대 이후는 어떻게 하면 좋을까?

A 사실 60세 이후로는 있는 것을 잘 관리하는 게 제일 중요하다. 재산을 굳이 더 늘리겠다고 무리하다가 그나마 있는 것까지 잃지 않아야 한다. 재테크는 당연히 계속 관심을 갖고 다양하게 투자해야 한다. 금융이

나 부동산에 대한 공부도 지속적으로 할 필요가 있다. 지금 우리 가계 자산의 부동산 비중이 70%가 넘는데, 이걸 미국이나 일본처럼 30%대 수준까지 대폭 낮춰야 한다. 그러려면 주식이나 채권, 외환 등 다양한 금융상품으로 투자 수단을 늘려야 한다. 그게 리스크를 줄이는 방법이기도 하다.

경매는
해볼 만한
투자 상품인가?

경매 시장이 뜨겁다. 2023년 2월 말 기준으로 평균 응찰자 수가 2020년 6월 이후 최대치를 찍었다. 2022년 10월에는 이 수치가 2명대에 그쳤는데, 불과 5 ~ 6개월 사이에 응찰자가 4배 가까이 급증한 것이다.

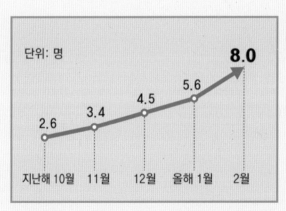

서울 아파트 경매 평균 응찰자 추이 | 출처 : 지지옥션, 동아일보

반면 낙찰가율은 6개월 만에 최저치를 기록했다. 집값이 계속 떨어질 것 같으니 관심 있는 사람들은 늘었지만, 그렇다고 '오버 슈팅(과도한 입찰가 제시)'은 별로 없다는 이야기다. 다시 말해 투자 수요보다는 실거주 수요가 우위에 있는 셈이다.

경매는 장단점이 뚜렷한 투자 상품이다. 주택 등을 시세보다 20 ~ 30% 싸게 살 수 있다는 게 가장 큰 매력인 반면, 기본적으로 권리 관계에 하자가 있는 물건을 다루다 보니 낙찰을 받더라도 입주 때까지 일정 수준의 우여곡절이 불가피하다. '명도'라든가 '권리 분석' 등 일반적인 부동산 거래에서는 듣도 보도 못한 어려운 전문용어들도 알아야 한다. 하지만 이런 일종의 '진입장벽' 때문에 오히려 자신의 노력에 따라 저렴하게 내 집을 마련할 수 있을 뿐 아니라, 투자 비용 대비 높은 수익을 내기에 좋은 상품임에는 분명하다. 특히, 부동산 시장이 좋을 때, 즉 집값이 많이 오를 때보다는 장이 요즘처럼 한풀 꺾였을 때가 좋은(싼) 물건도 많고 경쟁자도 적다. 그렇다 보니 몇 년 전부터 2030 등 젊은 세대들의 참여가 크게 늘고 있는 것이 경매 시장에 나타난 큰 변화기도 하다. 2023년 1월 말 기준, 서울의 경매낙찰자를 연령으로 보면 2030 세대가 30%, 50대가 28%, 40대가 25% 순으로 나타날 정도로 젊은 층의 참여가 활발하다.

(단위:%)

70세 이상
6.0

60~69세
20.7

50~59세
28.5

19~29세
4.9

30~39세
15.0

40~49세
24.9

※지난달 말 소유권이전등기 신청 기준
자료: 법원 등기정보광장

연령별 경매 낙찰자 비중 | 출처 : 법원등기정보광장, 한경신문

그러면 경매는 지금 해볼 만한 투자일까? 지우옥션 박갑현 이사로부터 설명을 들어봤다.

Q 최근 부동산 경매 시장이 매우 활황이라고 하던데?

A 경매 물건이 많이 나오고 있다. 활황이라고 하면 입찰자가 굉장히 많아서 경쟁이 치열하다는 의미로 쓰이는데, 지금 상황은 입찰자나 경쟁이 치열하지는 않은 반면 나오는 물건은 많다. 시장에 들어오기에는 좋은 상황이라고 볼 수 있다.

Q 경매는 어려운 투자 상품인가?

A 옛날만큼 경매가 어렵지는 않다. 예전에는 권리관계가 복잡한 물건들이 많았고, 부실 대출도 많았다 보니까 입찰자들이 잘못 낙찰받아서 손실을 보는 경우가 많았다. 하지만 지금은 제도적으로 시스템이 잘 정비되

어서 낙찰자가 잘못 사서 손해를 많이 보는 일은 흔하지 않다. 그렇지만 여전히 물건 자체에 대한 분석을 제대로 하지 못해서 이것저것 추가 비용까지 해서 남는 게 별로 없다든지 하는 그런 경매 물건은 여전히 있다. 왜냐하면 경매는 물건을 고르고 그 가격 자체를 투자자, 그러니까 입찰자가 정하는 것이기 때문에 물건의 가치를 제대로 판단하지 못해서 가격을 잘못 책정하면 손해를 볼 수 있기 때문이다.

Q 경매를 공부하다 보면 권리 분석이라는 용어는 많이 들어봤는데, 가치 분석은 또 뭔가?

A 권리 분석은 물건이 하자가 있는지 없는지, 낙찰받았을 때 권리관계는 깨끗한지, 나한테 소유권이 깔끔하게 넘어올 수 있는지를 평가하는 작업이다. 반면 가치 분석은 쉽게 이야기하면 일종의 건강진단서 같은 것이다. 낙찰받은 뒤 나중에 투자 가치가 있는지, 내가 사는 금액이 비싼지 싼지 등에 대한 것을 말한다. 권리 분석은 요즘 경매정보업체에서 워낙 잘 정리해 제공하고 있어 초보자들도 그리 큰 부담이 되지 않지만, 가치 분석은 다소 전문가의 영역이라고 볼 수 있다. 시간과 공력을 많이 들여서 물건을 보는 눈을 길러야 하기 때문이다.

Q 그렇다면 초보자들은 어떻게 시작하면 좋은가?

A 처음부터 권리 분석이나 어려운 것을 하려고 하지 말고, 기본적인 공부부터 시작하는 게 좋다. 유튜브를 봐도 좋고, 책으로 공부하는 방법도 있다. 최소한 경매 절차라든지 방법 정도는 일단 알고 해야 되고, 아파

트나 빌라, 상가, 오피스텔 등 자신이 필요로 하는 물건에 맞는 한 권리 분석 정도는 익혀놓아야 한다. 물건 찾기는 보통 경매정보업체에서 제공하는 경매 자료를 가지고 주로 검색하는데, 대부분 유료로 제공되기는 해도 1차적인 권리 분석이 되어 있어서 편리하게 이용할 수 있다. 또 필요할 경우 무료 상담도 해주기 때문에 자기가 필요로 하는 아파트가 있다고 하면 인근 시세는 별도로 직접 알아본다고 해도 이게 좋은 물건인지 아닌지에 대해서는 경매정보업체에서 제공하는 권리 분석 내용을 가지고 1차적으로 필터링하고, 무료상담 등을 통해 좀더 깊이 있는 분석을 하는 게 좋다. 경매 물건은 법원 경매정보 사이트에서 볼 수 있다. 사이트에 들어가 '물건 상세 검색'을 누르면 용도별·지역별로 경매에 나온 물건을 볼 수 있다. 관심이 가는 물건을 누르면 감정 가격과 면적, 실제 사진, 매각 기일, 해당 일자에 경매가 이뤄지는 법정 장소, 경매 결과 등을 알 수 있다. 지지옥션이나 네이버부동산경매 등 민간에서 운영하는 사이트도 있다.

Q 컨설팅업체들은 어떻게 찾나?

A 컨설팅업체는 크게 세 종류가 있는데, 가장 쉽게 접할 수 있는 것은 공인중개업소 중에 '법원 매수 신청 대리 등록 업체, 경매 전문' 이렇게 표시되어 있는 중개업소를 찾아가는 방법이 있다. 이게 가장 비용도 저렴하고 손쉽게 접할 수 있는 컨설팅업체고, 그다음에는 법원 주위에 있는 법무사나 변호사와 상담하는 방법이 있다. 각각 장단점이 있는데, 공인중개업소 같은 경우에는 부동산에 대해서 굉장히 해박한 반면 법률적인 부분은 다소 취약할 수 있고, 법무사나 변호사는 경매 절차라든지 이런 법률적인

부분에 대해서는 굉장히 해박하지만 부동산의 가치라든지 나중에 얼마나 좋아질지, 이런 부분에 대해서는 약할 수 있다.

Q 권리 분석까지 끝냈으면 이제 가치 분석을 해야 하는데 어떻게 하는지?

A 가치 분석의 가장 기본은 시세 파악이다. 경매는 일단은 감정가 대비 입찰할 당시에 최저 입찰가가 정해져 있기 때문에 대부분 그 가격 차이를 보고 접근한다. 한 번 유찰될 때마다 20%씩 떨어지기 때문에 두 번 유찰되면 10억 원의 아파트가 6억 4,000만 원이 되는 셈이다. 시세에서 40%나 떨어졌다고 생각하면 매우 싸다고 생각되는데, 여기서 중요한 게 기준점, 즉 감정가다. 감정가는 실제 경매 들어오기 6개월이나 1년 전에 잡힌 가격이기 때문에 40%가 하락했다고 해서 무조건 싸다고 달려들면 안 된다는 이야기다. 그렇기 때문에 지금 법원에서 입찰 예정인 물건의 최저가와 감정가, 시세 이 3가지를 비교분석해서 집값이 현재 기준으로 얼마나 싼지를 알아야 입찰가, 즉 내가 얼마의 가격을 법정에 써낼 것인지를 가늠할 수 있다.

여기에 또 고려해야 할 것이 향후 집값 전망이다. 지금은 전체적으로 금리도 높고, 부정적인 전망이 많기 때문에 입찰을 하더라도 공격적으로 베팅을 하기보다는 안정적인 시세 차익을 낼 수 있게 입찰가를 산정해야 한다. 지금 제가 판단하기에 서울 수도권 기준으로 아파트만 놓고 봤을 때 가격이 20 ~ 30% 정도는 빠졌다. 경매는 이 빠진 금액에서 20 ~ 30% 더 싸다는 말이다. 결국 고점 대비 거의 절반 가격 정도가 되니까 요즘 가격이라면 한번 도전해볼 만한 가격대로 볼 수 있다.

Q 무엇부터 시작하면 될까?

A 일단 자신의 예산을 먼저 체크해서 어느 정도의 자금을 움직일 수 있는지 계산하는 게 첫째 할 일이다. 그다음은 주택 보유 여부에 따라 다른데, 무주택자나 또는 1주택자 기준으로 봤을 때 서울의 투기 지역을 제외한 나머지 지역 같은 경우에는 약 70%까지 대출이 된다. 예를 들어 5억 원의 집을 산다고 하면 3억 5,000만 원까지 대출이 되니까 1억 5,000만 원 플러스 알파, 그러니까 넉넉 잡아 한 2억 원 정도의 자금이 있으면 된다는 이야기다. 다만, 사고자 하는 금액대에서 대출을 70%까지 최대한 잡으면 나중에 이런저런 부대 비용으로 자금이 부족할 수도 있으니까 최대 대출 금액을 50 ~ 60% 수준에서 잡는 게 안정적이다. 이렇게 자금 상황을 파악하고 나면 물건을 찾으면 되는데, 앞에서 소개한 사이트들에 들어가서 원하는 지역과 단지 등을 선택하고 권리 분석과 가치 분석을 마친 다음 실제 경매에 나서면 된다. 주변 시세는 국토교통부의 실거래가 공개 시스템에 들어가 해당 물건과 주변의 최근 거래 가격을 알아보고, 아실이나 호갱노노 같은 부동산 정보 앱을 통해 가격대를 확인하면 된다.

Q 경매에 직접 참여하려면?

A 우선 법원 경매 사이트에서 마음에 드는 물건을 찾고, 그 물건의 입찰 기일을 확인해 해당 법원에서 입찰에 참여하면 된다. 현장에 가서는 경매 게시판에서 그날 물건 목록을 먼저 살펴보고 내가 들어가려는 물건의

경매가 취하되거나 매각 기일이 바뀌지 않았는지 확인한다. 준비물은 신분증, 도장, 입찰 보증금이다. 경매가 시작되면 집행관의 주의사항을 들은 후 입찰표와 입찰 봉투를 받아 입찰 금액란에 원하는 가격을 숫자로 적어 내면 된다. 주의할 점은 잘못 작성했다면 수정하지 말고 반드시 새로운 입찰표에 다시 써야 한다. 수정하면 입찰이 무효가 되기 때문이다. 만약 입찰 금액을 착각해 잘못 적었다가 낙찰되면 입찰 보증금을 그대로 날리게 된다. 입찰 보증금은 최저 매각 가격의 10%다.

Q 경매에서 낙찰을 잘 받을 수 있는 팁이 있다면?

A 제일 중요한 게 시세 파악을 제대로 하는 것이다. 시세를 정확히 알아야 입찰가를 산정할 수 있다. 경매업체에서 제공하는 데이터를 통해 최근 낙찰 사례, 최근 6개월 ~ 1년 치의 낙찰 통계, 그리고 실제 거래 사례 등을 참고한다. 이런 정보들을 기준으로 해서 시장 분위기를 감안해 최종 입찰가를 써내는데, 시장 분위기가 좋지 않기 때문에 직전 낙찰가나 직전 낙찰가율보다는 2 ~ 3%, 많게는 한 5% 정도 싸게 입찰가를 책정해도 괜찮을 듯하다.

어차피 입찰 물건이 계속 늘어나고 있고 이 분위기는 당분간은 지속될 것이라고 보기 때문에 너무 무리하게 높게 쓸 필요는 없다. 반드시 꼭 이 물건을 낙찰받아야 되겠다 하는 생각보다는 안 되어도 어차피 다른 물건들도 있으니까 다음에 다시 기회를 노리자는 유연한 마음으로 입찰에 임하는 게 좋다. 5번 ~ 10번 정도 시도해서 그중에 하나를 낙찰받겠다는 식으로 접근하는 것도 좋다.

Q 낙찰을 받으면 그다음은 어떻게 하나?

A 일반 매매를 하면 잔금을 치르고 입주를 하니까 입주 시점을 정확히 예측하고, 움직일 수 있지만 경매는 입주 시점을 정확히 예측할 수 없다. 보통 경매 절차상 낙찰을 받고 나면 보름이나 20일 정도 뒤에 잔금을 낼 수 있는데, 보통은 잔금 납부에 30 ~ 40일 정도 걸린다. 잔금을 치르고 낙찰 물건에 대한 소유권을 취득한다는 것이다. 소유권을 취득하고 나면 다음 과정은 명도다. 기존에 살던 사람을 내보내는 과정을 명도라고 하는데, 별 문제 없으면 잔금을 내고 한두 달 정도 걸리지만, 일이 꼬이면 4 ~ 5개월 이상 걸릴 수도 있다. 잔금까지 다 내고 난 상태에서 입주자와 협상을 해서 내보내야 하는데, 이게 일반인들 입장에서는 제일 부담되는 부분이다. 하지만 명도도 내가 직접 못하면 대행을 맡기면 된다. 명도를 대신해주는 업체들이 있기 때문에 비용을 좀 더 들이는 대신 껄끄러운 일을 직접 하지 않아도 된다.

Q 명도가 경매의 가장 난관이라고 하는 사람이 많다. 현장에서 잘할 수 있는 요령이 있다면?

A 보통은 거주자가 피해를 본 경우가 많기 때문에 낙찰 이후 명도에 쉽게 응하는, 즉 집을 비워주지 않는 경우가 대부분이다. 대행을 하든 내가 직접 하든 일반적인 방법은 찾아가서 일종의 위로금으로 이사 비용을 지원해주는 것이다. 서울 30평대 아파트의 경우 적게는 2, 300만 원에서 많게는 500만 원 수준까지 제공하는 방식이다. 법적으로 줄 의무는 없지만 거주자를 내보내야 내가 입주를 하든지 세를 놓든지 하기 때문에 어

차피 들어갈 돈이라고 생각하는 게 좋다. 이사 비용을 터무니없이 요구하거나 퇴거를 거부하면 법원에 강제집행 신청을 하는 수밖에 없다. 이 방법 역시 비용은 이사 비용 수준으로 든다. 피차 번거롭고 시간도 오래 걸리니 이사 비용으로 해결하는 게 가장 현실적인 방법이다. 대행을 맡길 경우 보통 낙찰 금액의 0.5% 수준의 비용이 든다. 5억 원의 집을 낙찰받았다면 250만 원 정도 든다고 보면 된다.

Q 마지막으로 경매 초보자들에게 조언을 해준다면?

A 개인적으로 많이 받는 질문 중 하나가 "경매를 하고 싶은데 어떤 책을 보면 되냐?"고 추천을 해달라는 것이다. 그럴 때마다 꼭 하는 이야기가 얼마 동안 얼마를 벌었다는 무용담 같은 내용의 책은 보지 말라고 한다. 왜냐하면 그런 책을 읽어서는 실질적인 도움이 안 되기 때문이다. 권리 분석의 내용이 알차게 들어 있다든지 낙찰을 받는 데 실질적인 도움이 되는 내용보다는 자기를 과시하는 내용들이 주로 실려 있는 경우가 많다. 그런 책보다는 경매에 처음에 어떤 식으로 접근해야 될지, 권리 분석은 어떻게 해야 하는지 등 기본에 충실한 책을 추천한다. 일단은 경매에 대한 어느 정도 이해가 필요하기 때문에 책을 두세 권 정도는 최소한 보시는 게 좋다. 책을 선택할 때는 너무 어려우면 잘 안 보게 되니까 앞의 몇 장을 읽어보고 그냥 제일 이해가 쉽고 술술 읽혀 넘어가는 책을 두세 권 정도 본 다음 관심 있는 분야로 넘어가는 게 좋다. 유튜브도 참고하면 좋은데, 선택의 기준은 역시 마찬가지다.

마스턴자산운용 유나무 이사

리츠(REITs)는
해볼 만한
투자인가?

리츠(REITs)는 공모를 통해서 투자자를 모집한 뒤 그 자금으로 부동산에 투자해서 수익을 배당하는 부동산 간접 투자 상품을 말한다. 부동산 투자를 하면 내가 직접 집이나 토지, 상가 등을 거래하는 게 일반적이지만 리츠의 경우 1960년 미국에서 최초 도입된 이후 2000년 이후 유럽 및 아시아 지역에 급속히 확산되었고, 1994년 5개 국가에서만 시행되었으나, 2016년 말 기준 37개 국가에서 시행되고 있다. 다른 금융 상품에 비해 출발은 다소 늦었지만 빠르게 성장하고 있다.

구분	미국	호주	일본	싱가포르	홍콩
도입	1960년	1971년	2000년	2002년	2003년
규모	227개, 1,183조원 (1개당 5.2조)	56개, 113조원 (1개당 2.0조)	58개, 114조원 (1개당 2.0조)	36개, 55조원 (1개당 1.5조)	12개, 29조원 (1개당 2.4조)
유형	제한없음 (대부분 회사형, 자기관리)	신탁형, 위탁관리 (결합증권형 가능)	회사형,위탁관리	신탁형, 위탁관리	신탁형, 위탁관리

국가별 리츠 시장 현황 | 출처 : 국토교통부

국내에서 리츠는 2002년 5,000억 원대로 시작해 2013년에 10조 원을 넘은 뒤, 2020년 기준 63조 원 규모로 성장했다. 수익률도 2010년대 초반 이후 지속적으로 높아지고 있는데, 코로나19 첫 해인 2020년에는 11%가 넘는 높은 수익률을 기록하기도 했다.

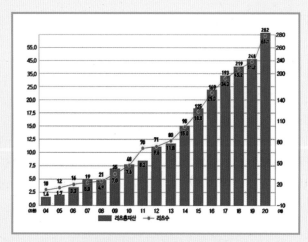

국내 리츠시장 추이 | 출처 : 국토교통부

연도별	리츠평균		CR리츠		위탁리츠		자기관리리츠	
	개수	수익률	개수	수익률	개수	수익률	개수	수익률
2012	71	5.1	32	6.8	24	3.4	15	0.9
2013	80	6.1	29	8.0	38	4.7	13	3.6
2014	98	5.6	31	7.0	56	4.9	11	3.5
2015	125	7.6	32	6.8	85	8.2	8	7.2
2016	166	10.6	32	7.2	131	12.6	6	4.5
2017	193	7.6	31	9.9	157	6.6	5	2.6
2018	219	8.5	31	12	184	7.2	4	3.5
2019	247	9.4	29	15.8	214	8	4	5.1
2020	282	11.1	26	20.7	252	9.6	4	6.3

국내 리츠 최근 수익률 추이 | 출처 : 국토교통부

다만 리츠는 아직 국내 시장에서 크게 활성화되지 않은 상품이다. 시가총액 기준으로 우리 부동산의 규모를 감안할 때 아직 리츠 시장의 규모가 미흡하다는 것인데, 역으로 보면 그만큼 앞으로 성장 가능성이 높다는 의미도 된다. 특히, 시장이 커질 경우 리츠가 갖고 있는 시장 변동성 축소 기능(이미 선진국에서는 검증됨)이 우리 부동산 시장의 변동성을 줄여줄 수 있을 것이라는 기대도 나온다. 우리 가계 자산이 실물 부동산에 너무 집중(78%)되어 있는 상황을 감안할 때, 자산구성의 리스크 축소를 위해서라도 같은 부동산이지만 간접 투자 상품인 리츠의 활성화가 필요하다는 이야기다. 특히, 리츠는 장기 투자에 유리하고, 시장 변동성을 감안할 때 비교적 안정적인 수익률을 올려주는 특성이 있어서 DC형 퇴직연금이나 IRP 등을 통해 사회 초년시절부터 일찌감치 들어두면 복리 효과도 톡톡히 누릴 수 있다는 평가다. 리츠에 대한 이야기는 국내 최대 부동산 전문 자산 운용사 가운데 하나인 마스턴자산운용의 유나무 이사로부터 들어봤다.

Q 리츠는 어떤 투자 상품인가?

A 투자자들로부터 자금을 받아서 위탁 운용하는 회사가 자금을 갖고 건물 등 부동산을 사서 건물에서 나오는 임대 매출, 매입·매각과 관련된 비용 등 수익을 정산해서 투자자에게 돌려주는 상품이다. 부동산을 대상으로 하는 상품으로는 부동산 펀드도 있는데, 리츠는 상장이 되어 있다는 점이 부동산 펀드와 차이다. 리츠는 상장이 되어 있다보니 공시의무와 같은 법적인 테두리 안에 들어와 있어 좀더 투명성이 담보되고 거래가 활발

할 수 있다.

실물 부동산은 예를 들면 압구정 아파트를 샀다면 매도를 하는 데 오래 걸리지만 리츠는 주식처럼 거래를 하기 때문에 사기도 쉽고 팔기도 쉬운 게 특징이다. 또 주식처럼 해당 부동산 물건에 대한 자세한 분석도 볼 수 있어서 이 리츠(종목)가 괜찮은 부동산 자산을 담고 있는지 확인하기도 용이하다. 또 상장되어 있기 때문에 감사도 받아야 되는 등 기본적으로 주주의 이익을 침해하는 행위에 대해서 견제 수단이 많다는 것도 장점이다.

Q 리츠는 어떻게 투자하면 되는 건가?

A 주식이랑 똑같다. 거래소에 상장되어 있는 리츠 종목을 삼성전자 주식을 사듯이 사면 된다. 해외의 경우 리츠 주가의 변동성이 개별 종목에 비해 작은 편인데, 국내 증시에 상장된 리츠의 주가는 전반적이 시장 상황과 유사하게 움직이는 특징이 있다. 리츠의 주요 투자 대상이 대형 빌딩인데, 일반적으로 부동산 시장에서 빌딩 가격, 특히 강남 등 1급지에 있는 부동산 자산은 경기나 시장 분위기에 비해 가격 변동이 작지만 이를 자산으로 하는 리츠의 경우 해당 자산의 가치에 비해 주가 변동성이 좀 큰 편이다. 우리의 리츠 시장이 아직 활성화되지 않은 측면도 있고, 리츠에 대한 시장이나 투자자의 이해도가 좀 약한 것도 이유라는 생각이 든다. 시장이 좋을 때도 자산 가치의 상승만큼 주가에 반영되지 않는 편이다. 이런 문제들은 아직 우리 리츠 시장이 작기 때문에 나타나는 현상이다. 리츠 선진국들도 초기에는 비슷한 현상이 있었고, 규모가 커지면서 리츠의 장점인 개별 종목보다 적은 변동성, 높은 배당수익률 등의 효과가 나타났다. 기

다리면 될 문제라고 본다.

Q 리츠 투자를 어떻게 접근하면 좋을까?

A 기본적인 투자 성향이 '하이 리스크, 하이 리턴'을 선호하는 사람보다는 배당을 중시하는 안정적인 투자 성향의 투자자에게 적절한 상품이라고 생각한다. 변동성이 적고, 배당 수익률이 조금 덜 해도 그냥 안정성이 조금 높은 이런 것들을 좋아하는 분에게 추천하고 싶다. 한마디로 성장주보다 가치주 투자 성향의 투자자에게 잘 맞는 투자 상품이라는 이야기다. 특히, 퇴직연금 DC형이나 IRP처럼 기본적으로 안정적 성향의 투자를 추구하는 자금의 경우 리츠 투자를 적극적으로 권하고 싶다. 이들 자금으로 리츠 투자를 할 경우 배당소득세를 면제받는다는 게 장점이다. 배당주의 예를 들면, SK텔레콤이 5%의 배당을 한다고 해도 개별 종목으로 갖고 있으면 배당소득세 15.4%를 떼므로 그만큼 최종 수익률이 줄어들지만, 이를 DC형 퇴직연금이나 IRP로 보유하면 세금만큼 수익률을 높일 수 있게 되는 셈이다. 퇴직연금 등처럼 장기간 투자하는 상품의 경우 복리 효과를 누릴 수 있기 때문에 연간 1%P의 수익률을 더 낸다고 하면 2, 30년 뒤에는 수익 규모가 몇 배로 늘어나는 효과가 있다. 복리 효과를 제대로 누리는 데 리츠가 좋은 상품이 될 수 있다는 의미다.

Q 퇴직연금 DC형의 경우 리츠를 담지 않는 판매사들도 있던데?

A 내 퇴직연금 DC형 상품 중에 리츠가 없다고 하면 판매사를 아예 바꾸는 것도 방법이다. 리츠를 추천 포트폴리오에 담고 있는 판매사를 찾

아서 해당 리츠들의 수익률이나 자산 구성 내용을 살펴본 뒤 가급적 1급지 중심의 부동산을 담고 있는 리츠를 선택하는 게 장기적으로 안전하다.

Q 앞서 리츠라는 상품이 미국 등 금융 선진국에서 먼저 시작되었다고 했는데, 글로벌 리츠 투자가 수익률이 더 좋은가?

A 미국은 워낙 다양한 부동산 자산에 투자가 이뤄지기 때문에 평균 수익률이 5%라고 해도 상품에 따라 수익률이 천차만별이다. 특히, 미국의 리츠 상품들 가운데 직접 개발까지 하는, 다시 말해 디벨로퍼 역할을 하는 상품들도 있는데, 이런 상품은 수익률이 높은 만큼 리스크도 크다. 일본은 주로 개인의 자금으로 운용하는 신탁 회사들이 리츠 상품에 들어오는 비율이 절반 가까이 되기 때문에 비교적 안정적인 수익을 내고 있다. 나라마다 국민들의 투자 성향 등에 따라 수익률은 다양하게 나타난다. 국내 리츠와 마찬가지로 글로벌 리츠도 경기나 부동산 시장의 영향을 받지만, 해외 리츠의 경우 시장 규모도 워낙 크고, 사고파는 주체와 상품도 워낙 다양하다 보니 그런 변동성이 다소 줄어드는 경향이 나타난다. 일종의 포트폴리오 효과라고나 할까. 투자 상품이 다양하니 특정 종목에 집중해서 생기는 몰빵 리스크를 줄일 수 있고, 투자자들이 많아서 거래가 활발하다 보니 특정 종목에 발목이 잡히는 리스크도 줄어들기 때문이다.

글로벌 리츠는 주식과 채권 사이에서 자리를 잘 잡았다. 주식보다는 변동성이 크지 않고, 수익률이 작지만 채권보다는 변동성이 크고, 수익률도 높은 이런 개념으로 보면 된다. 국가경제 전체의 입장에서 보면 리츠 상품이 많을수록 부동산 거래의 투명성도 높아지고, 경기 변동기에 따른 리스크도 줄어드는 효과가 있는데, 우리도 리츠 시장이 더 커지면 이런 효과를 얻을 수 있다는 점에서 정부가 배당소득세 면제 이상의 리츠 활성화 정책을 내놓으면 주기적으로 부동산 시장이 급등과 급락을 하는 이러한 시장 상황이 다소 개선되지 않겠는가 생각한다.

Ⓠ 리츠에 대한 투자 조언을 한다면?

Ⓐ 리츠는 무조건 장기 투자를 한다고 생각하는 게 좋다. 신입사원 때부터 퇴직연금 DC형이나 IRP를 통해 리츠에 투자를 하는 게 좋다. 앞서 언급한 대로 복리 효과를 최대한 누리기 위해서다. 매년 1%P씩 복리 이자를 받는다고 생각하고, 20, 30년을 생각하고 리츠 상품을 포트폴리오에 포함시키길 적극 권고한다. 가급적 상품 선택은 상품명 앞에 대기업 브랜드가 들어 있는 상품을 찾되, 마스터 리스(Master Lease)라고 해서 해당 대기업의 임대 비율이 높으면 높을수록 안정적인 수익을 낼 수 있는 리츠를 선택하는 게 좋다. 그리고 수익률을 볼 때는 몇 년 평균 수익률 이런 것을 보지 말고 현재 시가 배당률을 참고하는 게 좋다.

한국 부동산 시장은
일본을
따라갈 것인가?

집값 하락세가 3년을 간다, 5년을 간다, 2030년까지 반등은 없다 등 등 다양한 시장 전망이 쏟아지고 있다. 과거에도 집값이 떨어지면 늘 따라붙는 주제 가운데 하나가 '한국 부동산 시장이 일본의 잃어버린 20년을 따라가는 게 아니냐' 하는 이슈였다. 일본은 1970 ~ 1980년대에 초호황기를 보내다가 1991년부터 이른바 '잃어버린 20년(요즘은 30년이라는 표현을 더 쓴다)'이라는 장기불황의 시기를 보냈다. 2013년 아베정부 2기 출범 이후 지금까지 거의 무제한적인 양적 완화 정책(엔저 정책)을 펼쳐오면서 고용도 늘고, 인플레이션도 2% 이상까지 오르는 모습이 나타나고 있어서 '아베노믹스'의 효과가 나타나고 있다는 분석도 있지만, 과거의 화양연화 시절로 돌아갈 것으로 보는 시각은 찾아보기 어렵다. 우리도 일본처럼 집값은 계속 떨어지고, 소비는 위축되는 그런 장기 불황(디플레이션)으로 들어가는 게 아니냐는 것이 요즘 국내 집값이 떨어지면서 다시 불거지고 있는 셈이다.

우리가 일본처럼 갈 것이냐에 대해서는 전문가마다 의견이 많이 다르다. 일본과는 다르다는 주장은 우리는 일본처럼 갑작스런 통화 정책의 변화를 통해 시장의 충격을 주지 않을 것이라는 점이 주로 거론되고, 1990년 당시 일본만큼 부동산 시장에 거품이 끼지 않았다는 주장도 근거로 제시된다. 반면, 우리도 일본처럼 될 수 있다는 주장의 근거에는 급격한 고령화, 역대 최고 수준의 집값(2021년 기준), 글로벌 위기 우려, 가계 자산의 과도한 부동산 집중 현상 등이 지적된다. 전망은 전망이니 만큼 각각의 주장에 대한 근거들을 충분히 이해하고, 자신이 아는 범위에서 소화하면 될 듯하다. 이 책에서는 버블 붕괴 시기에 일본 현지에서 근무하며 당시 상황을 직접 지켜봤던 트러스톤연금포럼의 강창희 대표의 견해를 인터뷰 형식으로 소개하고자 한다. 역시 지극히 개인적인 의견이라는 것을 전제로 보길 바란다.

Q 집값이 하락세를 보이면서 우리 부동산 시장이 흔히 '잃어버린 30년'으로 불리는 일본의 부동산 시장의 사례를 따라가는 게 아니냐는 우려가 커지고 있는데, 가능성이 있다고 보시는지?

A 지금 국내 부동산의 불황이 순환적인 불황인지 장기 구조적 불황인지를 먼저 살펴볼 필요가 있다. 예를 들어 2007년 집값이 피크를 찍었을 때로 가보면 강동구 둔촌동 올림픽 공원이 있는 동네에 34평 아파트가 12억 원까지 올라갔다. 그러다가 2008년 금융 위기가 터지고 나서 6억 원으로 절반 수준까지 급락했다. 그 이후 다시 집값이 서서히 반등하다가 3년 전인 2019년부터 다시 급등하면서 그 수준을 넘어섰다. 이런 걸 순환적인

불황이라고 하다. 순환적 불황은 어려운 시기가 지나면 다시 회복하는 건데 일본의 사례는 이런 순환적 불황이 아니라 30년 넘게 불황이 이어지는 장기 구조적 불황이다. 개인적으로는 우리 상황이 일본의 장기적 불황과 비슷하게 될 가능성이 크다고 보고 있다.

Q 그렇게 보는 근거는 무엇인지?

A 첫째로 구매력 평가환율(PPP)을 사용한 2019년 가구당 순자산을 계산한 결과 미국 917,000달러, 호주 784,000달러, 캐나다 606,000달러, 한국 594,000달러, 프랑스 572,000달러, 일본 50만 달러 이렇게 나왔다. 우리나라가 일본보다 94,000달러가 더 높은 것으로 나온 것이다. 세계 최고의 선진국이라고 하는 G7 회원국 가운데 우리가 미국과 캐나다 다음으로 프랑스와 일본보다도 순자산이 많다는 것이다. 우리보다 몇 십 년 앞서 자본 축적을 시작한 나라들보다 우리가 더 부자라는 이야기인데, 아무리 물가를 감안했다고 하지만 믿어지지 않는 이야기지 않나. 그런데 문제는 우리 가계 자산은 78%가 부동산이고, 금융 자산이 22%에 불과하다. 미국은 34%, 일본은 36%가 부동산 자산이고, 반대로 미국은 금융 자산이 66%, 일본은 64%다. 우리와 완전 반대인 상황이다. 한마디로 말하면 우리나라는 자산 = 부동산인데, 부동산 가격이 비싸니까 부자처럼 보인다는 이야기다. 옛날처럼 앞으로 계속 오르면 상관없겠지만 만약 집값이 떨어진다고 하면 부동산 자산이 대부분인 우리 가계는 금방 자산이 쪼그라든다는 의미다.

한 가지 더 걱정스러운 대목은 일본과 비교해보면 우리나라 땅 넓이가 10만 제곱킬로미터 정도인데, 일본은 땅 넓이가 38만 제곱킬로미터다. 우리 땅이 일본 땅의 약 4분의 1 규모인데도 부동산 가격은 일본보다 더 비싸다는 이야기다. 2020년 기준 가격으로 우리나라 남한 땅을 다 팔았다고 가정하면 일본 땅을 다 판 돈의 약 4분의 3이다. 땅 넓이는 4분의 1인데 땅값은 4분의 3, 그러니까 일본 땅 3평을 팔아야 우리나라 땅 한 평을 산다는 이야기다. 그만큼 우리 부동산 가격이 비싸다는 의미다.

내가 도쿄에서 근무하던 1980년대 버블기에 일본 부동산 가격이 한창 비쌀 때는 도쿄 중심가에 천황궁이 있는 지요다구라는 지역이 있는데, 이 지역 한 군데만 팔아도 캐나다의 땅 전부를 살 수 있었다. 도쿄 땅 전체를 팔면 미국 땅 전부를 살 수 있다고 할 정도였다. 그런데 그런 일본의 토지 시가총액이 지난 30년 사이에 절반으로 줄었다. 당시의 일본 가계의 부동산 자산 비중이 60%였다. 그랬던 게 잃어버린 30년이 지난 지금은 36%까지 줄어든 것이다.

이렇게 부동산 자산의 비중이 전체의 3분의 2를 넘을 정도로 부동산에 우리 가계의 자산이 집중되어 있는 상황에서 집값이 계속 떨어진다면 우리도 일본의 잃어버린 30년처럼 장기불황에 빠질 수도 있다는 의미가 된다. 일부에서 "우리는 일본이랑 다르다"라고 주장을 많이 하는데, 그들이 그렇게 주장하는 근거가 그리 설득력이 없다는 게 내 생각이다.

Q 일본의 부동산 자산 비중이 그렇게 줄어든 이유는 가격이 많이 떨어졌기 때문인가?

A 첫 번째 이유는 그렇다. 기본적으로 부동산 가격이 많이 떨어졌기 때문에 부동산 자산 비중이 낮아진 게 맞다. 또 하나는 부동산 가격이 20년 이상 계속 떨어지면서 일본 사람들의 부동산에 대한 생각이 바뀌었다. 일본 사람들도 버블기까지는 우리 이상으로 내 집에 대한 강렬한 욕망이 있었다. 거의 한이 맺혀 있을 정도였는데, 일본이 장기 불황에 빠지면서 집을 빚내서 사더라도 자기가 매입한 금액 이하로 떨어지니 굳이 집을 사서 내 재산이 줄어드는 선택을 할 필요가 없다는 인식이 많아졌다. 한마디로 부동산에 대한 수요가 줄어들었다는 이야기다. 경제적인 상황 때문에 집값이 떨어진 데다 수요까지 줄어드니 일본 가계의 부동산 자산 규모가 60%대 중반에서 30%대 중반으로 바뀌었고 대신 금융 자산이 두 배 수준으로 늘어났다. 우리도 시간은 오래 걸리겠지만 일본과 비슷한 상황으로 자산 구조가 바뀔 것으로 전망하는 근거가 이런 것들이다.

Q 그러면 일본 사람들은 집을 잘 안 사는 건가?

A 일본도 우리의 베이비부머 세대와 마찬가지로 2차 세계대전(일본에서는 태평양전쟁) 패전 후인 1947년 ~ 1949년 사이에 많은 아이들이 태어났다. 우리가 한국전쟁 이후 1955년부터 1963년 사이에 출생률이 급증한 것보다 7 ~ 8년 정도 빠른 시기인데, 우리는 '베이비부머 세대'라고 하고 일본은 '단카이 세대'라고 한다. 이 단카이 세대가 성인이 된 1970년대 후반부터 1990년 초반까지 일본 경제가 세계 2위 수준으로 엄청난 성장을 했

고, 그게 일본 부동산 버블의 배경이 되었다. 이들이 주택 수요를 대거 끌어올리면서 일본의 집값이 급등했던 것인데, 이들이 고령이 되어서 주택 수요자 역할을 하지 못한 것도 일본의 부동산 가격 하락의 또 다른 이유가 된 것이다. 또한 당시 일본도 도시화가 빠르게 진행되면서 지방에서 대도시로 유입된 사람들의 주택 수요까지 맞물려서 집값을 끌어올렸다가 도시화 과정이 끝나고 이제는 도시에서 지방으로 이동하는 역류 현상이 나타나고 있는 점도 일본의 부동산 시장 하락의 이유가 되고 있다.

Q 그러면 일본은 부동산 투자를 안 하는가?

A 집에 대한 수요가 줄어든 대신 간접 투자에 대한 수요는 크게 늘고 있다. 이런 추세는 일본만 그런 게 아니라 미국 등 주요 선진국 대부분에서 마찬가지로 나타나는 현상이다. 집에 투자해서 들어가는 비용, 그러니까 세금이라든가 이런 직접 비용 외에 임대인 관리 등 간접적인 부담까지 생각할 때 집이나 빌딩 등 부동산 자산을 사는 게 골치 아프고 번거로운 투자라는 인식이 커지면서 부동산 펀드나 리츠 같은 간접 상품에 대한 수요가 늘고 있는 것이다. 실제로 일본 가계의 금융 자산이 60%대 중반까지 늘어나는 데는 주식이나 채권 투자가 가장 크지만, 부동산 관련 간접 투자가 늘어난 것도 한몫했다. 실물에 투자하는 게 수익률도 안정적이지만 일단 골치가 안 아프기 때문이다.

일본에서 주택은 투자의 수단이 아니라 사는 수단, 즉 주거의 수단이 되었다. 게다가 일본은 부동산 값이 떨어지더라도 가계 부채가 별로 없기 때문에 하우스푸어가 될 걱정이 없다. 내 친구가 도쿄 인근에 있는 28평

아파트에 살고 있는데, 버블기 직전에 1억 2,000만 원에 샀던 이 집은 버블이 한창일 때 3억 6,000만 원까지 3배가 뛰었다가 지금은 절반 이하로 가격이 떨어졌다. 하지만 그 친구는 아무렇지도 않다고 한다. 어차피 살고 있고, 빚도 없기 때문에 여기서 살다가 죽으면 된다고 생각한다는 것이다. 집값이 오르든 말든 집은 투자의 수단이 아니라 주거의 수단이기 때문이라는 게 그 친구의 이야기다. 대부분 빚으로 집을 사고, 대출 때문에 집값에 유독 예민한 우리와는 삶의 안정감이 다를 수밖에 없다.

어디를 가든지, 심지어 천국일지라도,
집이 그리울 것입니다.

If you go anywhere, even paradise,
you will miss your home.

- 말랄라 유사프자이(Malala Yousafzai)

집에 가고 있다는 것을 안다면,
그 여정은 결코 어렵지 않습니다.

If you know you're going home,
the journey is never too hard.

- 안젤라 우드(Angela Wood)

스무 살부터 시작하는
슬기로운 부동산 생활

제1판 1쇄 2023년 7월 17일

지은이 임종윤
펴낸이 최경선 　　　　**펴낸곳** 매경출판㈜
기획제작 ㈜두드림미디어
책임편집 우민정 　　　　**디자인** 김진나(nah1052@naver.com)
마케팅 김성현, 한동우, 구민지

매경출판㈜
등록 2003년 4월 24일(No. 2-3759)
주소 (04557) 서울시 중구 충무로 2(필동 1가) 매일경제 별관 2층 매경출판㈜
홈페이지 www.mkbook.co.kr
전화 02)333-3577
이메일 dodreamedia@naver.com(원고 투고 및 출판 관련 문의)
인쇄·제본 ㈜M-print 031)8071-0961

ISBN 979-11-6484-587-3(03320)

같이 읽으면 **좋은 책들**

부자 경매의 시작
알기 쉬운
특수 경매

신방수 세무사의
확 바뀐
부동산
매매사업자
세무 가이드북
실전 편

내 집을 싸게 사는
최고의 방법

서울시 공정경제과 공박사가 알려주는
NEW
상가임대차
분쟁 솔루션

멈출 수 없는
UNSTOPPABLE
공간개발의 미래과제와
부동산 투자의 새로운 시각

신방수 세무사의
주택임대사업자
등록말소주택
절세 가이드북

부동산 성공 투자의 시작
알기 쉬운
경매 실무

RESTART
부동산 투자

극 한 직 업
건 물 주

꼬마빌딩 건축

신방수 세무사의
확 바뀐
상가
빌딩
절세 가이드북

우대방과 함께하는
성공 부동산
중개사무소
창업

지식산업센터
투자의
정석

닥치고 현장!
소액자본으로
부동산
부자되기

신방수 세무사의
부동산 증여에
관한 모든 것

부자 경매의 시작
알기 쉬운
기초 경매

라엘과 함께 공부하는
셀프 경매
바이블

실전 사례로 풀어보는
상가 셀프
경매의 정석

닥치고 현장!
부동산에
미치다

실게 따라 하고
빠르게 도전하는
빌라
투자
방정식

DEVELOPER
부동산 투자의 제4물결
디벨로퍼
경매

부동산 슈퍼리치만 아는
투자 비밀
SUPER RICH

월세
보증금으로
부동산 산다
반값 생활 경매 솔루션

신방수 세무사의
1인
부동산
법인
하려면 제대로
운영하라!

대박나는 부동산 중개
핵심
공인중개사
실무 교육

실전사례로 알려주는
부동산
경매·공매
특수물건
투자 비법

임장에서 상가 투자로 건물주 되기
거지였던 나는
상가 투자로
32억
건물주가 되었다

공매 투자,
지금이 기회다

직장인도 따라 할 수 있는
별장펜션 창업

부동산 투자, 제대로 하려면 땅부터 하라
한 권으로 끝내는
토지 투자 성공공식

임장의 여왕이
알려주는
부동산
투자 전략

'발칙한 발상'이
부동산 성공 투자를
부른다
토지, 상가의 성공 투자법

가로주택정비사업 스타터 김워치
미니
재개발·재건축의
모든 것

당신의 경매 탈출구가 되어줄
이기는
부동산 경매의
비밀

종부세
핵폭탄 대비하는
완벽 솔루션

신방수 세무사의
이제 부동산 세금을 알아야
주택 보유&
처분 할 수 있는
시대다

투자 전, 꼭 알아야 하는
상가임대차법

Real Estate Auction
부동산 경매,
초보에서
탈출하라

우대받는 내 집 마련 콘서트
초규제 시대,
부동산 투자의 정석

돈이 되는 부동산
vs
돌이 되는 부동산

신방수 세무사의
양도
소득세
완전
분석

사례로 풀어보는
지분경매
지분경매 해결 TWO 가동
= 소송+협상

신방수 세무사의
부동산 거래 전에
자금출처
준비하라!

부동산 관리도
경영의 시대

부동산 관리와
종합서비스

신방수 세무사의
상속분쟁 예방과
상속
증여
절세 비법

김 과장도 돈 버는
셰어하우스
SHARE
HOUSE

내 생애 짜릿한
대박 상가
투자법

신방수 세무사의
주택임대사업자
등록과
절세 비법

나는 장애를 딛고
부동산 경매로
성공했다

불황에도 매출 10배 올리는
상위
1%
공인
중개사의
마케팅
비법

GTX 시대, 부동산 투자 비법은 따로 있다!
아파트는 살고
땅은 사라

부동산 투자를 시작하기 전에 꼭 알아야 할 실전 기술
부동산
상식을
돈으로
바꾸는 방법

해외 부동산 투자,
나는 말레이시아로
간다
MALAYSIA

당신도 건물주가 될 수 있다!
원룸
마스터

부동산
실무 法
용어사전
1,000

부자로 환승하라
머니트레인

부동산 투자
인사이트

그는 어떻게
부동산
1인 창업으로
10억을
벌었을까?

돈 버는
주택임대
관리기법

10%대 수익률을 위한
최고의 부동산 재테크
P2P
투자의 정석

부동산으로 이룬
투자 꿈
유의

잘 키운 아파트,
직장 퇴사 안 무섭다!

아파트 경매,
지역 분석이 먼저다

매매 사례를
중심으로 살펴보는
대박 친
빌딩 투자의 비밀

부자가 되기 위한 부동산 요리법
정준환의
부동산
레시피

요리를 하는 것처럼
부동산에 익숙해지리라!

초보를 위한 취업과 창업 완벽 가이드
잘나가는
공인중개사의
비밀노트

한 권으로 정리한 단기 속성 실무전략

新
명품 토지
중개 실무

다양한 사례와 함께 살펴보는 실무 노하우

실패 없는 부동산 패러다임
돈 길 따라가는
부동산 투자

부동산 계약·중개·등기·전유 등 꼭 알아야 하는
부동산
세무
Real estate
Tax
Guide Book
실전편

2019
개정세법 반영
전면개정판

개념부터 쉽게 배우는 부동산 필수 상식
돈 되는 부동산은
따로 있다

지식산업센터 투자 실전 편
부동산 투자,
아파트형
공장이 틈새다

2달 만에 월세 200만 씩 받는
월세 부자
레시피

이제 당신도 부자가 될 수 있다!

직장인들도
쉽게 따라할 수 있는
新
부동산 공매
가이드북

실전편

기막힌
부동산
절세의
비밀

생활 속의 세금 상식을 담은
절세 필독서

부동산
매매임대사업자
세무
가이드북
Real estate
Business
Tax
Guide Book

실전편

나는
부동산 투자로
파산자에서
100억 부자가
되었다

경매하기 싫은 경매 투자자들의 신세계
지분 경매,
공유 지분,
독점 경매

남들과 경쟁하기 싫고,
혼자 전부 독식하고 싶다!

입찰에서 취득까지, 배당에서 명도까지
부동산 경매의 모든 것
이것이 진짜
성공 경매다

부동산 전문 아나운서의 재테크 실전법
결혼은 선택이지만
부동산
투자는
필수다

수익형 부동산 건축과 재테크 투자 비법
헌집 살래
새집 살래

부자 되는
주택
임대사업

현장의 이론, 아무조건 두 저자의 철저한 조화
주택 임대사업자의 모든 것을 알려드린다

이제 대세는 수익형 부동산이다
평생 돈 걱정 없이 사는 월세 부자 되기

돈 버는
공인중개사는
따로 있다

어떤 점의에도 흔들리지 않고
사기꿈 꿀들리는 부동산 중개 노하우

전세가를 알면
부동산 투자
가 보인다

이서경 지음

지갑 심리를 파악하면, 투자 흐름이 보인다!
부동산 가격 변화의 비밀 '심리, 전세, 정책'

서울시 공정경제과
주무관이 알려주는

부동산
거래와
판례

홍보연 지음

부동산 현장에서 가장 안전한 분쟁 판례 길라잡이
체무처리 교민과 차세가 보낼 꼬인다!

스타들의
부동산
재테크

조영석 교

스타들의 사생활에서 더 궁금한
그들만의 부동산 투자
스타가 좋아하는
부동산은 따로 있다?

지분 경매로
토지 개발업자 되기

조종수 지음

권한 입수인 작은 권리로 개발하기

부동산 재테크
역세권이
답이다

철도 및 역세권 185년 경력의 노하우

세무사 3명이 알려주는

세무조사
대비의 모든 것

주머니 핵심 노하우

주택 연출가
무조건 따라하기

이준비 지음

커피 한 잔 값으로
초대형 오피스 주인 되기

리츠
얼리어답터

하인환 지음

고수익을 안겨주는 블루오션 토지 경매

신의 한 수
금맥
경매

경기 활황에도 침가를 발하려는 투자 기법 공개
토지 경매로 금맥을 캐라!

주택 · 아파트 · 계약 · 증자 · 등기 전에 꼭 알아야 하는

주택
아파트
세무 가이드북

실전편

신방수 · 김화령 · 채준석 공저

권리분석
완전정복으로

10년 안에
10억 벌기

위험만 경매 시장에서 안전하게 살아남는 방법
"치밀한 경쟁에서
투자 성급을 늘려라!"

고수가 알려주는 뭉칫 탄을 꿀 투자의 모든 것

대한민국을
움직이는
땅 투자 법칙100

땅 투자 방악은 따로있다! 통하지 않는다!
법칙 15개다! 다른 부동산편 토지가 꿀린다!

흔한 직장인의 흔하지 않은 투잡 경매 성공기

돈의 보감
평범한 샐러리맨, 투잡 경매로
5년에 10억 벌다

경매로 재테크하고
NPL로 두 번째 월급 받다

나는 갭 투자로
300채 집주인이
되었다

박정수 지음

아파트 300채 부자
박정수가 공개하는
화제의 투자법 대공개!

부동산 부자
실전편

토지 · 계약 · 증자 · 증거 · 인세 꼭 알아야 하는

토지
세무
가이드북

실전편

신방수 · 김형섭 지음

"토지투자에 있어 세금전략은
선택이 아니라 필수다!"

부동산 상가 · 공세, 분양, 입찰, 바매를 동한

新 상가
투자
보물
찾기

상가투자자라면 공인중개사도 꼭 알아야 하는

상가
세무
가이드북

실전편

신방수 · 최영길 지음

"상가투자에 있어 세금전략은
선택이 아니라 필수다!"

응답하라!!
위기의
부동산

나는 토지 경매로 금맥을 캔다

NPL과 경매, 토지보상이 하나로
토지보상경매 실전활용

세무조사 실무 가이드북
실전편

야생화의 기초 경매

국토도시계획을 알아야 부동산 투자가 보인다

GLOBAL REAL ESTATE
INVESTMENT & DEVELOPMENT BIBLE
해외 부동산 투자&개발 바이블

부동산 경매 대법원 판례집

유치권 깨트리는 法 지키는 法

울보멘토 야생화의 경매이야기

Perfect 퍼펙트 경매

NPL 투자분석과 계약실무
실전편

NPL 랭킹업 투자비법

손품 팔아 부동산 보물찾기
블로그 마케팅 편

지지 않는 권리분석 VS 이기는 명도

기관투자자만 아는
부동산 투자 운영 매뉴얼

경매 학교종이 어서 모여라!

부동산 마통기 완전정복

DM dodreamedia
두드림미디어

(주)두드림미디어 카페
https://cafe.naver.com/dodreamedia

Tel : 02-333-3577
E-mail : dodreamedia@naver.com